Hans Schelle
Der Bayerische Hiasl

rosenheimer
raritäten

Hans Schelle

Der Bayerische Hiasl

Lebensbild
eines Volkshelden

rosenheimer

Meinem Vater
der mir oft
vom Bayerischen Hiasl
erzählt hat
zum 84. Geburtstag

Inhalt

*D*as Besondere am Menschen ist: er kann für eine Idee leben und sterben. Wahrscheinlich ist es das einzig Große an ihm.

Der Bayerische Hiasl mit seinem Buben und seinem Hund.
Ölgemälde. Im Besitz des Heimatmuseums Friedberg.

Umstritten

Im Jahre 1771 ist in der Stadt Dillingen an der Donau ein Mann hingerichtet worden. Sein Name war Matthias Klostermayer. Er war berühmt-berüchtigt als Wildschütz, Räuberhauptmann und Rebell. Bekannt geworden ist er als »Bayerischer Hiasl«. Der »Curfürstliche Hofpoet« Matthias Etenhueber (1722–1782), ein Hungerleider, der in München in einer Dachkammer hoch über dem Frauenplatz (am Dom) hauste, hat gesagt:

> »Kein Haus war auf dem Land,
> kein Haus fast in der Stadt,
> wo nicht der Hiasl stand
> auf einem Kupferblatt!«

Hiasls Äußeres ist auch amtlich festgehalten, in einem Steckbrief:

Der sogenannte Bayerische Hiasl, ein großer Kerl von gut dreißig Jahren mit hellen, ganz kurzen Haaren, funkelnden grauen Augen, mit denen er sehr verdächtig schnelle Blicke zu machen pflegt, hat von einem Streifschuß eine sichtbare Narbe neben dem rechten Auge, eine lange, eingebogene Nase und eine ganz klare Stimme, eine breite Brust und kräftige Arme und Beine. Er trägt bald einen grünen Zwillichkittel, bald eine rote Weste, daneben einen ledernen Leibgurt, schwarze Lederhosen, grüne Strümpfe und schwarze, geschnürte niedrige Lederstiefel, die mit grünen Bändern umwickelt und grünen Schnüren geschnürt sind. Sein auf einer Seite geschäfteter grüner Hut ist mit einem grünen Taftband eingefaßt, auf dem eine rot-grüne Masche und ein Silberblumenstrauß sind. Der Mann führt ein schön gezoge-

9

nes Gewehr mit sich, dessen Riemen mit grünen Maschen verziert ist. In einer Lederscheide hat er einen gekrümmten Hirschfänger mit einem Hirschhorngriff. Übrigens sind in seinem linken Arm mehrere Schrotkörner, die man zwischen Haut und Fleisch hin und her schieben kann. Er spricht eine Mischung von allgäuerischem und altbayerischem Dialekt und ist der Capo der Bande.

Es gibt Lieder, Theaterstücke und Bücher über den Bayerischen Hiasl; Wirtshäuser wurden und werden nach ihm benannt. Als »Fürst der Wälder«, Beschützer der Bauern und Helfer der Armen hat er eine große Popularität erlangt – weit über Bayerns Grenzen hinaus. Man sieht in ihm das Urbild des Bajuwaren: kraftstrotzend, selbstbewußt, kühn und verwegen, voll todtrotzender Schneid. Gerechtigkeitssinn bis zum Fanatismus und ein unbändiger Freiheitsdrang beseelten ihn. Dabei stand er gegen eine Welt von Feinden. Schlau wie er war, konnte er sich jahrelang ihren Nachstellungen entziehen. Das Volk half ihm dabei.

1796 protestierte das geistliche Ratskollegium in München beim Kurfürsten Karl Theodor (1724–1799, seit 1777 Regent) gegen den »Hiaslkult«. Noch 100 Jahre nach dem Tod des Bayerischen Hiasl schritt die Regierung gegen seine Verherrlichung ein. Als seine Heimatgemeinde 1986 den 250. Geburtstag des Volkshelden feierte, schrieb die Bayerische Staatskanzlei: »Der Gemeinde Kissing bleibt es unbenommen, des ›Boarischen Hiasl‹ zu gedenken – nur sollte zuvor ein Historiker die Wahrheit ermitteln.« (Was immer das sein soll!) Trotzdem hat der Bürgermeister in dem historischen Stück mitgespielt – in der Rolle eines Wilderers.

Das Andenken an den Bayerischen Hiasl ist im Volk lebendig geblieben. Man hat den Menschen Klostermayer töten können, nicht seinen Namen. Der ist Legende geworden.

Was war das für ein Mensch? Und wie ist er zum Volkshelden geworden, der noch immer im Bewußtsein des Volkes lebt?

10

Kindheit und Jugend

Unser Held wurde am 3. September 1736 geboren, als Sohn
des Gemeindehirten und Tagelöhners Michael Klostermayer
und seiner Frau Elisabeth, die 1733 geheiratet hatten. Das
Geburtshaus stand, unweit der Grenze zwischen Bayern und
Schwaben, am südlichen Ende des malerischen Dorfes Kissing, dicht am Ufer der Paar. Das langgestreckte, niedrige
Gebäude bildete den Mittelpunkt einzelner ungeordnet ste-
hender Häuser, deren Äußeres bereits verriet, daß die Besitzer nicht zu den Begüterten zählten. Man nannte es »Zum
Brentan«, nach einem italienischen Schnitzer Brentano, der
einst darin gewohnt haben soll. Heute steht das alte, mehrmals, zuletzt 1922/23, umgebaute Anwesen nicht mehr. 1931
hat man es durch einen Neubau ersetzt, das Wohnhaus Trath-
straße 12 (früher Hausnummer 30). An diesem erinnert eine
am 20. Oktober 1986 angebrachte Gedenktafel an den Bayerischen Hiasl, ebenso das am 6. September 1986 enthüllte
Denkmal vor der alten Schule an der Kurve der Bergstraße.

Aus der einstigen Hofmark der Jesuiten, die zum königlich-
bayerischen Landgerichtsbezirk Friedberg gehörte, ist ein
aufstrebender Industrieort geworden. Die weitläufige neue
Siedlung, die nach Nordwesten hin zum keine zehn Kilometer
entfernten Augsburg entstanden ist, zeugt von der starken
wirtschaftlichen Ausstrahlung der ehemaligen Reichsstadt.
Noch immer aber schlängelt sich die Paar unauffällig durch
den kaum veränderten alten Ortsteil, um unterhalb von Ingol-
stadt in die Donau zu münden, nicht in den nahen Lech, der
Hiasls Schicksalsfluß wurde. Dies vor rund zweieinhalb Jahr-
hunderten, die wir in Gedanken zurückwandern müssen, um
Hiasls Leben zu begleiten – bis zum bitteren Ende.

Die frommen Eltern ließen das Kind am 13. September 1736
taufen, in der Pfarrkirche St. Stephan, die auf einer Anhöhe

11

der Lechleite steht. Im Taufregister ist es als Mattheus Klostermair eingetragen, wie überhaupt die Namen verschieden geschrieben wurden: neben Matthäus und Mat(t)hias liest man noch Klostermayer, Klostermaier, Klostermayr und Clostermayr; mit der Orthographie nahm man's nicht so genau. Das Taufbuch weist auch Hiasls vier Geschwister aus: Veronika (1738), die schon bald nach der Geburt starb, Willibald (1741), Maria (1743) und Regina (1745).

Hiasl wurde einfach, streng und gottesfürchtig erzogen, von seinen Eltern und seinem Taufpaten Michael Ableitner. Er ging eifrig in die Christenlehre und zum Mesner Dosch, der auch Lehrer war, in die Schule. Er soll ein heller Kopf gewesen sein und sich durch rasche Auffassungsgabe hervorgetan haben. Da auch sein Betragen nichts zu wünschen übrigließ, war man allseits mit ihm zufrieden. Daheim hielt man ihn schon früh zu leichten Arbeiten an. Im Sommer mußte er das Vieh hüten und im Winter am Spinnrad arbeiten; die Kissinger betrieben das Spinnen für die Augsburger Weberinnung als eine wichtige Nebenbeschäftigung. Für Müßiggang blieb dem Hiasl keine Zeit.

Kaum älter als elf Jahre, verließ er die Schule. Er kam für kurze Zeit nach Mergenthau, dort hütete er aushilfsweise die Schweine; man trieb sie in den Wald zur Eichelmast. Das Schloßgut Mergenthau liegt auf dem Hochplateau einer bewaldeten Lechmoräne, eine halbe Stunde nördlich von Kissing.

Schon bei diesem Aufenthalt in Mergenthau zeigte Hiasl, aus welchem Holz er geschnitzt war. Zu seiner Schweineherde gehörte ein bösartiger Eber von riesiger Größe. Auf dessen Gefährlichkeit hingewiesen, lachte Hiasl nur. Um zu beweisen, daß er sich nicht fürchtete, sprang er auf den Rücken des Tieres. Man kann sich denken, daß der Eber in Wut geriet. Er drehte sich im Kreis, schlug wild mit den mächtigen Hauern um sich und wollte den lästigen Reiter abschütteln. Es gelang ihm nicht. Darauf rannte er wie besessen dem Gut zu, die Herde grunzend hinter ihm her. Am Schloßtor sausten sie an einer jungen Linde vorbei. Hiasl, geistesgegenwärtig, nichts wie herunter vom Eber und flugs auf den Baum. Die rasende Bestie machte blitzschnell kehrt. Sie schlug die Hauer in die Erde und wühlte sie rings um die Linde tief auf. Die herbeieilenden Knechte hatten Mühe, das wütende Tier abzulenken und in den Stall zu treiben. Hiasl genoß es, die Leute auf sich aufmerksam gemacht zu haben, er hatte schon früh einen starken Geltungsdrang. Sein Übermut und Leichtsinn hätten ihm das Leben kosten können.

Nach Kissing zurückgekehrt hütete er mit seinem Vater das Vieh der Bauern. Auch hier fiel er auf. Er unterschied sich von anderen Buben durch eine außergewöhnliche Regsamkeit und Lebendigkeit, ja eine motorische Unruhe. Bei sportlichen Übungen übertraf er seine Altersgenossen; Niederlagen konnte er nicht ertragen. Er durchschwamm bei Hochwasser den Lech, beim Ringen legte er einen Kopf Größere aufs Kreuz. Klettern konnte er wie ein Eichhörnchen, kein Baum war ihm zu hoch. Er ließ große Hunde auf sich hetzen und bändigte sie, mit seiner Kraft und seinen Griffen. Er kämpfte auch mit jungen Stieren. Mit einem hypnotischen Blick soll er sich Tiere gefügig gemacht haben. Er liebte die Gefahr, sie beflügelte ihn und machte ihn tollkühn. Durch seine Unerschrockenheit und seinen Mut machte er überall von sich reden. Dabei war er von Natur aus gutmütig.

Früh entbrannte in ihm die Liebe zur Jagd, er hatte das Jägerblut geerbt. Sein Vater ging als guter Schütze und Freund des alten Jägers Bernhard Wörsching gern mit diesem auf die Pirsch. Wenn er dann seine Jagderlebnisse erzählte, lauschte Hiasl begierig des Vaters Worten. Er faßte den Entschluß, Waidmann zu werden. Da er wußte, daß nur ein guter Schütze ein guter Jäger sein kann, übte er jede freie Stunde mit den Gewehren seines Vaters. Dieser und der befreundete Jäger leiteten ihn an. Bald brachte es Hiasl zur Meisterschaft im Schießen, seine Geschicklichkeit, Flinkheit und Auffassungsgabe kamen ihm zugute. Wieder erregte er Bewunderung. Er wurde regelrecht berühmt, auch über die Grenzen seines Heimatortes hinaus.

So ab dreizehn durfte auch er gelegentlich den Jäger begleiten. Er half ihm, dafür ließ dieser ihn hin und wieder schießen.

Als erstes lernte Hiasl vom Jäger, im Herbst mit Netzen den Lerchen und Krammetsvögeln nachzustellen, die auf ihrem Flug in den Süden zu Tausenden auf dem Lechfeld einfielen. Er bewies erneut Geschicklichkeit und verdiente sich ein hübsches Taschengeld: Für jeden Vogel erhielt er zwei Kreuzer Fanggeld vom Jäger, der die Beute als Delikatesse an die Herrschaft abliefern mußte. Geld brachte Hiasl auch seine Schießkunst, von der er an Sonn- und Feiertagen Proben ablegte. Er gewann damit so manche Wette, Geldgeschenke flossen ihm von Bewunderern zu. Mit dem Geld unterstützte er seine Eltern und Geschwister. Zudem konnte er sich ordentlich kleiden, darauf legte er Wert. Er bevorzugte Grün, er wollte wie ein Jäger aussehen.

Sein Herzenswunsch war ein eigenes Gewehr. Als er hörte, ein in Friedberg verstorbener Schütze habe einen zwar alten, aber vortrefflichen Stutzen hinterlassen, kaufte er ihn für eine geringe Summe aus dem Nachlaß. Er ließ ihn beim Kissinger Tischlermeister Ulrich Settele neu schäften und auch sonst überholen. Dieses Gewehr leistete Hiasl später gute Dienste, mit ihm schoß er bis zuletzt. Heute ist es, kunstvoll graviert und beschlagen, original im Deutschen Jagdmuseum in München zu sehen. Die Gravur am Schloß, von Franz Weissengrueber stammend, zeigt das Wunder des heiligen Hubertus; die Büchsenmacher waren früher wahre Künstler. Hiasls Stutzen war nur rund 75 Zentimeter lang und (wie die meisten Stutzen) bis zur Mündung geschäftet. Er war leicht zu verbergen und damit ideal zum Wildern.

Hiasl bewies bald, daß er auch mit seinem eigenen Gewehr umzugehen verstand. An einem frühen Herbstmorgen, kaum daß der Tag graute, weilte er zum Vogelfang auf dem Lechfeld. Seinen Stutzen hatte er dabei. Plötzlich erblickte er auf Schußweite einen kapitalen Hirsch, der mit weitausladendem Geweih langsam und majestätisch auf eine Lichtung wechselte. Da packte Hiasl die Jagdleidenschaft. Er legte an und streckte das Tier mit einem Meisterschuß nieder. Dann allerdings kam er in Verlegenheit: Für den Fünfzehnjährigen war der kapitale Hirsch viel zu schwer, um ihn wegzuschleppen. Dem Wörsching wollte er sich nicht anvertrauen und dem

14

Geburts- und Elternhaus des Bayerischen Hiasls in Kissing.
Fotografie aus dem 19. Jahrhundert.
Im Besitz von M. Schallermeir.

strengen Vater erst recht nicht. Ratlos saß er auf dem erlegten Wild. Schließlich nahm er sein Jagdmesser und zog dem
Hirsch die Decke ab. Das prächtige Geweih hieb er aus dem
Kopf. Zuletzt bedeckte er seine Beute sorgfältig mit Reisig.
In der folgenden Nacht verkaufte er Decke und Geweih heimlich in Mering (drei Kilometer südlich von Kissing) mit reichli-
chem Gewinn. Sorge bereitete ihm die Verwertung des Flei-
sches. Zudem regte sich das Gewissen. Seine Mutter merkte
es und nahm ihn ins Gebet. Hiasl beichtete ihr. Darauf sagte
es die Mutter dem Vater. Der erschrak und züchtigte den
Frevler, denn er befürchtete, es sich mit dem Wörsching zu
verderben. Nachdem Hiasl hoch und heilig gelobt hatte, nie
wieder den Eltern solchen Verdruß zu bereiten, gingen Vater
und Sohn auf das Lechfeld. Der Vater zerhieb den Hirsch und
warf die Stücke in den Lech.

Hiasl hielt sein Versprechen. Er führte ein geordnetes
Leben. Bei der Arbeit, die er heiter verrichtete, zeichnete er
sich durch Fleiß und Geschick aus; er verdiente seinen Unterhalt redlich.

Am 5. März 1752 traf ihn ein harter Schlag: Noch nicht
sechzehn, verlor Hiasl die geliebte Mutter durch einen plötzli-

chen Tod im Alter von siebenundvierzig Jahren. Hiasl zog sich von seinen Freunden zurück und enthielt sich lange seiner gewohnten Vergnügungen. Er unterstützte noch mehr als bisher den Vater, der Witwer blieb, und seine Geschwister und verwendete jeden Kreuzer zur Linderung des Elends. Hätte seine Mutter länger gelebt, vielleicht wäre sein Leben anders verlaufen; er hatte mehr auf sie gehört als auf den Vater.

Ein Jahr später, Anfang August 1753, zeigte sich ihm das Schicksal von der angenehmen Seite. Den alten Jäger Wörsching plagte ein Fußleiden. Es setzte ihm so zu, daß er seinen Aufgaben nicht mehr nachkommen konnte. Er verwendete sich für den Hiasl und erreichte, daß die Jesuiten diesen ihm offiziell als Gehilfen beigaben. Um dessen Anstellung zu erwirken, hatte er eigens seinen Sohn in Sachen »Hiasl« nach München geschickt. Mitgeholfen hatte auch der »gestrenge Herr« Patrimonialrichter, der hatte in Kissing seinen Sitz und war als begeisterter Jäger bekannt. Hiasl hatte ihn oft auf der Jagd begleitet und seine Gunst gewonnen. Hiasls Geschicklichkeit und heitere, muntere Art nahmen ihn für sich ein. Hiasl erhielt von dem noblen Herrn manches Geldstück.

Kaum siebzehn, kam also Hiasl zum zweitenmal nach Mergenthau. Zwar erhielt er anfangs nur den Lohn eines Knechts, doch seine Geschäfte waren so ganz nach seinem Geschmack: Man übertrug ihm, um den Wörsching zu entlasten, die Wald- und Jagdaufsicht im nördlichen und östlichen Bezirk, außerdem die Überwachung sämtlicher Teiche und Fischwasser. Er konnte frei schalten und walten. Zwischendurch mußte er Botengänge machen und auch mal auf dem Feld mithelfen, wenn Not am Mann war. Überall sah man ihn als munteren, anstelligen Burschen, von Bösartigkeit keine Spur. Bestens kam er mit dem jungen Gutsverwalter Schmilz aus, der ihn schon gekannt hatte. Hiasl war auch beim Gesinde beliebt dank seines jovialen Wesens, seiner lustigen Einfälle und spaßigen Reden, mit denen er die Abende würzte.

Sechs Wochen nach Hiasls Ankunft kamen aus Augsburg zahlreiche Jesuiten, um in Mergenthau ihren Herbsturlaub zu verbringen. Es ging laut und lustig zu, die Jesuiten wollten ihr Vergnügen, dazu gehörte vor allem die Jagd. Hiasl bemühte sich um sie als ihr Begleiter, er organisierte die Jagden und unterhielt die Gesellschaft. Die Folge war, daß man sein Gehalt verdoppelte; obendrein ließ man ihm ansehnliche Trinkgelder zukommen. Man verzog und verwöhnte ihn.

Durch seine Schießkunst setzte er die Jesuiten in Erstaunen. So soll er auf vierzig Schritte aus einer Spielkarte die Eicheln einzeln herausgeschossen haben, in der Reihenfolge, die man ihm bezeichnete. Das verwundert um so mehr, als damals die Gewehre noch nicht die heutige Präzision hatten.

Die Berührung mit der Geistlichkeit verfeinerte Hiasls Manieren, er vermied es, Dialekt zu sprechen. Er entwickelte regelrecht Ehrgeiz darin und war stolz auf die Zuneigung der hohen und gebildeten Herren. So unterschied er sich bald von den derben und ungeschlachten Bauernburschen. Es schmeichelte ihm, daß seine Vorgesetzten, nach Augsburg zurückgekehrt, seine Schießfertigkeit rühmten. Kam Hiasl als Bote zu ihnen ins Kloster, begrüßten sie ihn als alten Bekannten und behandelten ihn wie ihresgleichen. Sogleich drehte sich das Gespräch um die Jagd und Fischerei, Hiasl mußte tausend Fragen beantworten. Er freute sich über die Aufmerksamkeit, die ihm zuteil wurde, und wurde eitel. Diese Zeit in Mergenthau war die glücklichste seines Lebens.

Auf einem Botengang begegnete er zwei Augsburgern, die nach Friedberg zum Scheibenschießen wollten. Sie probierten gerade ihre Gewehre mittels einer Zielscheibe, die sie an einen Baum geheftet hatten. Hiasl schaute interessiert zu – und war entsetzt! Die beiden schossen so schlecht, daß er es nicht mitansehen konnte. »Entweder taugen die Gewehre nichts oder die Schützen!« rief er. »Mach's besser, wenn du kannst!« war die Antwort. »Gern«, sagte Hiasl, »gleich wird sich's zeigen, wo es fehlt.« Er nahm eines der Gewehre – und traf mitten ins Schwarze. Das gleiche gelang ihm auch mit dem anderen Gewehr. Dadurch verriet sich der Meisterschütze. »Der Brentan-Hiasl!« flüsterten die Augsburger ehrfürchtig. Er aber ging stolz seiner Wege.

Hiasl tat sich auch als Tänzer hervor. Er galt als einer der besten und tanzte leidenschaftlich gern. Er führte die schönsten Mädchen zum Tanz, die zogen ihn anderen Burschen vor. Hiasl beeindruckte durch seine Erscheinung. Rasch gewachsen, war er mit fast sechs Fuß (etwa 1,80 Meter) für seine Zeit ungewöhnlich groß. In seinem ausdrucksstarken Gesicht dominierten die kühn vorspringende Nase und die lebhaften grauen Augen, denen nichts entging. Auch seine Freundlichkeit und sein heiteres, aufgeschlossenes Wesen nahmen das andere Geschlecht für ihn ein. 1858 starb in Mering eine Frau hundertvierjährig, die hatte immer wieder stolz erzählt, in ihrer Jugend habe der Bayerische Hiasl mit ihr getanzt.

Im Februar 1756 wurde Hiasl ein Scherz zum Verhängnis. Unter den zahlreichen Gästen auf Mergenthau gab es ein Original: den alten, lebensfrohen Jesuitenpater Venantius, über den man sich lustig machte. Er war aber auch ein wunderlicher Mann. Nicht nur, daß er verwachsen war, schlecht sah und eine gespreizte Art zu gehen hatte, vielleicht weil er hinkte. Hinzu kamen ein übertriebenes Mienenspiel und heftiges Gestikulieren, besonders im Eifer der Jagd, der er leidenschaftlich zugetan war. Dabei traf er schlecht, so daß man ihn auch deswegen verlachte.

Einmal lagerte man am Waldrand. Plötzlich sprang der Pater auf und schlich sich, gebückt und das Gewehr im Anschlag, an einen frisch gepflügten Acker. Ein Schuß, und jubelnd rief er: »Ein Has'! Ein Has'!« Er konnte sich nicht mehr beruhigen und fuchtelte wild mit den Armen. Hiasl lief herbei, um das erlegte Tier zur übrigen Jagdbeute zu tragen. Es war aber nur eine graue Katze, er zeigte sie unter großem Gelächter herum. Der Schütze verließ unter Spott und Hohn die Gesellschaft.

Hiasl nahm die Katze mit, häutete sie ab und stopfte den Balg aus. Im Fasching sah man dann, in das dunkle, vornehme Gewand eines Jesuiten gekleidet, einen ungewöhnlich großen Burschen mit blondem Haar und auffallender Nase. Er war mit einem Stutzen bewaffnet und trug eine ausgestopfte Katze unter dem Arm. Die stellte er auf den Platz beim Peuscherwirt, der jetzt Marxenwirt heißt. Mit wilden Grimassen und übertriebenen Bewegungen, dazu leicht hinkend,

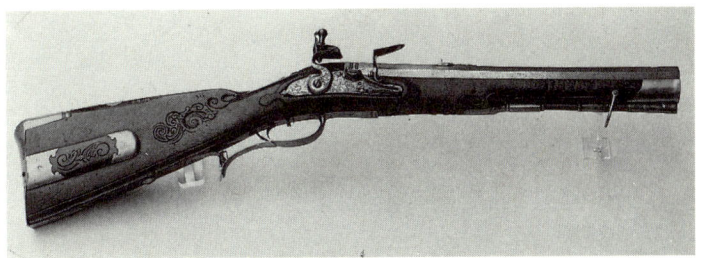

Originalstutzen des Bayerischen Hiasls.
Im Besitz des Deutschen Jagdmuseums, München.

pirschte er sich an das Tier heran und erlegte es – zum Gaudium der Zuschauer, die den alten Pater kannten. Immer wieder mußte Hiasl die Katze erschießen.

Diesen Streich nahm man ihm höheren Orts übel: Hiasl verlor seine Stellung in Mergenthau. Aus war's mit der Jagd, man verbot ihm sogar, den alten Wörsching zu begleiten. Alles Bitten und Betteln half nichts. Der lächerliche Faschingsscherz riß Hiasl aus seiner Laufbahn als Jäger, die gerade zweieinhalb Jahre gedauert hatte. Vielleicht hätte es ohne die erschossene Katze den berühmt-berüchtigten Bayerischen Hiasl nie gegeben! Er wäre der Brentan-Hiasl geblieben, der als braver Jäger sein Leben beschlossen hätte.

Bauernknecht und Rebell

Hiasl war enttäuscht und verbittert und von dem Verlangen durchdrungen, »es denen da oben zu zeigen«. Ihn, den besten Schützen, den allseits Beliebten und Respektierten, hatte man mir nichts, dir nichts vor die Tür gesetzt! Er war tief gekränkt in seiner Eitelkeit.

Es steht nicht fest, was Hiasl anschließend gemacht hat. Während er laut *Nöggler* gleich nach Kissing zurückgekehrt ist, liest man bei *Raab*, er habe zunächst auswärts einen Dienst genommen. Dies erscheint wahrscheinlicher, kann es doch dem stolzen Hiasl nicht leichtgefallen sein, schmachbeladen seinen Freunden und Bekannten unter die Augen zu treten; er muß sich sehr geschämt haben.

Zweifelhaft erscheint außerdem nach *Nowey*, der das Pfarrarchiv zu Rate gezogen hat, ob Hiasls neuer Dienstherr in Kissing Joseph Baumiller war, der Seheransenbauer, wie es überwiegend in der Literatur heißt, oder vielmehr Georg Baumiller. Sowohl Joseph als auch Georg Baumiller besaßen damals, in unmittelbarer Nachbarschaft voneinander, in Kissing ein landwirtschaftliches Anwesen. Kurioserweise hatten beide auch eine Tochter Monika, eine solche sollte ja in Hiasls Leben eine Rolle spielen. Für den Georg spricht, daß dessen Monika bei der Geburt von Hiasls Sohn immerhin fünfundzwanzig war, die andere dagegen hätte mit fünfzehn gebären müssen. Zudem hat sich Hiasl mit Sicherheit vor 1761 in seine Monika verliebt, da wäre die jüngere noch nicht elf gewesen. Weiter spricht für den Georg, daß er noch Söhne hatte, von denen der Michael Anfang Februar 1767 geheiratet hat. Just um diese Zeit war Hiasl mit seinen Mannen bei der Hochzeit seines »Schwagers« in Kissing, wie übereinstimmend berichtet wird. Die Monika des Joseph Baumiller hatte aber keine Geschwister.

Über Hiasls Tätigkeit als Oberknecht beim Bauern Baumiller ist wenig bekannt. Fleißig soll er gewesen sein und geschickt, wie auch früher schon. Auf die Tochter des Hauses hat er Eindruck gemacht. Kein Wunder, wo sich doch die Mädchen um den strammen Burschen rissen. Die Monika wurde seine Geliebte. Sie ist ihm zeitlebens treu geblieben – was man von ihm nicht sagen kann. Trotzdem zog es ihn später immer wieder zu ihr. Sie hat mehrere Heiratsanträge ausgeschlagen und stand all die Jahre unerschütterlich zu ihm. Dabei machte sie einiges durch.

Ihr Leidensweg begann schon damals, als Hiasl noch im Dienst ihres Vaters stand. Weil man ihn nicht mehr ehrlich jagen ließ, verlegte er sich aufs Wildern; so manche Nacht verbrachte er im Wald. Unausrottbare Jagdlust beseelte ihn, er fühlte sich zur Jagd berufen. Es beeindruckte ihn wenig, daß die kurfürstlichen Jäger den Geißling Jakob beim Wildern erschossen und der Brandner Franz auf ein Jahr ins Zuchthaus kam. »Der Jäger von Kissing schießt nicht auf mich!« pflegte Hiasl zu sagen, wenn ihm sein Vater und seine Geliebte die Gefahren ausmalten und ihn beschworen, von seinem unrechten Tun zu lassen. Im übrigen vertraute er auf seine Fähigkeiten und sein Glück.

In und um Kissing gab es damals mehrere Wildschützen, jeder hätte sich gern dem Hiasl angeschlossen. Er aber wies sie stolz zurück. Als der beste Schütze weit und breit wollte er nicht mit einem Geringeren teilen. Außerdem glaubte er, allein besser sein Treiben verheimlichen zu können, rechnete er doch noch immer damit, einmal irgendwo als Jäger angestellt zu werden. Seine heimliche Hoffnung, nochmals nach Mergenthau zu kommen, zerschlug sich allerdings bald: Thomas Wörsching, der Sohn des alten Jägers, bisher bei einem verwandten Waidmann Jagdgehilfe, kehrte heim, half dem Vater und übernahm schließlich dessen Posten.

Sein Gewissen plagte Hiasl nicht mehr. Seinen Mahnern hielt er entgegen, das Wild gehöre niemandem, jeder dürfe es sich aneignen. So heißt es denn auch in einem zeitgenössischen Lied:

Das Wild auf weiter Erde
ist freies Eigentum.
Drum lass' ich mich nicht hindern,
und wer's nicht schießt, ist dumm.

Und frei san de Hirschen,
und frei is des Pirschen,
und frei is da Schütz,
machts koane Schnitz!

Das Naturrecht der freien Pirsch wurzelte tief in der Überzeugung des Volkes, das einst ein Waldvolk gewesen war. Bis zur Völkerwanderung war es das freie Recht aller gewesen, das Wild zu jagen. Danach war es immer mehr nur den adeligen und geistlichen Landesherren und ihren Bediensteten erlaubt, vor allem seit Karl dem Großen: Der Edelmann durfte das Wild zur Strecke bringen, das niedere Volk durfte nur Hilfsdienste leisten. Die Wilderer wurden schwer bestraft, oft sogar an Ort und Stelle hingerichtet.

Das Jagdprivileg bestand das ganze Mittelalter hindurch. Im 16. Jahrhundert wehrte sich das Landvolk massiv gegen dieses Vorrecht. Die zwölf Artikel, die die Bauern 1525, im Jahr der Bauernaufstände, aufstellten, bezeugen es. Der vierte Artikel lautet:

Zum vierten ist bisher der Brauch gewesen, daß kein Untertan die Befugnis gehabt hat, das Wildbret, Geflügel oder Fische in fließendem Wasser zu fangen – was uns gar nicht ziemlich und brüderlich dünkt, vielmehr eigennützig und dem Wort Gottes nicht gemäß. Auch hegen an etlichen Orten die Obrigkeiten das Wild uns zum Trotz und zu mächtigem Schaden, unbekümmert darum, daß uns die unvernünftigen Tiere unnützerweise und mutwillig wegfressen, was Gott dem Menschen hat wachsen lassen.

Die Bauern machten weiterhin ihr Recht geltend, das man ihnen genommen hatte. Sie begrüßten es, daß Hiasl unter dem Wild aufräumte, nachdem es sich von ihren Wiesen und Feldern nährte und die Ernte schmälerte. Und er gefiel sich in seiner Rolle als ihr Beschützer.

Die Waldwirtschaft um Mergenthau lag im argen. Das Wild war weit zahlreicher als heute. Es gab zu viele Hirsche auf dem Lechfeld und ungezählte Wildschweine im nahen Heilachwald. Sie verwüsteten allnächtlich die Felder, die Abwehr des Wildes war ein Akt der Notwehr.

Mit den Bauern war sich Hiasl einig. Er unterschied sich von ihnen, indem er tat, was sie gern getan hätten, aber sich nicht trauten. Darum war er ihr Held.

Da er eitel war und stolz auf seine Taten, hielt er mit ihnen nicht hinter dem Berg. An Sonn- und Feiertagen brüstete er sich damit in den Wirtshäusern, hauptsächlich beim Schererwirt in Kissing und beim »Schwedler« in Merching bei Mering. Wo Hiasl auftauchte, war für Unterhaltung und Stimmung gesorgt. Gesellig und immer gut gelaunt, genoß er das Leben in vollen Zügen.

Zwischendurch demonstrierte er seine Schießkünste. Von ihm stammte die (heute nicht mehr zu sehende) Kugel mitten im »D« der römischen Jahreszahl 1723 (MDCCXXIII) an der Westseite der Kissinger Kirche St. Stephan; eine Wette im Gaberwirtshaus veranlaßte ihn zu dem Schuß. Oder er schoß einem Spatzen auf dem Dach den Kopf weg. Klar, daß solche Hiaslschüsse die Leute begeisterten; der Patrimonialrichter Schwarz machte da keine Ausnahme.

Damals erwachte in Hiasl die Lust am Kartenspiel. Sie artete aber nicht in Leidenschaft aus. Ebensowenig stimmt, er sei dem Alkohol verfallen gewesen. Gewiß: er liebte Speise und Trank und hielt auf gute Kleidung – er konnte sich's leisten –, aber er hielt auch Maß. Man darf das getrost glauben – ein Trinker hätte nicht so lange seinen Feinden widerstanden. Er war auch kein Verschwender. Er unterstützte weiterhin den Vater und die Geschwister. Zudem ging er fleißig in die Kirche. Nicht selten sah man ihn betend am Grabe seiner Mutter. Vom Wildern abgesehen konnte man ihm eigentlich nichts vorwerfen.

Im Jahre 1761 nahm sein Leben plötzlich eine entscheidende Wendung, wieder wurde Hiasl aus der Bahn geworfen. Der Kissinger Schulmeister und Mesner Huber hatte dem Pflegamt in Friedberg einen Tip gegeben, »damit ein' Ruh' wird in Kissing«. Seitdem hatte der kurfürstliche Pfleger, der so eine Art Landrat und als Freund der Jagd allen Wildschützen feindlich gesonnen war, einen Haß auf Hiasl. Mehrmals hatte er Hausdurchsuchungen befohlen, beim Hiasl daheim und bei seinem Dienstherrn, aber nicht die Spur eines Beweises wurde gefunden; Hiasl war zu schlau. Dabei pfiffen es die Spatzen von den Dächern, was er für ein Wilderer war. Und daß sich das Wild auffällig verminderte, sah der Pfleger selbst. Er tobte, weil er nichts ausrichten konnte, und beschloß, den Hiasl auf eine andere Weise aus seinem Revier zu entfernen und unschädlich zu machen.

In Bayern mußten die zum Wehrdienst tauglichen Burschen losen; das Recht des kurfürstlichen Landesherrn, Rekruten auszuheben, erstreckte sich auch auf die Hofmarksinsassen. Wen das Los traf, der kam zum Militär. Hiasl hatte elfmal Glück gehabt. Die Hoffnung des Pflegers, einmal werde das Los auch Hiasl treffen, hatte sich nicht erfüllt. Als wieder einmal Soldatenwerber in die Gegend kamen, machte er sie auf ihn aufmerksam. Einen besseren Soldaten wie ihn, der groß und kräftig, kerngesund und ein vortrefflicher Schütze sei, könnten sie nicht finden, sagte er. Der sei in jeder Weise tauglich.

Hiasl saß am 24. April 1761 nichtsahnend im Peuscherwirtshaus. Da ging die Tür auf, der Werbeoffizier und ein paar Husaren mit ihren blauen Röcken und glänzenden Bandelieren kamen herein. Sie brauchten nicht zu fragen, wer von den Anwesenden der Hiasl sei. Seine Beschreibung hatten sie vom Pfleger, und er war nicht zu verwechseln. Der Korporal erklärte ihm kurz und bündig, ab heute sei er Soldat des Kurfürsten. Hiasl fiel aus allen Wolken, behielt aber, geistesgegenwärtig wie er war, seine Fassung; er hatte erkannt, daß Widerstand aussichtslos war. Nichts sei ihm lieber, beeilte er sich zu versichern, endlich gehe sein Herzenswunsch in Erfüllung. Er habe schon befürchtet, niemals Soldat werden zu können.

Sie nahmen ihn gleich mit, er lief zwischen ihren Pferden her. Gegen Abend kamen sie nach Friedberg, beim »Bauernbräuer« quartierten sie sich ein. Dort saßen schon Angeworbene. Hiasl war der lustigste. Er sagte, ihm sei das Schönste widerfahren, was einem kurfürstlich bayerischen Untertanen überhaupt passieren könne. Er warf Geld auf den Tisch und ließ Wein auffahren für die Werber und die Geworbenen, bis er nur noch sieben Kreuzer in der Tasche hatte. Die Werber freuten sich über soviel Anstelligkeit, so etwas hatten sie nicht erwartet, sie lachten über Hiasls Witze und Stücklein. Sie beglückwünschten sich zu diesem munteren, gutwilligen und angenehmen Kameraden.

Auf einmal war der Hiasl verschwunden, seine Mütze lag noch auf dem Tisch. Zunächst fiel es nicht auf, aber dann merkten sie's doch. Schimpfend und fluchend suchten sie ihn. Sie erfuhren, daß Hiasl vor Torschluß Friedberg verlassen hatte. Angetrunken sprangen die Husaren auf die Pferde, und los ging's, nichts wie zur Stadt hinaus. Dann sahen sie ihn rennen, obwohl es schon dunkel wurde, quer über die Wiesen, der Lechbrücke nach Augsburg zu. Er wußte, am anderen Ufer war er sicher vor ihnen, auf reichsstädtischem Gebiet hatten bayerische Soldaten nichts verloren, und sie wußten es auch. Sie durchschauten seine Absicht und beschlossen, ihm den Weg abzuschneiden. Sie waren vor ihm an der Brücke, ihre Pferde waren schneller.

Aus dem Spiel war Ernst geworden. Hiasl hatte die Richtung geändert. Er erreichte den Lech, der hatte wegen der Schneeschmelze Hochwasser, er war reißend geworden. Das entlaubte Ufergebüsch konnte Hiasl nicht verbergen. Sie hatten ihn auch schon wieder entdeckt, er hörte es aus ihren Rufen, die durch die Nacht gellten. Sie hielten auf ihn zu.

Sollte er sich stellen? Das verhaßte Soldatenleben auf sich nehmen, mit seiner eisernen Disziplin und dem bedingungslosen Gehorsam, die ihm nicht behagten? Jetzt, wo er bereits Deserteur war? Alles, nur das nicht! Lieber sterben als die Freiheit verlieren! Ein kalter Hauch wehte ihn an. Er starrte in die gelblichen, eisigen Fluten, die schäumten und gurgelten. Nicht lang, die Verfolger waren schon da. Er hoffte auf seine ungewöhnliche Kraft und die eiserne Gesundheit – und sprang, tauchte unter: die Husaren waren entsetzt! Er tauchte wieder auf, Schüsse peitschten über das Wasser, er ging wieder nach unten, blieb lange weg, kam noch einmal hoch, weit draußen schon im Fluß, wo die Strömung noch stärker war, und entschwand endgültig ihren Blicken in der Nacht.

Sie waren überzeugt: da kommt kein Mensch durch, solche Temperaturen überlebt man nicht, der Hiasl ist verloren! Langsam ritten sie zurück. Sie verbreiteten die Kunde von seinem Tod. Auch seine Monika, der Vater und die Geschwister hörten sie.

Die unruhigen Wanderjahre nach der Flucht

Man muß sich das vorstellen: ein verzweifelter Schwimmer kämpft im Lech um sein Leben. Die eisige Kälte schmerzt, bleiern klammert sie sich an ihn und schnürt ihn zusammen; jede Bewegung kostet unsägliche Anstrengung. Die Arme erlahmen. Er ahnt das Ufer, dort drüben muß es sein, es ist noch so weit weg. Ein dumpfes Gefühl entsteht in seinem Kopf und betäubt ihn. Jetzt schluckt er auch noch Wasser, daß es ihn würgt. Er möchte schreien und kann es nicht. Er hustet, das Rauschen des Wassers übertönt es. Dann wird sein Körper gefühllos. Schwimmt er noch oder treibt er nur mehr? Jedenfalls ist er noch oben, er muß sich mechanisch bewegen. Plötzlich – dort ist das Ufer, jetzt sieht er es ganz deutlich, ein dunkler Streifen, er kommt näher. Dorthin muß er! Jetzt nur nicht ohnmächtig werden! Er schafft es, mit letzter Kraft schafft er's, zieht sich an der Böschung hoch, aufstehen kann er nicht – und verliert das Bewußtsein.

Er wußte nicht, wie lange er so gelegen hatte. Als er zu sich kam und seinen Körper wieder spürte, klebte die Kleidung klitschnaß auf der Haut. Nun merkte er auch die Kälte, er zitterte am ganzen Körper. Es fiel ihm unendlich schwer, sich zu erheben, aber er mußte. Er zwang sich zum Gehen, setzte angestrengt einen Schritt vor den andern. Nur weiter! Er fragte sich, wo er war. Rings um ihn war Wald. Wie sollte er sich da orientieren – in der Nacht? Er ging und ging, stetig und verbissen, seine Bewegungen glichen einer Maschine. Fieber begann ihn zu schütteln. Er rastete nicht, er durfte es nicht. Er ging die ganze Nacht.

Endlich, es dämmerte, der Wald öffnete sich. Im Morgengrauen sah er einen Bauernhof. Das war die Rettung! Die

Hoffnung beflügelte ihn, er beschleunigte seine Schritte, jetzt rannte er sogar. Er erreichte das Anwesen, die Haustür, niemand war zu sehen, man hörte auch nichts. Er wollte klopfen – da brach er ohnmächtig zusammen.

So fand ihn der Bauer gegen sieben Uhr früh. Er trug ihn ins Haus, wo Hiasl wieder das Bewußtsein erlangte. Man gab ihm Heißes zu trinken, das tat gut, das belebte, und steckte ihn ins Bett. Hiasl erfuhr, daß er in Oberottmarshausen war, einem Dorf nordöstlich von Schwabmünchen. Drei Wochen lang fesselte ihn ein furchtbares Fieber ans Bett, pflegten ihn die Bauersleute unentgeltlich, freilich ohne Arzt und Apotheke. Bis Hiasls unverwüstliche Natur siegte.

Währenddessen hatte er Zeit zum Nachdenken. Er sagte sich, daß er nicht mehr nach Hause zurückkonnte. Er sah auch keine Möglichkeit, Monika zu heiraten. Aus war's mit der Hoffnung, ein kurfürstlicher Jäger zu werden. Was sollte er nur machen? Er mußte sich wohl im Schwäbischen einen Dienst suchen, wo er vor bayerischer Verfolgung sicher war.

Damals bildete der Lech bei Augsburg – wie auch sonst im wesentlichen – die Grenze zwischen Bayern und Schwaben. Er ist Hiasls Rubikon geworden. Und er hat ihn zum Bayerischen Hiasl gemacht. Seiner bayerischen Herkunft wegen nannten ihn die Schwaben so, in deren Wäldern nun sein unstetes Wanderer- und Wildererleben beginnen sollte, zwischen Lech und Iller, Donau und Alpenkette. Genaugenommen nannten sie ihn Hiesel, es entsprach ihrer Mundart, als Hiesel finden wir ihn in vielen Liedern. Wir aber wollen zu unserem Helden weiterhin Hiasl sagen.

Wieder zeigte sich, daß ihm das Schicksal ein normales Leben nicht gönnte, vielmehr ihn verderben wollte. Damit soll nicht gesagt werden, daß äußere Umstände allein das Leben eines Menschen bestimmen. Seine Anlagen prägen die Entwicklung entscheidend mit, sie stellen die Weichen für sein späteres Los. Wäre Hiasl nicht so labil und verführbar gewesen, sein Leben wäre sicher ganz anders verlaufen. Aber das wäre es vielleicht auch, wenn gerade damals, als für den Hiasl alles offen beziehungsweise, wie er es sah, verbaut war, nicht die Versuchung an ihn herangetreten wäre.

Sie kam in Gestalt des »Krätzenbuben«. So nannte man den Xaver Bobinger, das war ein übler Bursche: groß und wüst aussehend, mit schmutzigem Haar, Glatze und unruhigen Augen. Sein Handwerk, die Korbflechterei, trieb er nur zum Schein. In Wirklichkeit nährte er sich vom Wildern, er führte im Schwäbischen eine starke Bande an. Zufällig saß er in Oberottmarshausen im Wirtshaus, als Hiasls Krankenpfleger dort einkehrte. Der Bauer erzählte Hiasls Geschichte. Als der Bobinger den Namen Klostermayer hörte, rief er: »Ist das nicht der Brentan-Hiasl, der beste Schütze?« Bobinger kannte ihn dem Namen nach, gesehen hatten sich die beiden noch nicht. Er ließ sich zu ihm führen.

Er begrüßte Hiasl herzlich. Dann schlug er ihm vor, in seine Bande einzutreten. Beredt schilderte er ihm das schöne, freie und sorglose Leben, das ihn erwarte. Hiasl könne dann nach Herzenslust jagen. Er werde sein eigener Herr sein, kein Bauer, Korporal oder Forstmeister habe ihm mehr was zu befehlen.

Hiasl bat um Bedenkzeit. Er überlegte ein paar Tage. Heimlich holte er seinen Stutzen in Kissing und nahm Abschied von Monika, dem Vater und den Geschwistern; die Wiedersehensfreude mischte sich mit dem Abschiedsschmerz. Hiasl machte ihnen klar, daß er nicht bleiben könne, er habe keine Wahl. Er wildere zum Nutzen der Bauern und stifte dadurch Gutes; die Jagdherren seien auf das Wildbret nicht angewiesen, von denen hungere keiner. Noch in derselben Nacht ging er wieder über den Lech, nur in Schwaben fühlte er sich sicher.

Dann verabschiedete er sich, mit Tränen in den Augen, auch von seinen Wohltätern und schloß sich Bobingers Bande an. Der erwies sich aber als ein unleidlicher, geiziger Kerl. Für den Neuling hatte er nur untergeordnete Aufgaben. Hiasl durfte nicht schießen, sondern nur Handlanger sein: den Treiber und Büchsenspanner machen und das erlegte Wild wegschaffen. Bobinger verlangte strenge Unterordnung und ließ den Chef heraushängen. Das vertrug Hiasls Eitelkeit nicht, er fühlte sich überlegen. Schon nach kurzer Zeit trennte er sich wieder von Bobinger. Der verlor nach und nach seinen

ganzen Anhang. Er verlegte sich auf Diebereien und Raub-
überfälle. Am 14. September 1770 wurde er in Günzburg an
der Donau durch das Schwert hingerichtet.

Hiasl war wieder frei. Er hatte gesehen, daß man ganz gut
vom Wildern allein leben konnte. Gut organisiert, brachte es
genügend ein. Vor allem, wenn man Leute zur Hand hatte, so
daß man sich die Arbeit teilen konnte. Was der Bobinger
konnte, konnte er auch. Ein paar von dessen Leuten waren
mit ihm gegangen. Sie hielten mehr von dem schneidigen
Jungen, der für gerechtes Teilen war, als von dem knickrigen,
hinterhältigen Alten. Auch beeindruckte sie Hiasls Treffsicherheit.

Aus dem Bauernknecht und Einzelkämpfer war über Nacht
ein Wildschützenhauptmann geworden, den die Jäger und
Behörden fürchteten. Hiasl wunderte sich selbst über den
Zulauf, wie ein Magnet zog er die Schützen an. Er nahm nur
die besten. Vorher prüfte er ihre Fähigkeiten, ihre Gewandtheit und ihre Kenntnisse. Jeder mußte einen Probeschuß tun;
daß sie gut schießen konnten, war für ihn das Wichtigste. Und
daß sie »ehrlich« waren, er wollte eine »ehrliche« und
gerechte Bande anführen. Wer sich nicht an seine Regeln und
Befehle hielt, wurde bestraft. Ausschreitungen gegen das
Volk duldete er nicht.

Hiasls Bande war nie groß, vier bis sechs Mann stark war
sie in der Regel, mehr als vierzehn hatte sie selten. Ihre
Zusammensetzung änderte sich laufend, sie rekrutierte sich
hauptsächlich aus den Schützen der Gegend, wo er gerade
hinkam. Verließ er diese, blieben die meisten zurück, und
neue kamen hinzu; er sammelte im Handumdrehen eine neue
Mannschaft. Erst später schlossen sich ihm berufsmäßige
Wildschützen an, ohne festen Wohnsitz. In der ersten Zeit
nach seiner Flucht wilderte er auch oft allein; da wurde er
noch nicht so verfolgt, so konnte er sich auch ohne Anhang
behaupten.

Hiasl dezimierte den Wildbestand in Schwaben. Er tat es
im vollen Bewußtsein seines Rechts. Die Bauern schätzten
das und bestärkten ihn dabei. Sie versprachen und gewährten

ihm jede Hilfe. Nicht aus Idealismus, sondern aus Eigennutz: Der Schutz der Wiesen und Felder bewirkte einen reicheren Ertrag. Und Hiasl genoß das freie Leben:

> *Es gibt kein schön'res Leben,*
> *als ich führ' auf der Welt;*
> *die Bauern geb'n mir z'essen*
> *und, wenn ich's brauch', noch Geld.*
>
> *Drum tu' ich d'Felder schützen*
> *mit meine tapfren Leut',*
> *und wo ich nur grad' hinkomm',*
> *o Gott, ist das 'ne Freud!*

Aus allen Gegenden Altbayerns und Schwabens kamen die Bauern mit Bitten und Geldgeschenken zu ihm, damit er bei ihnen jage; sie ließen sich die Schädlingsbekämpfung was kosten. Und Hiasl verkaufte das Wildbret billig an das Volk, nicht selten überließ er es umsonst. Besonders den Ärmeren und den Häuslern, die es nicht hätten bezahlen können. Er tat es teils aus Freigebigkeit, teils aus Großmannssucht. Jedenfalls dachte und handelte er sozial, er war seiner Zeit voraus. Solches pflegt man freilich übelzunehmen, Neuerer hatten noch nie einen leichten Stand.

Damals, zu Beginn seines »öffentlichen« Wirkens, hatte Hiasl eine relativ glückliche Zeit. Hilfsbereit und von liebenswürdiger Gutmütigkeit, machte er sich überall beliebt. Er war der Liebling des Landvolks. Gern wurde er aufgenommen und bewirtet. Er lebte mehr fröhlich und im Bewußtsein seiner Freiheit als gehetzt, die Obrigkeit nahm ihn anfangs noch nicht so ernst. Man wußte wohl auch von Hiasls Ansehen im Volk und wollte sich nicht zu offen gegen die Bevölkerung stellen. Die machte ihn zum »Fürsten der Wälder«:

> *Ich bin der Fürst der Wälder,*
> *und keiner ist mir gleich;*
> *so weit der Himmel blau ist,*
> *so weit geht auch mein Reich.*

Das Volk wußte, wer's gut mit ihm meinte. Darum sagte es auch:

Der Hiasl, der führt uns,
der Kurfürst verliert uns.
Machts koane Schnitz,
frei is der Schütz!

Hiasl hatte auch in der Oberschicht Sympathisanten und
Bewunderer. Mancher von den Ökonomiepfarrern, die kein
Gehalt bekamen, sondern von ihrer Landwirtschaft leben
mußten und die Sorgen und Nöte der Bauern teilten, lud ihn
zu sich ein.

Einer hatte dem Hiasl ein Hirschkalb abgekauft. Ein jun-
ger Adeliger erfuhr es und stellte den Pfarrer zur Rede.
Höhnisch fragte er, wie hoch der Preis gewesen sei. Dem
Geistlichen war das peinlich, verlegen lächelnd antwortete er:
»Nicht hoch. Wenn ich allerdings den Schaden dazurechne,
den Ihr Wild auf meinen Feldern anrichtet, mag mich das
Pfund auf hundert Gulden kommen.« Der Adelige schrie den
Priester an, ob es sich mit seiner Würde und seinem Gewissen
vertrage, von einem Lumpen gestohlenes Wild zu kaufen.
Darauf der Pfarrer: Hiasl möge zwar gegen das Gesetz versto-
ßen, aber er stifte Nutzen. Er, der Pfarrer, könne sein Gewis-
sen gewiß leichter beruhigen als ein gewisser Junker, der das
Wild in großen Mengen heranwachsen lasse und sich nicht um
den Schaden kümmere, der die Bauern zugrunde richte. Die
Antwort war: eine schallende Watschen.

Der schwäbische Klerus stand, mit wenigen Ausnahmen,
geschlossen hinter Hiasl. Man wußte, daß er regelmäßig die
Messe besuchte, beichtete und das Fastengebot beachtete; es
war eine tiefreligiöse Zeit. So sah man in ihm einen gottes-
fürchtigen Menschen. Es hieß, er sei ein betender Mann,
beleidige niemanden und nähre sich nur vom Wild. Den
Armen und Hungernden sei er ein frommer Nährvater. Pfarrer, Mönche und Klausner schenkten ihm Heiligenbilder und
geweihte Amulette und Skapuliere, die ihn schützen sollten.
Hiasl legte Wert auf solche Dinge. Er jagte seinen Gefährten
Joseph Dettenrieder davon, weil der vom Regen verdorbene
Heiligenbilder weggeworfen hatte. »Du Spitzbub!« sagte er.
»Ich brauch' dich nicht mehr!«

34

In den Klöstern Biberach an der Riß (nordwestlich von Memmingen), Wemding (nördlich von Donauwörth), Obermedlingen (nordwestlich von Gundelfingen) und Heiligkreuz (in Augsburg) ging er ein und aus. Die Prälaten von Amerdingen (nördlich von Dillingen) und Göllingen (nördlich von Höchstädt) schlossen Hiasl und seine Leute nicht nur in ihr Gebet ein, sie stellten sich auch schützend vor ihn, wenn es nötig war. Bei den Pfarrherren war er ein gern gesehener Gast, er hat bei ihnen gegessen und übernachtet, samt seinen Männern. Die armen Dorfpfarrer waren sich einig mit den Bauern gegen die hohen geistlichen Fürsten.

Und Hiasl zeigte sich erkenntlich, er geizte nicht mit Gegendiensten. So manches Stück Wildbret schenkte er ihnen, gewissermaßen als seinen Zehnten. So hat er ein Hirschkalb der Prokuratorsfrau zu Irsee (nordwestlich von Kaufbeuren) gegeben, als Geschenk für den Herrn Prälaten. Im übrigen verkaufte er ihnen das Fleisch zu festen Preisen. Abnehmer waren auch Wirte, Händler, Beamte, Ratsherren und andere ehrenwerte Leute.

Amtspersonen, die ihn offiziell verfolgen mußten, privat aber ihre Bezahlung als ungerecht empfanden und mit ihrer Familie am Hungertuch nagten, stellten nur halben Herzens Hiasl nach, der um mehr Gerechtigkeit kämpfte. Nicht wenige waren ihm sogar in heimlicher Freundschaft zugetan; seine Freundschaft mit dem Pfleger von Pfaffenhausen (nördlich von Mindelheim) und den Beamten von Langerringen (südlich von Schwabmünchen), Lamerdingen (nördlich von Buchloe) und Landsberg am Lech war ein offenes Geheimnis.

Man kann die Bewunderung und Verehrung für den Bayerischen Hiasl nur aus der Sicht seiner Zeit verstehen. Es war die Zeit des Rokoko mit Reifrock und Perücke und den idyllischen Schäferspielen. Wie die Gesellschaft zu unnatürlichen Formen erstarrt war, waren auch Aussehen und Umgangsformen der herrschenden Klasse: schnörkelhaft, die Natur zu vornehmer Blässe überpudert, mit Haarbeutel, Zopf und Schleifchen. Das junge Mädchen mit grauer Perücke, der Greis mit rosig geschminkten Wangen und Lippen und Schönheitspflästerchen. Der Galanteriedegen das Spielzeug des Mannes, der Fächer die Waffe der Frau. Die glanzvollen Schlösser waren in Fronarbeit erbaut, die Regierungspraxis der habsüchtigen und verschwendungssüchtigen Territorialherren erschöpfte sich in Bauernlegen und Rekrutenhandel und im Erfinden und rigorosen Eintreiben von Steuern. Jede Residenz hatte ihr Theater, die Mätressen kosteten Geld. Die Zwergstaatpotentaten schielten nach Frankreich und gebärdeten sich als kleine Sonnenkönige. Die Verschwendung bei Hof kannte keine Grenzen.

Eine furchtbare Geißel war die Jagdlust der vornehmen Gesellschaft, der hochgeborenen Fürsten, Grafen, Barone und Prälaten und ihres Anhangs. Dabei brauchten sie das Fleisch nicht zum Leben, sie jagten nur zum Vergnügen. So liebte Kurfürst Max Emanuel von Bayern (1679–1726) besonders Parforcejagden, deren er im Jahr 1690 mehrere im Forstenrieder Park (südlich von München) veranstaltete. Dazu hielt er 300 Pferde und 400 Hunde.

Überhege und eine grausame Kriminaljustiz, die den Wilddieb oft strenger bestrafte als den Mörder, schafften und erhielten einen überreichen Wildbestand. Große Rudel von Hirschen, Rehen und Wildschweinen fielen über die Felder der Bauern her. Einzäunen war verboten: das Wild hätte sich verletzen können! Erlaubt war nur, es durch Schreien, Klappern, Peitschenknallen und Feueranmachen zu vertreiben. Dazu hätte man sich die Nacht um die Ohren schlagen müssen, nicht genug damit, daß man sich am Tag abrackerte. Im Fränkischen zündeten Bauern aus Verzweiflung die Wälder an, um das Wild zu verderben. Das, was man heute über verbindliche Abschußquoten von den Jägern verlangt, damit sie den Wildbestand in erträglichen Grenzen halten, wurde damals gerade nicht praktiziert.

Ein Kapitel für sich waren die Treibjagden. Sie fanden zu jeder Jahreszeit statt, ohne Rücksicht auf die Vegetation. Bei einer kurfürstlichen Treibjagd wurden bis zu 1300 Mann und viele Pferde aufgeboten. Bei einer Jagd im Überreiterbezirk Isareck (nördlich von Moosburg), Wildmeisteramt Landshut, erlegte der bayerische Kurfürst zweiundneunzig Hirsche, sieben Hirschkühe und fünfzehn Hirschkälber. Es versteht sich, daß man um die Wiesen und Felder keinen Bogen machte. Was das Wild an Erntegut übriggelassen hatte, stampfte die berittene Jagdgesellschaft in Grund und Boden. Das Landvolk hatte die Treiber zu stellen. Jeder Bauer mußte für die hohen Herren auf eigene Kosten einen großen Fanghund füttern und jeder Häusler einen kleinen Jagdhund, die Hunde mußten gut gehalten werden; Nachlässigkeit wurde mit einem Pfund Pfennige bestraft. Ihre eigenen Hunde durften die Landleute nur mit einem schuhlangen Holzscheit am Hals herumlaufen lassen – damit sie nicht wildern konnten. Wehe dem Besitzer, wenn es trotzdem geschah! Die Strafe war hart, nicht selten schlug man dem Hund beide Vorderläufe ab.

Den Bauernstand drückten viele Lasten. Besonders die kleinräumlichen Landeshoheiten und Grundherrschaften belasteten die Kleinbauern und Söldner direkt und schwer. Es mußten Lehensgeld und eine Vielzahl von Steuern entrichtet werden: vor allem der große Zehent und der kleine Zehent und der Blutzehent (eine Art Schlachtsteuer). Dann gab es noch die Frondienste, die Hand- und Spanndienste, die erdrückende Ausmaße annehmen konnten. Es brauchten nur noch Schulden dazuzukommen, etwa bei Mißernten, dann war es fast nicht mehr zu ertragen. Die Handwerker in den Städten waren besser gestellt.

In diese Zeitverhältnisse hinein machte sich immer mehr eine neue Epoche bemerkbar: die Zeit des Umbruchs. Vieles, was als unumstößlich gegolten hatte, geriet in Bewegung: in der Sturm- und Drangperiode, im unruhigen Vorwärtsstreben. Plötzlich waren freisinnige Ideen da und eine trotzige Auflehnung gegen Zwang und Zopf. Schwärmerisch strebte man nach Erlösung aus der spießbürgerlichen Beschränkung, wollte weg vom Stilleben und hin zu Freiheit und Weltbürgertum. Siehe Schillers glühende Begeisterung für die Freiheit und Goethes Idee vom edlen Menschentum. Man hörte auf Jean-Jacques Rousseaus »Zurück zur Natur!«, wollte das Ursprüngliche; nur dieses war gut, alles Gekünstelte schlecht. Die neuen Parolen begannen ihren Zauber auszuüben. Eine phantastische Stimmung und Schwärmerei machten sich breit, ein Humanitätsgefühl mit einem völlig neuen Verhältnis zur Natur und zum Landleben.

Die Liebe zum Wald wurde wiederentdeckt. Plötzlich verstand man den Bayerischen Hiasl, den das Volk sagen läßt:

> *Im Wald drauß is mei Hoamat,*
> *im Wald drauß is mei Leb'n:*
> *Da schiaß i d' Reh und Hirschen*
> *und Wildschwein a daneb'n!*

Im Wald »ein Leben voller Wonne« zu führen, wurde Ausdruck der Freiheit, nach der man sich so sehnte. Die »naturverbundene Wilddieberei« empfand man nicht als unehrenhaft. Man blickte zurück in die Vergangenheit, sah den Wald als das Dunkel der unbegrenzten Möglichkeiten, als den unversiegbaren Born abenteuerlichster Erlebnisse und den idealen Schlupfwinkel von wilden und unheimlichen Gestalten. Der Wald war es, wo die Göttersagen wurzelten und die alten Heldenlieder. Er war auch der Schauplatz der Räuberromane, die allmählich Mode wurden. So bei »Rinaldo Rinaldini« von Goethes Schwager Vulpius; auch Schiller ließ seine »Räuber« im Wald die Freiheit erleben.

Es war, als ob sich ganz Europa mit Robinson und Rousseau in die Wildnis stürzen wollte. Sie wurde zum Sinnbild des Vollkommenen. So bekamen in den Augen der Gebildeten die Wildschützen auf einmal eine besondere Bedeutung. Bei ihnen trafen sich die höheren und die niederen Stände in ihren Wunschträumen und ihrer Sehnsucht nach Freiheit, die das Thema des Jahrhunderts geworden war. Der Wald war ihr idealer Ort und der Mensch, der in und von ihm lebte, der ideale Träger und Sendbote der Freiheit. Die Freiheitsidee wurde zum Freiheitsrausch, der die Menschen erfaßte.

Der neue Zeitgeist fand da und dort auch Eingang in die Politik. Der Absolutismus eines Ludwigs XIV. (1638–1715) mit seinem »Der Staat bin ich!« war überholt. Die Aufklärung beseitigte zwar den Absolutismus nicht, wandelte ihn aber. »Ich bin der erste Diener meines Staates«, sagte Friedrich der Große (1712–1786); eine ähnliche Haltung findet man bei Joseph II. (1741–1798) mit seinen Reformen.

Die Zeit war reif für die große Französische Revolution (1789), mit ihrer Idee von Freiheit, Gleichheit und Brüderlichkeit; Hiasl erlebte sie freilich nicht mehr. Wie ein Sturm brauste sie über Europa hinweg, erschütterte es in seinen Grundfesten und zerbrach die verkrusteten Strukturen. Ihre Nachwehen, die Säkularisation (1803) und die Mediatisierung (1806), beseitigten dann auch die deutsche Kleinstaaterei. Ob Napoleon wußte, was er damit für die Deutschen tat?

Die neuen Gedanken beflügelten bei uns freilich kaum das Volk. Auch von Hiasl kann man nicht erwarten, daß er sich groß mit ihnen auseinandersetzte: er philosophierte mit dem Gewehr. Aber mit seinem unbändigen Freiheitsdrang war er ein Kind seiner Zeit. Und aus seinen Taten wehte revolutionärer Geist, er versetzte die Hasenherzen der behäbigen und bezopften Biedermeiersoldaten in Angst und Schrecken. Er erlebte zumindest unterschwellig, wie es bei den großen Geistern gärte. Er schwamm mit in der Zeitströmung und mochte fühlen, daß sie auf seiner Linie lag. Um so härter stieß er sich an den alten Schranken, die der neue Zeitgeist nicht beseitigte, sondern nur fühlbarer machte. Sie forderten ihn heraus, und er wuchs, indem er sich mit seinen Gegnern maß. Er wurde zum Rebellen gegen das ungerechte Jagdmonopol, gegen die Jagdtyrannen und ihren Jagdterror. Aus dem Kampf gegen die Wildplage wurde ein unerbittlicher Kampf gegen Fürsten, weltliche und geistige Landesherren, Waldbesitzer, Jäger und Forstgehilfen; dabei war Hiasl lange Zeit der Stärkere. Man fürchtete seine Überfälle und haßte ihn als »Räuber«. Um so mehr, als Hiasl immer mehr Anhänger um sich sammelte, die gegen die Fronarbeit und für die Freiheit in den Wäldern waren.

Man kann sich vorstellen, wie das auf die Bauern wirkte. Endlich kam einer, schneidig und unerschrocken, ein Mann der Tat, und nahm sich im Wald die Freiheit! Er fühlte sich als Herr, nicht als Knecht. Und trotzte den Oberen, zeigte ihnen die Zähne, bäumte sich auf gegen die überlebte Feudalherrschaft. Nicht heimlich tat er's und verstohlen, wie einer, der ein schlechtes Gewissen hat, ganz offen trat er auf, brüstete sich in der Öffentlichkeit mit seinen Taten und berief sich auf ein Recht.

Er verstand die Bauern und Tagelöhner, das arme und rechtlose Volk, denn er war einer der Ihren, war aus ihren Verhältnissen herausgewachsen; er war ein Mann aus dem Volk. Und er half ihnen gegen ihre Unterdrücker: die herrschaftlichen Jäger, die Amtsleute und Soldaten, kurz: gegen die jeglichen sozialen Sinnes bare Obrigkeit. Er war ihr Patron und 15. Nothelfer. Sie genossen die Vorteile seines Wirkens, das Risiko trug er allein. Sie bewunderten, ehrten, liebten und verherrlichten ihn.

Und sie halfen ihm, sie warnten und verbargen ihn, wenn man ihm nachstellte. Sie führten seine Verfolger an der Nase herum. Sie luden ihn, zum Beispiel, auf einen Heuwagen und wiesen einer Streife die falsche Richtung. Hiasl konnte ihre Hilfe brauchen, er wußte, ohne sie könnte er sich nicht halten.

Hauptsächlich waren's die Jäger, die ihn nicht gern sahen in ihrem Revier. Sie spielten miteinander Katz und Maus, mit wechselnden Rollen. Hiasl war klug, dreist und vorsichtig zugleich, schlug ihnen Schnippchen auf Schnippchen. Er wußte sich zu helfen, in allen Lagen, flink, kräftig und gewandt wie er war. Davon gibt es viele Anekdoten. Hiasl erzählte sie oft, seine Stücklein, bei Hochzeiten und anderen Gelegenheiten, wo man ihn einlud; meistens stiftete er dann den Festbraten. Zu Gewalttaten kam es noch nicht.

Hiasl aß in einer Bauernstube einen Eierkuchen, als mehrere Jäger das Haus umzingelten. Die Bäuerin wußte Rat. In der Kammer, neben der Küche, stand eine große alte Truhe, darin versteckte sie den Hiasl. Sie versperrte sie, zog den Schlüssel ab und stellte Schüsseln und Gerät auf sie. Da kamen schon die Jäger herein und durchsuchten alle Winkel, polternd und fluchend, man hatte ihnen gesagt, Hiasl sei hier. Die Bauersfamilie bestritt das. Während sie noch lärmten und fürchterlich drohten, kam der Knecht heim. Er erfaßte die Situation und rief: »Wenn ihr den Hiasl sucht, der schläft draußen im Wald. Ich führ' euch hin, wenn ihr wollt.« Das tat er auch. Allerdings soll es ihm schlecht bekommen sein, als die Jäger merkten, daß sie genarrt worden waren.

An einem frühen Morgen stöberte man Hiasl aus einem Versteck auf. Der auf und davon, ihm nach die Jäger und Gerichtsdiener. Den ganzen Vormittag verfolgten sie ihn, mit wachsender Erbitterung: Hiasl erschoß zwei Fanghunde, die sie ihm nachgehetzt hatten. Endlich erreichte er am Waldrand ein Haus; er kannte die Leute, sie konnten ihn gut leiden. Die Verfolger sahen, wie er hineinrannte, sie umringten das Gebäude und verlangten seine Auslieferung. Die Hausleute leugneten aber Hiasls Anwesenheit. Den kennen sie nicht, sagten sie, sie haben ihn nie gesehen, und überhaupt sei hier niemand. Die erbosten Verfolger suchten bis zum Abend, alles drunter und drüber werfend. Zuletzt waren sie so wütend, daß sie die Familie zu erschießen und das Haus anzuzünden drohten. Da riet ein alter Jäger, das Haus acht Tage lang zu besetzen. Dann müsse der Spitzbube entweder verhungern oder aus seinem Versteck hervorkommen. Daraufhin hielten sechs Mann strenge Wache. Aber nach ein paar Stunden überlegten sie sich's anders: Sie zogen ab; vorher schlugen sie noch die Fenster ein und verprügelten die Hausleute. – Hiasl aber war beim Eindringen der Jäger durch eine Luke aufs Dach gestiegen und von da auf eine dichtbelaubte Linde geflüchtet. Nach Einbruch der Dunkelheit kletterte er herunter und suchte das Weite.

Hiasl wußte sich mit List und Tricks den Nachstellungen zu entziehen, er war ein schlauer Fuchs. Außer seinen Freunden verdankte er vor allem seiner Wachsamkeit und Geistesgegenwart, daß er immer wieder seinen Feinden entkam; in gefährlichen Situationen reagierte er blitzschnell.

Beredt wie er war, pflegte Hiasl den Bauern zu erzählen, er sei von Gott berufen, sie vor Schaden zu bewahren. Das Wildern sei keine Sünde. Wenn einer einen Kreuzer stehle, sei das viel schlimmer, als wenn man tausend Hirsche schieße.

Die Bauern glaubten ihm gern, sie hörten andächtig zu. Hiasl imponierte ihnen. Und er tat alles, um den günstigen Eindruck zu verstärken. So behauptete er, er habe einen Schutzgeist, der warne ihn vor Gefahren. Er spreche zu ihm aus seinem Hut. Raunte man Hiasl ins Ohr, eine Streife nahe, sah er in die Höhlung und rief: »Aha, jetzt kommt eine

Streife!« Die Bauern sahen keinen Grund, ihm nicht zu glauben, es bestätigte sich ja jedesmal, was er vorausgesagt hatte. Außerdem machte er ihnen vor, seine Finger gerieten ins Wackeln, sobald er einem ihm Übelgesinnten begegne.

Die Leichtgläubigkeit der Bauern beflügelte Hiasl. Er spiegelte ihnen vor, er sei kugelfest. Die Kugeln, die man auf ihn schieße, prallten an ihm ab. Andernfalls wäre sein Körper längst durchlöchert wie ein Sieb. Oder er sagte, er fange sie mit der bloßen Hand. Zum Beweis zeigte er ihnen Kugeln, die er aufgefangen habe. Man zog das nicht in Zweifel. In einem 1763 entstandenen Lied heißt es:

> *Ich bin der Bayrisch' Hiasl,*
> *kei' Kugel geht mir ein.*
> *Drum fürcht' ich auch kein' Jäger,*
> *sollt's gleich der Teufel sein.*

Das Volk war damals sehr abergläubisch, es glaubte an Spuk und Zauberei. Im Wald, der finster und unheimlich ist, und auch in den Bergen, wo keiner hinkommt, sagte man, geschähen seltsame Dinge. Mit viel Phantasie schmückte man Gerüchte und Vermutungen aus. Vor allem dem Wildschützen, der im Dunkeln umherschlich und dem hinter jedem Baum oder Felsen der Teufel begegnen konnte, dichtete man gern etwas an.

Manche Wilderer hängten sich eine aus einem Erschossenen herausgeschnittene Kugel um, um sich kugelfest zu machen. Verschiedentlich hielten Jäger und Wildschützen ein Fingerglied eines im Mutterleib gestorbenen Kindes für ein unfehlbares Amulett gegen den Kugelschuß. Mit einem dreimaligen Beten des Vaterunsers, jedoch von hinten, glaubte man sich des Schutzes durch den Teufel zu versichern.

Der Kissinger Austragstagelöhner Joseph Ableitner, dessen Großvater Michael Ableitner Hiasls Taufpate gewesen war, sagte einmal vom Hiasl: »Fanga hams'n könna, aba it vaschiaßa!« Tatsache ist, daß man an Hiasls Körper vierzehn Narben gezählt hat, die von Schußwunden herrührten.

Immer wieder kam Hiasl nach Kissing. Das Heimweh plagte ihn, trotz des Anklangs, den er in Schwaben fand. Er machte sich Sorgen um den Vater und die Geschwister und unterstützte sie finanziell; nie erschien er mit leeren Händen. Auch mittelloser alter Leute nahm er sich an und stand ihnen bei; sein reichliches Einkommen erlaubte es ihm. Einmal brachten ihm zwei Bauern fünfzehn Taler nach Kissing. Sie hatten sie in ihrem Dorf gesammelt, damit er zu ihnen komme und das Wild vermindere.

Vor allem zog es ihn heim zu Monika. Sie liebte ihn unerschütterlich und vorbehaltlos all die Jahre, die er in der Fremde weilte.

In Kissing war Hiasl überall willkommen. Es gab kein Haus, wo man ihn nicht gern aufnahm und verbarg. Auch hier wechselte er seinen Aufenthaltsort vorsichtshalber. Dreimal schickte man ihm nach Kissing eine Streife, jede blieb erfolglos. Schließlich gewann man höheren Orts die Überzeugung, daß Hiasl zu Hause am wenigsten zu fassen sei.

Etwa ab dem Jahr 1763 wilderte Hiasl kaum mehr allein: Die auf ihn angesetzten Streifen wurden häufiger und stärker, die Jagd auf ihn nahm zu. Begleiter erlaubten Hiasl das Aufstellen von Posten. Damit war er weniger auf Warnungen aus der Bevölkerung angewiesen, die ihn in den Wäldern ohnehin kaum erreichen konnten. Kam es zur Konfrontation mit einer Streife, konnte man sich ihrer leichter erwehren.

Zu seiner Sicherheit entwickelte Hiasl ein schlaues System. Er erschien plötzlich, sammelte einen Anhang und verschwand nach kurzer Zeit ebenso schnell wieder; länger als sechs bis acht Tage blieb er nie in einem Jagdbezirk. Nach einem Jagdzug und der Verteilung des Gewinns trennte er sich von seinen Kameraden. Er wußte: allein taucht man am besten unter. So verlor sich jedesmal seine Spur, die Bande war wie vom Erdboden verschwunden. Die Mobilität wurde seine Stärke. Bis die Obrigkeit reagierte, sie mußte ja auch erst Leute sammeln, um mit Aussicht auf Erfolg operieren zu können, war der Gesuchte meist schon über alle Berge. Der Großraum zwischen Lech und Iller, Donau und Alpen, in dem er agierte, erlaubte ihm genügend Bewegungsfreiheit.

Ortsveränderungen machte jedes Bandenmitglied allein. Bei der Trennung vereinbarte man Ort und Zeit für einen neuen Treff. »Getrennt marschieren, vereint schlagen!« hat man später gesagt.

Zugute kam Hiasl die Kleinstaaterei, die in Schwaben besonders ausgeprägt war: Es gab dort eine Vielzahl von kleinräumlichen Landeshoheiten und Grundherrschaften geistlicher und weltlicher Art. Hiasl brauchte meist nur wenige Stunden zu gehen, und schon war er in einem anderen Herrschaftsgebiet – und in Sicherheit; manche Ländereien waren in einer halben Stunde zu durchwandern. An der Grenze endete die Territorialmacht, hatten die Hiaslfänger das Nachsehen; jenseits hatten sie keine Befugnisse. Wurde es ernst, setzte Hiasl flugs über die Grenze und machte seinen Verfolgern eine lange Nase.

Bei der Auswahl seiner Leute achtete Hiasl weiterhin auf ihre Fähigkeiten. Körperliche Stärke und sportliches Können waren gefragt. Vor allem kam es ihm auf die Kunstfertigkeit im Schießen an. So war Hiasl seinen Gegnern auch dann überlegen, wenn sie in der Mehrzahl waren.

Einer der Besten und Tüchtigsten war der Studele. Klein von Statur, breitschultrig und untersetzt, trat er um 1763 in Hiasls Bande ein, war seinem Herrn treu ergeben und mahnte immer zu Besonnenheit. Dabei war er ungemein mutig und verwegen und quicklebendig. Später sollte er viel von Hiasl und dessen Abenteuern erzählen. Ein großer Teil ist nur deshalb noch bekannt. So wohl auch folgende Geschichten.

Hiasl trieb sich in den Wäldern bei Burgau (östlich von Günzburg) herum. Seine Kumpane schliefen in einem Dickicht. Er selbst brach vor diesem einen Hirsch auf, der Stutzen lehnte an einem Baum. Drei Jäger pirschten sich heran. Einer ergriff Hiasls Stutzen, die beiden anderen legten auf ihn an. Jetzt werde er eingesperrt, riefen sie. »Oho!« rief Hiasl laut zurück, damit seine Kameraden aufwachten. »So schnell geht's nicht. Ich bin mit der Arbeit noch nicht fertig. Dann möcht' ich noch ein bißchen schlafen.« – »Elender Kerl!« schrie ein Jäger haßerfüllt. »Jetzt hat deine letzte Stunde geschlagen. Ich zeig' dir, daß ich schießen kann!« – »Ja«, erwiderte Hiasl ungerührt und deutete seitwärts, »aber die da drüben können's auch.« Zu ihrem Schrecken merkten die Jäger, daß sieben Rohre auf sie gerichtet waren. Da sprangen auch schon die Wildschützen herbei und nahmen ihnen die Gewehre ab. »Freunde!« sagte Hiasl zu den Jägern. »Ich möcht' mich mit euch unterhalten. Aber, wie gesagt, erst muß ich noch schlafen. Weil ich ein armer Sünder bin, sollt ihr derweil niederknien und laut für mich beten.« Sprach's, legte sich hin und seinen Kopf auf den Hals des Hirsches. Er stellte sich schlafend. Aber die Jäger hatten's nicht mit dem Knien und Beten. Einer protestierte: »Lieber sterben als das!« Die Wildschützen belehrten sie eines Besseren – mit gezückten Hirschfängern. Widerwillig fügten sich die Jäger. Im Lied hört es sich so an:

> Was d' Jäger tut verdrieß'n,
> das g'schieht mit größter Freud'.
> Nächst haben s' mir beten müss'n
> und machen Reu' und Leid.

Aber die Jäger murmelten nur das Vaterunser. Die Hirschfänger mußten sie mahnen, lauter zu beten. Endlich erhob sich Hiasl. Mit übertriebener Höflichkeit dankte er ihnen für das Gebet. Er befahl seinen Leuten, die Gewehre den Jägern zurückzugeben und sie laufenzulassen.

Einer der Wildschützen, ein wüster Bursche aus der Gegend, weshalb sie ihn den Burgauer nannten, war damit nicht einverstanden. Er widersetzte sich Hiasl und bemächtigte sich der Jagdtaschen der Jäger. Hiasl lief rot an vor Wut und schlug ihn ins Gesicht. »Für Lumpen, Strauchdiebe und Aufrührer ist bei mir kein Platz!« tobte er. »Ich kann nur ehrliche Schützen brauchen!« Der Burgauer suchte bei seinen Kameraden Hilfe, begegnete aber nur verschlossenen und abweisenden Gesichtern. Schmählich wurde er aus der Bande ausgestoßen.

In jener Zeit tat im schwäbischen Oberland ein junger Schweizer als Jagdgehilfe Dienst. Er war außergewöhnlich groß, mager und schmächtig, hatte aber einen üppigen Haarwuchs und daher einen dicken langen Zopf. Er bildete sich allen Ernstes ein, ein Herkules zu sein, in dieser Beziehung war er ein richtiges Großmaul. Oft erzählte er, wie viele Wildschützen er schon zur Strecke gebracht und verprügelt habe. Dem Hiasl werde er's auch zeigen, der solle ihm nur unter die Finger kommen. »Ich häng' ihn an den Füßen an einem Baum auf und laß ihn totzappeln«, prahlte er.

Hiasl hatte davon gehört. Eines Tages umringten seine Gesellen den langschlaksigen Jäger, beraubten ihn seines Gewehrs und führten ihn dem Hiasl vor. Als der die Jammerfigur sah, lachte er laut auf und sagte: »Du willst mich also an den Füßen aufknüpfen? Da bin ich menschlicher: Ich laß dich nur an deinem Zopf aufhängen.« Der Schweizer schwor hoch und heilig, nie etwas gegen Hiasl gesagt zu haben. Der wollte ihn darauf prompt freilassen. Aber da fielen die Wildschützen über ihn her und banden ihm die Hände auf den Rücken. Sie bogen eine junge Birke um, knüpften den Zopf daran und ließen den Wipfel hochschnellen. Und schon baumelte der Großsprecher hilflos. Das Volk drückte es so aus:

Ein himmellanger Jäger
hat 'droht, er hängt mich auf.
Derweil ist's um'kehrt 'gangen,
wie oft im Lebenslauf.

Im Wald sind wir z'samm'kommen,
dies hätt' kein Mensch nicht denkt;
beim Schopf hab ich ihn g'nommen
und schnell am Baum 'naufg'hängt.

Man schaukelte ihn eine Weile hin und her. Dann machte Hiasl dem grausamen Spiel ein Ende. Er ließ den Gepeinigten herunterholen und gab ihm – als noble Geste – sein Gewehr wieder. Darauf versicherte der Schweizer dem Hiasl seine Freundschaft. Er bat ihn, nichts zu erzählen, sonst könne er sich nicht mehr sehen lassen.

Hiasl genoß es, seinen Verfolgern überlegen zu sein. Er wurde übermütig. Seine Späße waren nicht immer fein. Bei seiner einfachen Bildung und rauhen Umgebung konnte man nichts anderes erwarten; auch seine Gegner waren rauh und ungeschliffen. Hiasl war derb, aber nicht grausam – nicht am Anfang. Daß mancher Scherz in Roheit ausartete, war hauptsächlich seinen brutaleren Kameraden zuzuschreiben.

Zu Beginn des Jahres 1765 verstärkte man die Jagd auf Hiasl. Man wollte ihm endlich das Handwerk legen. Die Streifen wurden größer und zahlreicher.

Eines Morgens hatte Hiasl mit vier Kameraden im schwäbischen Oberland zwei Hirsche geschossen und versteckt. Die Gruppe lagerte auf freiem Feld in einem Gebüsch bei kargem Frühstück. Plötzlich sah Hiasl eine große Schar Jäger und Gerichtsdiener dem Wald zueilen, aus dem er gekommen war.

»Ah!« sagte er. »Eine Streife. Die gilt uns.« Er zeigte auf ein einsames Haus. »Der Jäger, der da drüben wohnt, ist sicher auch dabei. Auf! Kehren wir bei ihm ein!« Ab ging's zum Jägerhaus.

Als man eintrat, backte die erst wenige Wochen verheiratete Jägersfrau Kuchen, die Streifmannschaft sollte bei der Rückkehr was zu essen haben. Die Frau hielt die Eintretenden für Jäger, ihr Mann hatte ihr gesagt, es kämen vielleicht noch welche nach, denen sollte sie den Weg zeigen. Sie tat das auch gleich.

»Aber«, meinte Hiasl, »wir sind hungrig. Der Kuchen da könnte uns nicht schaden.« Die Frau erfüllte den Wunsch, sie stellte Kuchen und Kirschwasser auf den Tisch. Die Gäste ließen sich's schmecken. Sie machten keine Miene, aufzubrechen.

Die Frau ermahnte sie: »Ihr müßt schauen, daß ihr zu den anderen kommt. Der Bayerische Hiasl, der Spitzbub, darf euch nicht entwischen. Drei Tage treibt er sich hier schon rum. Heut früh sind im Wald drei Schüsse gefallen. Da kann er nicht weit sein.«

»Da hast du recht«, erwiderte Hiasl. »Er ist näher, als du denkst.« Dann meinte er: »Bei der Streife spiel' ich die wichtigste Rolle: Wenn ich nicht dabei bin, werden sie den Bayerischen Hiasl überhaupt nicht zu sehen bekommen.« Die Begleiter brachen in schallendes Gelächter aus.

Hiasl stand auf, ging auf die hübsche junge Frau zu und nahm sie in seine Arme. Er gab ihr einen schnalzenden Kuß.

»Aber! Was ist denn das?« sagte errötend die Jägerin.

»Was das ist?« sagte Hiasl. »Das ist ein Kuß vom Bayerischen Hiasl – für die gute Bewirtung. Sag deinem Mann, er soll aufhören, mich zu verfolgen, sonst könnt' ihm was zustoßen.« Sprach's und ging mit seinen Leuten.

Der Mai 1765 brachte eine Zäsur in Hiasls unstetem Leben. Er hatte seine Tätigkeit ins obere Lechfeld verlegt und große Beute gemacht. Der Vorfall mit dem Burgauer war vergessen. Nur Studele behauptete steif und fest, den schielenden Burschen in der Nähe gesehen zu haben.

Hiasl lagerte mit einem Kameraden am Waldrand. Die anderen hatte er ins nächste Dorf geschickt, sie sollten Pulver und Blei kaufen. Seinen Stutzen hatte er ihnen mitgegeben, zu einer kleinen Reparatur. Plötzlich sah er sich von einer Schar Jäger umringt. Er sah auch den Burgauer, der drängte in den Wald zurück, nachdem sein Verrat gelungen war; er hatte Hiasl in Landsberg verpfiffen.

Angesichts dieser Überrumpelung und der Übermacht der Gegner erschien Hiasl Widerstand sinnlos: Er ergab sich ohne Gegenwehr. Zudem war er das fremde Gewehr, das er bei sich hatte, nicht gewöhnt; es lag ihm nicht besonders.

Man brachte Hiasl und seinen Begleiter nach Landsberg in die Frohnfeste. Von da ging es unter schärfster Bewachung und im Eiltempo nach München, in die kurfürstliche Residenz- und Hauptstadt. Hunderte von Neugierigen begafften in den Ortschaften den Zug, jeder wollte den berühmten Wildschützen aus der Nähe sehen. Sie hatten ihn sich wild und finster vorgestellt und sahen nun einen fröhlichen, wohlgestalteten und intelligent aussehenden Burschen von achtundzwanzig Jahren mit lebhaften Augen, der freundlich die Leute grüßte und ihre erstaunten Blicke mit wohlgefälliger Eitelkeit über sich ergehen ließ. Augenblicklich flogen ihm Sympathien zu, eine Welle von Zuneigung schlug ihm entgegen, man überhäufte ihn mit Geldgeschenken. Es wurde ein Triumphzug für den Gefangenen.

In München machte man ihm einen kurzen Prozeß. Auch hier beeindruckten sein harmlos freundliches Wesen, seine

Aufrichtigkeit und sein Anstand und nahmen das Gericht für ihn ein. Man hielt ihm zugute, daß er nie Gewalt angewendet hatte. So sah kein Verbrecher aus! Sie wollten ihm eine Chance geben. Er kam – zum Ärger aller Jäger – mit der ungewöhnlich milden Strafe von einem dreiviertel Jahr Zuchthaus davon. Das Urteil stand in einem krassen Gegensatz zu den damals üblichen harten Strafen für Wilderer.

Es war schon grotesk: Hiasl kam ins Zuchthaus, weil er verraten worden war. Und warum wurde er verraten? Weil er ehrlich bleiben und eine ehrliche Wildschützenbande anführen wollte!

Er verbüßte seine Strafe in München, im kurfürstlichen Stockhaus in der Au. Wieder stellte sich für ihn die Frage, wie es weitergehen sollte.

Nach dem Zuchthaus

Im Frühjahr 1766 wurde Hiasl aus der Strafanstalt entlassen, er kehrte heim nach Kissing. Es mußte für ihn ein eigenartiges Gefühl gewesen sein. Einerseits war er wieder völlig frei, zum erstenmal seit Jahren: Er hatte seine Rechnung mit der Obrigkeit beglichen. Was er sich hatte zuschulden kommen lassen, war gesühnt, auch seine Desertion. Er konnte sich unangefochten bewegen, mußte nicht mehr auf der Hut sein, er brauchte sich weder zu verstecken, noch mußte er fliehen.

Andrerseits schämte er sich zutiefst: Er, der Stolze und Selbstbewußte, der Überlegene, war nun ein Zuchthäusler – gebrandmarkt fürs ganze Leben; die Schande war nicht mehr gutzumachen. Auch über seine Angehörigen hatte er sie gebracht: über den Vater, die Geschwister und Monika. Daheim, wo ihn alle von Kind auf kannten, empfand er sie besonders drückend. Er schämte sich so sehr, daß er sich wochenlang nicht blicken ließ: er ging weder auf die Straße noch ins Wirtshaus.

Er wohnte ganz bei seiner Geliebten. Die Monika hatte ihm in der Zwischenzeit einen Sohn geboren, die Nachricht hatte ihn im Zuchthaus erreicht. Er hatte sich sehr gefreut. Man hatte seinen Wunsch erfüllt und das Kind auf den Namen Korbinian getauft, unter dem 20. November 1765 war es ins Taufbuch eingetragen worden. Er hatte kaum erwarten können, es zu sehen. Nun beschäftigte er sich stundenlang mit ihm, er liebte es sehr. Er faßte den Vorsatz, ein ehrliches Leben zu beginnen, Monika zu heiraten und ganz für sie und das Kind zu leben. Er wollte ihnen ein guter Ehemann und Vater werden.

Darin bestärkte ihn sein eigener Vater, dessen Tränen hatten Hiasl bis ins Innerste gerührt. Einen tiefen Eindruck hinterließen auch die Ermahnungen des Geistlichen Joseph

Ignaz Wolf, er war von 1765 bis 1769 Pfarrvikar in Kissing und anschließend, bis zu seinem Tode im Jahr 1798, Pfarrer. Hiasl war fest entschlossen zu einem neuen, rechtschaffenen Leben.

Aber er hatte seine Rechnung ohne den Wirt, sprich: die Wildschützen, gemacht. Auch sie hatten sehnlichst auf den Tag von Hiasls Freilassung gewartet; er, der ihnen Schutz und Geborgenheit gegeben hatte, fehlte ihnen. Sie weilten schon in der Nähe, als er in Kissing ankam. Allabendlich schlich sich einer zu ihm und versuchte ihn zu überreden, wieder ihr Anführer zu sein. Sie bestürmten ihn immer dringender.

Monika wurde angst und bang. Weinend und händeringend flehte sie Hiasl an, bei ihnen zu bleiben; es werde alles gut werden. All die Jahre habe sie schmerzlich auf ihn gewartet, habe Verständnis gehabt, für ihn und seine Situation. Nun sei alles anders: nichts hindere ihn mehr, daheim zu bleiben und ein normales und anständiges Leben zu führen. Vor allem sei jetzt das Kind da, das brauche seinen Vater, er müsse sich um es kümmern; er werde es doch nicht als Halbwaise aufwachsen lassen wollen!

Hiasl wurde hin und her gerissen. Er liebte Monika, und er liebte seinen Sohn. Und er wollte seinem alten Vater nicht mehr wehtun, dem er schon so viel Pein bereitet hatte. Zudem war ihm klargeworden, daß ein Wildererdasein nicht von Dauer sein konnte. Hätte man ihn auf dem Lechfeld nicht geschnappt, hätte es ihn ein andermal erwischt. Begegnungen mit den Verfolgern waren nicht zu vermeiden, sie konnten nicht immer gut ausgehen; dies anzunehmen, wäre gegen jede Vernunft. Er konnte noch von Glück sagen, wenn sie ihn nur gefangennahmen, obwohl ihm graute bei dem Gedanken, noch einmal ins Zuchthaus zu kommen. War es nicht wahrscheinlicher, daß sie ihn eines Tages erschießen würden, wie so viele schon? Wofür hatte er dann gelebt? Sein Leben war dann sinnlos gewesen, und denen, die ihm nahegestanden waren, hatte er nur Schmerzen zugefügt. Warum überlegte er eigentlich so viel? Gab's da überhaupt noch was zu überlegen? War es nicht selbstverständlich, daß er hierher gehörte, zu den Seinen, nicht zu einer Bande von hergelaufenen Gesellen? Er war auch nicht mehr der Jüngste. Die stürmische Zeit der Jugend sollte er doch hinter sich haben!

Weshalb mußte er immer wieder an die letzten Jahre denken? Sicher: es war schön gewesen, das freie Leben, trotz der Gefahren und Strapazen. Oder gerade deshalb? Gefahrlos und langweilig in den Tag hineinleben, das konnte jeder, das verlangte keinen Mann! Es war ein erhebendes Gefühl, wenn er daran dachte, welche Gefahren er schon bestanden hatte – wie kein anderer. Und dann die Kameraden! Dieses Bewußtsein, verwegene Männer um sich zu haben, die einem unerschütterlich zur Seite standen und mit einem durch dick und dünn gingen. Sie hatten zu ihm aufgesehen in Bewunderung, und sie hatten ihn gebraucht. Er dachte an die Nächte, die sie miteinander verbracht hatten im Wald, unter freiem Himmel. Und an die geselligen, lustigen Stunden in den Wirtshäusern; gemeinsam hatten sie gegessen und getrunken, gesungen und getanzt und in Erinnerungen geschwelgt.

Sie waren nicht nur auf ihren Vorteil ausgewesen. Sie hatten den Bauern geholfen, in ihrem mühevollen Leben zu bestehen, die waren ihnen dankbar gewesen und hatten sie geschätzt. Zählte das nicht? Die Herrschaften unterdrückten die Bauern, zu ihm aber hatten die Wehrlosen Vertrauen gehabt, er war ihr Held und Retter geworden. Immer wieder hatte er's erlebt, wieviel sie von ihm hielten. Vielleicht war er gar nicht zu einem gewöhnlichen Leben bestimmt? Einem Leben, das ihn nicht forderte, ihm nichts abverlangte als höchstens harte Knochenarbeit und Entbehrungen. Trotzdem: einmal mußte Schluß sein mit dem unsteten Leben, auch wenn es noch so schwerfiel.

Aber sie ließen ihn nicht in Ruhe. Sie kamen wieder und wieder, obwohl er abwinkte, müde und resigniert. Sie glaubten ihm nicht, wenn er sagte, alles sei aus und vorbei, für immer. Sie erinnerten ihn an die gemeinsamen Stunden, sagten, es sei so schön gewesen, er konnte es schon nicht mehr hören. Er beschwor sie, von ihm zu lassen, sie sollten sich einen anderen suchen, er habe hier Pflichten, jetzt sei alles anders als früher. Sie akzeptierten es nicht! Sie meinten, er sei zu Höherem geboren. Er müsse für viele dasein, nicht nur für ein paar Angehörige; viele zählten mehr als wenige. Merkten sie, daß Hiasl ins Wanken kam? Daß sein Herz es anders meinte, wenn er traurig ablehnte?

Eines Abends kamen zwei Schützen, die Hiasl besonders schätzte. Sie brachten ihm seinen Stutzen und eine hübsche Summe Geld; die Bauern hatten es für ihn gesammelt. Außerdem deren Grüße und die Botschaft, sie ließen ihn dringend bitten, ihre Felder zu schützen.

Hiasl sah sein geliebtes Gewehr – und fühlte die Macht, die es ihm verlieh. Es wuchs die Vorstellung, es sei seine Aufgabe, den Bauern zu helfen und für sie zu kämpfen. Das war seine Mission! Sie gab seinem verpfuschten Leben einen Sinn. Übermächtig erwachte in ihm die Lust am abenteuerlichen, ungebundenen Leben.

Drei Tage später sagte er Lebewohl: seiner verzweifelten Monika, dem weinenden Vater und der zutiefst betroffenen jüngsten Schwester Regina, die ihn über alles liebte. Fünfundzwanzig Wildschützen holten ihn ab, triumphierend nahmen sie ihn in ihre Mitte. Hiasl übernahm wieder die Führung seiner Bande! Ein neuer Abschnitt seines Lebens begann.

Die Kunde von Hiasls neuem Wirken verbreitete sich wie ein Lauffeuer. Jubelnd nahmen sie die Bauern auf. Sein Ansehen wuchs und verbreitete sich immer mehr. Auch mit seiner Treffsicherheit machte er wieder von sich reden.

Im Wirtshaus von Gersthofen (nördlich von Augsburg) hielten neun Jäger Kriegsrat. Sie überlegten, wie sie dem Hiasl, der sich mit seinen Leuten in der Gegend herumtrieb, das Handwerk legen könnten. Hiasl erfuhr davon. Eiligst verstärkte er seine Mannschaft und marschierte nach Gersthofen. Dort gelangte er mit ihr unbemerkt in das Wirtshaus. Unbefangen trat er in die Gaststube. Er fragte die Jäger spöttisch, ob er ihnen behilflich sein könne. Er und seine Kameraden dürften doch an der Beratung teilnehmen? Dann meinte er, sie sollten sich freuen, daß er ihnen so bequem in die Hände falle. Bei den Jägern, die Wildschützen hatten ihnen vorsorglich die Gewehre weggenommen, herrschte große Verlegenheit. Hiasl hielt ihnen einen Vortrag. Er schieße nur das Wild weg, das zuviel sei, sagte er. Wenn es schon die Jäger nicht täten, müßten sie auch hinnehmen, daß er es tue. Überhaupt sollten sie, meinte er weiter, nicht gegeneinander sein, sondern sich brüderlich zusammentun. Er streckte ihnen die Hand entgegen. Die Reaktion der Jäger: eisiges Schweigen.

Das langweilte Hiasl schließlich, er rief einem Jäger zu: »Du, Alter, ich hab g'hört, du rühmst dich, besser zu schießen als ich. Wollen wir wetten?« Der Angesprochene, tatsächlich ein guter Schütze, willigte ein. Zur Bedingung machte er, sein eigenes Gewehr gebrauchen zu dürfen. Hiasl: »Schießt alle Gewehre los bis auf seins!« Sogleich krachte es aus acht Rohren zum geöffneten Fenster hinaus. Die Gewehre wanderten wieder in die Hände der Eigentümer. Wilderer und Jäger begaben sich, von einer durch den Krach herbeigelockten Menschenmenge begleitet, zum Kampfplatz. Der war neben der Kirche, als Ziel hatte man einen Punkt auf dem Turm bestimmt. Hiasl tat den ersten Schuß. Er traf so gut, daß der Jäger sich geschlagen gab, er feuerte seine Kugel in die Luft.

Hiasl wählte gern Kirchen als Zielscheibe. Es gibt eine Geschichte von einem schwäbischen Landpfarrer, der, selbst ein Schütze, Hiasl kennenlernen wollte. Der stand eines Tages nach der Messe vor der Kirche und wartete auf den hochwürdigen Herrn. Lächelnd gab er ihm die Hand. Die beiden unterhielten sich, natürlich auch über Hiasls Schießkunst. Am Schluß sagte Hiasl, er wolle dem Herrn Pfarrer ein Andenken dalassen. Er schaute hinauf zur Kirchturmspitze, zu dem Wetterhahn aus Blech, und meinte, der Gockel sei blind. Er riß seinen Stutzen von der Schulter, zielte und ließ es krachen. Jeder sah: jetzt hatte der Gockel ein Auge.

Hiasl liebte solche Streiche. Darüber wurde viel gelacht. Das machte ihn übermütig. Er kam mit seinen Leuten an einem Jägerhaus vorbei, dessen Garten säumte eine Hecke. Durch eine kleine Lücke sah er den Jäger, einen hochbetagten Mann, gemütlich sich zum Fenster hinauslehnen und gemächlich eine lange Meerschaumpfeife rauchen. Er legte an und schoß ihm das Pfeifenrohr entzwei: der Meerschaumkopf fiel herunter. Der Waidmann warf wilde Blicke um sich, konnte aber niemanden sehen. Er erriet den Schützen, denn er rief: »Hiasl, das warst du!« Einem anderen Jäger, der bei Kerzenlicht aus Roßhaaren Vogelschlingen machte, schoß Hiasl durchs offene Fenster die Flamme aus: Der Jäger saß im Dunkeln.

Solche Anekdoten geben die Stimmung unter den Jägern nicht richtig wieder: Die waren erbittert über Hiasls Wiederauftauchen. Sie schäumten vor Wut und fragten sich, wofür das Zuchthaus gut gewesen sei. Sie stellten Hiasl mit mehr Energie nach als je zuvor; mittlerweile nahmen sie ihn ernst.

Auch Hiasl war nicht mehr wie früher: er war nicht mehr der fröhliche, freundliche und unbeschwerte junge Bursch, der Schatten des Zuchthauses lastete auf ihm. Eine merkwürdige Wesensveränderung war in ihm vorgegangen – und ging weiter vor sich. Dahin waren die liebenswürdige Sicherheit und das ruhige Gleichmaß, die ihn gelassen reagieren ließen. Er wurde sprunghaft und launisch. Unbedeutende Anlässe riefen Überreaktionen hervor, die sich bis zum Exzeß steigern konnten. Die Verehrung und Bewunderung nahm er jetzt überheblich entgegen. Wo man sie ihm versagte, verlangte er sie herrisch anmaßend – später sogar gewalttätig. Seine bislang kindliche und heitere Eitelkeit wuchs ins Krankhafte. Seine Freigebigkeit artete in Angeberei aus, er liebte glänzende Auftritte und vornehme Gesten. Er überschätzte die eigene Wichtigkeit und den eigenen Wert.

Auf der anderen Seite wurde er kleinlich, übelnehmerisch und rachsüchtig. Er steigerte sich in die Rolle des fanatischen Rechtsuchers und unfehlbaren Gerechtigkeitsapostels. Er maßte sich das Rechtsprechen und die Bestrafung an, wenn er jemanden für schuldig hielt. Dabei war er unkritisch und leichtgläubig, hielt es nicht der Mühe wert, die Schuldfrage zu klären.

Für die Betroffenen wurden die Auswirkungen seiner verworrenen Empfindungen um so schlimmer, als seine willkürlichen Befehle von seinen Leuten allzugern ins Grausame ausgelegt und vollzogen wurden. Er ließ sie mehr und mehr gewähren. Die Disziplin, auf die er anfangs so großen Wert gelegt hatte, ließ nach. Das wilde Leben ließ auch die Sitten verwildern.

Die Fronten verhärteten sich, bei den Verfolgten und den Verfolgern. Man ordnete sofort Streifen an, wenn Hiasl sich mit seinem Anhang blicken ließ. Jetzt wollte man ihn endgültig unschädlich machen. Und für ihn stand fest: ein zweites Mal geht er nicht mehr ins Zuchthaus, er wird sich nicht mehr fangen lassen!

Unter den Jägern tat sich besonders einer namens Bauer hervor. Er wohnte in Tussenhausen (nordöstlich von Mindelheim) und war Hiasls größter Feind. Er hatte vorgeschlagen, dem verhaßten Wildschützenhauptmann die Augen auszustechen oder ihn wie einen Hund totzuschlagen.

In dieser Zeit wurden auch schon ansehnliche Prämien von adeligen Jagdherren auf Hiasls Kopf ausgesetzt. Durch die Versprechungen wollte man das Landvolk bewegen, Hiasl an die Gerichte auszuliefern. Doch bei der allgemeinen Zuneigung, die Hiasl nach wie vor genoß, gingen solche Bemühungen gänzlich ins Leere. Auch aus Furcht vor Rache hätte wohl niemand ernstlich gewagt, sich auf derlei einzulassen. Soweit man davon sprach, war es eigentlich nur Angeberei.

Ein bärenstarker Müllersbursche aus Kissing prahlte oft mit seiner Kraft. Betrunken ließ er verlauten, er werde den Hiasl fangen, um zu Ehre und Reichtum zu gelangen. Ihm wäre es bald schlecht ergangen. Man hatte seine Äußerungen Hiasl zugetragen. Der kam mit ein paar Kameraden zur Mühle und überraschte seinen Beleidiger. Mit gezogenen Hirschfängern umringten die Wildschützen den vor Angst zitternden Burschen. Sie hätten wohl ihre Wut blutig gekühlt, hätten nicht der Müller und andere herbeigelaufene Leute beschwörend Hiasl angefleht, von seiner Rache zu lassen. Hiasl hatte ein Einsehen, unter der Bedingung, daß der Bursche sofort die Mühle und Kissing verlasse. Man ließ dem Verängstigten nicht mal mehr Zeit, sich umzuziehen – er mußte auf der Stelle mit Sack und Pack davon.

Müller scheinen überhaupt was gegen Hiasl gehabt zu haben. So auch der Besitzer der eine Stunde westlich von

Mering gelegenen Putzmühle. Der hatte einen Fanghund, so groß wie ein Kalb und sehr scharf. Das Tier, eine Kreuzung zwischen Dogge und Rottweiler, war hoch und sehr lang und hatte ein graues Fell mit schwarzen und braunen Streifen und Flecken wie ein Fleischerhund. Es war so bös und wild, daß es selbst der Müller kaum bändigen konnte; er mußte es ständig an der Kette halten.

Der Müller kehrte gern in Mering und Merching (südlich von Mering) ein. Dann war oft vom Hiasl die Rede, der am Stammtisch ein beliebtes Thema war. Bei solcher Gelegenheit pflegte sich der Müller zu brüsten: »Mein Tyras wird einmal den Hiasl fangen! Er macht mich noch zu einem reichen Mann.« Hiasl hörte davon, nahm aber den Müller nicht ernst. Er wußte, daß der im Rausch Sprüche machte, doch im Grunde ein braver Mann war, der niemandem etwas zuleide tat. Er interessierte sich aber für den Hund. Er beschloß, ihn dem Müller wegzunehmen, ganz ungestraft sollte der nicht davonkommen.

In dieser Absicht erschien er mit seinen Gesellen in der Putzmühle. Der Müller saß bei einem Humpen Bier in der Stube, als Hiasl allein eintrat, sich zu dem Zecher setzte und seinen Stutzen auf den Tisch legte.

Dem Müller war das unheimlich. Er machte große Augen und bekam es mit der Angst zu tun. Das um so mehr, als er durch das Fenster mehrere bewaffnete Wildschützen sah.

»Müller!« fing Hiasl an. »Kennst mich?«

Der Angesprochene erbleichte, er ahnte, wer der Fremde war.

»Ich bin der Bayerische Hiasl«, fuhr der fort. »Weil du mich fangen willst, bin ich zu dir gekommen, damit du es leichter hast.«

»Ich hab dich nicht beleidigen wollen«, stotterte der Müller.

»Darum geht's mir nicht«, sagte Hiasl. »Ich möcht' deinen Hund sehen. Hol ihn und hetz ihn auf mich!«

»Um Gottes willen!« rief erschrocken der Müller. »Nur das nicht! Der würd' dich in Stücke reißen.«

»Den Hund her – oder ich laß' dich erschießen!« donnerte Hiasl.

Dem Müller blieb nichts übrig, als sich zu fügen. Er ging hinaus und kam mit dem Hund zurück, zitternd führte er ihn an einem Strick in die Stube. Kaum sah das Tier den Hiasl, gebärdete es sich wie rasend, der Müller konnte es kaum noch halten.

»So«, sagte Hiasl ruhig, sich mit dem Rücken an die Wand stellend und seinen Mantel um den linken Arm wickelnd, »du bist also der Hiaslfänger? – Laß ihn los, den Teufel!« schrie er und, als der Müller zögerte, noch einmal: »Laß los!«

Der Müller ließ den Strick fahren und flüchtete aus der Stube. Die Bestie stürzte sich, die Haare gesträubt und gestreckten Schweifs, mit langen Sätzen knurrend und zähnefletschend auf Hiasl, der wie angewurzelt stand. Er sah die blutunterlaufenen Augen und die tief herabhängenden Lefzen. Für den Bruchteil einer Sekunde schien das Tier vor ihm zu zögern. Dann sprang es ihn an – mit seiner gewaltigen Masse, Hiasls Rücken schlug gegen die Wand. Der Hund verbiß sich in den dargebotenen Arm. Wegen des Mantels machte das dem Hiasl nicht viel aus, aber er bekam seinen Gegner nicht zu fassen. Der tanzte auf den Hinterbeinen hin und her, die Vorderpfoten gegen Hiasl gestemmt, und riß wütend an seinem Arm. Dazu ein einziges heiseres Knurren und schreckliches Augenrollen, Geifer troff von den Lefzen.

Hiasls Absicht war, das Tier zu würgen, bis ihm die Luft wegblieb. Aber das war leichter gedacht als getan. Der mächtige Kopf des Hundes ging fließend über in den nicht minder mächtigen Hals und Nacken und den riesigen Rumpf. Hiasl fand keinen Ansatzpunkt! Mehrmals versuchte er, seinen Arm mitsamt dem Hund herumzudrehen und den vom Boden abzuheben, um ihn packen zu können – es gelang nicht. Der Hund lockerte nur jeweils kurz den Griff seiner Zähne, wechselte die Stellung und schloß erneut seine mächtigen Kiefer um Hiasls Arm. Dann probierte es Hiasl anders. Mit einer ruckartigen Bewegung schaffte er es, sich von dem Biß zu befreien und den Hund auf den Boden zu schleudern. Doch das Tier sprang sofort wieder hoch und schlug abermals seine kräftigen Zähne in Hiasls Arm. Auch dies wiederholte sich, ein Ende des Kampfes war nicht abzusehen.

Da kam Hiasl eine Idee. Nachdem er wieder einmal den Hund weggeschleudert hatte, er wußte nicht, zum wievielten Mal, und der wieder rasend angriff und ihn ansprang, um kräftig zuzuschnappen, tat Hiasl blitzschnell einen Schritt zur Seite: der schwere Kopf des Tieres knallte an die Wand mit Wucht. Diesen Augenblick nutzte Hiasl. Mit beiden Armen, und damit sich eine Blöße gebend, umfaßte er den Hals des Gegners, umklammerte ihn und drückte zu. Das Tier suchte sich durch ruckartiges Drehen aus dem Würgegriff zu befreien, aber Hiasl ließ nicht mehr los, seine Arme waren wie aus Eisen und griffen wie ein Schraubstock. Immer enger wurde der Griff, er raubte dem Hund den Atem. Das laute Keuchen ging in ein erbärmliches Jaulen über. Schaum erschien auf der bulligen Schnauze, der Hund verdrehte die glasig werdenden Augen und schnappte nach Luft. Der Kampf war entschieden!

Hiasl ließ los. Der Hund taumelte in einer momentanen Schwäche, am ganzen Körper zitternd, und fiel hin. Dann kroch er winselnd und hechelnd mit eingezogenem Schwanz auf Hiasl zu. Zaghaft begann er zu wedeln. Der Wille des Tieres war gebrochen, es hatte seinen Meister gefunden und unterwarf sich ihm. Der atmete schwer und wischte sich den Schweiß von der Stirn.

Hiasl pfiff, die Wildschützen kamen herein. Sie machten aus Hundeschnüren einen Maulkorb für den Tyras. Dann führten sie ihn am Strick hinaus. Jetzt eilte auch der Müller herbei. Als er sah, daß es um seinen Hund geschehen war, jammerte er laut. Er bat Hiasl um eine Hirschdecke, wenigstens eine Entschädigung wollte er. Hiasl versprach sie ihm; er soll Wort gehalten haben.

Zum Abschied drückte er dem Müller die Hand. »So, Müller«, sagte er, »jetzt hast du den Bayerischen Hiasl zum erstenmal und deinen Hund wahrscheinlich zum letztenmal gesehen.« Die Wildschützen spotteten: »Erzähl' nur in Mering und Merching, daß nicht dein Hund den Bayerischen Hiasl, sondern der deinen Tyras gefangen hat!«

Einmal gebändigt, gab sich der Tyras zahm und anhänglich, er wich nicht mehr von Hiasls Seite. Für ihn war der fürchterliche große Hund sehr nützlich, er half ihm aus mancher Gefahr. In den Wirtshäusern lag er gewöhnlich auf einem Tisch, die feurigen Blicke nach der Tür gerichtet, und beobachtete die Eintretenden mit funkelnden Augen. Er schien Hiasls Feinde als solche zu erkennen. Oft fiel er von sich aus Menschen an, von denen sich später herausstellte, daß sie gegen Hiasl Böses im Schilde führten.

Es entstand das Gerücht, der Teufel schütze den Hiasl in Gestalt dieses Hundes. Er werde den Hiasl zerreißen, wenn der Vertrag abgelaufen sei. Ein anderes Gerücht sagte, der Hund müsse dem Hiasl so lange dienen, bis er über und über rot sei von Blut, vom Kopf bis zum Schwanz. Dann werde den Hiasl der Teufel holen.

Hiasl hatte sich schon lang einen solchen Hund gewünscht. Ihm war klargeworden, daß er, hätte er den Tyras schon früher gehabt, in manch üble Situation nicht geraten wäre. Der Hund hätte auch seine Gefangennahme vereitelt: Nie wäre es den Jägern auf dem Lechfeld gelungen, sich unbemerkt so nah heranzuschleichen, daß ihm die Flucht abgeschnitten war. Das Zuchthaus wäre ihm erspart geblieben!

In der Folge wurde der große Hund für Hiasl das, was die Rosinante als Kriegsroß für Don Quichotte gewesen war. Bei Zusammenstößen mit Jägern war der Tyras ein gefährlicher und gefürchteter Gegner.

Den ersten Gebrauch von seinem Hund machte Hiasl Anfang Oktober 1766 bei Tussenhausen. Er war mit vier Kameraden unterwegs und sah im Wald von weitem die beiden Söhne des Jägers Bauer, seines Todfeindes. Sie sammelten Vögel ein, die sie mit Roßhaarschlingen gefangen hatten.

Beim Anblick der Burschen ergrimmte Hiasl. Seit seiner Gefangenschaft hatte er einen unversöhnlichen Haß auf die Jäger und Gerichtsdiener. Er erinnerte sich an den Vorschlag des Alten, ihm die Augen auszustechen oder ihn totzuschlagen. Zudem wußte er, daß die Jungen an Streifen gegen ihn beteiligt gewesen waren. Er schrie den beiden ein donnerndes »Halt!« zu.

Die dachten nicht daran, auf ihn zu warten, sie liefen davon. Hiasl hetzte ihnen den Tyras nach. Der setzte ihnen in langen

Sprüngen nach und riß den älteren Jägerssohn, den achtzehnjährigen Franz Joseph Bauer, zu Boden. Er hielt ihn fest, bis Hiasl und die Seinen nachgekommen waren. Sie traktierten den Unglücklichen eine Stunde lang, es regnete Hiebe und Stöße. Dann beraubten sie ihn des Dienstgewehrs, Pulverhorns und Hirschfängers. Sie drohten, ihn zu erschießen, wenn er noch einmal gegen sie streife. Hiasl gab ihm eigenhändig noch ein paar Watschen.

Diese Tat brachte die Jäger noch mehr gegen Hiasl auf. Er merkte es, als sich die Bande in die »Österreichischen Waldungen« absetzte, in das Gebiet der Grafschaft Burgau (östlich von Günzburg), das den Habsburgern gehörte. An die Jäger, Forstleute und Gerichtsdiener erging der strenge Befehl, unnachsichtig gegen Hiasl vorzugehen, sie sollten den »Waldteufel« ohne Pardon niedermachen. Doch der Einbruch des Winters, der die Gehölze unpassierbar machte, vereitelte ihr Vorhaben: Hiasl tauchte bei den Bauern unter.

Die verbargen ihn um so lieber, als die Jäger und Forstleute auch ihre geschworenen Feinde waren. Die beaufsichtigten die Landleute streng und bestraften sie hart, wenn sie bei der Abwehr des Wildes zu unerlaubten Mitteln griffen. Einen Bauern, der auf einen Hirsch geschossen hatte, als der seine Felder verwüstete, erschossen sie durchs Fenster, als er am Abend mit seinen Kindern bei Tische saß. Die Jäger waren roh, anmaßend und verhaßt, dazu noch ungebildet und durch kein Gesetz in ihrem Handeln eingeschränkt. Sie waren die Unterdrücker des Volkes.

Nach Übergriffen der Jäger beklagten sich die Bauern bei Hiasl. Der glaubte, ihre Rechte wahren zu müssen, und zog sich dadurch noch mehr die Mißgunst der anderen zu. Mit gegenseitigen Kränkungen und Mißhandlungen wuchs die Erbitterung. Es war ein fortwährender haßerfüllter Kreislauf, der tödliche Folgen haben konnte. Lange war Hiasl dabei der Stärkere.

Die härtere Verfolgung bewirkte, daß sich die Zusammensetzung der Bande änderte. Mancher Wildschütz zog es vor, ihr fernzubleiben, weil ihm der Boden zu heiß wurde. Das zwang Hiasl, der gerade in schwierigen Zeiten auf eine »Leibgarde« angewiesen war, auch Leute aufzunehmen, die er früher entrüstet zurückgewiesen hätte. Er konnte es sich nicht mehr leisten, allzu wählerisch zu sein. So kamen auch böse, verbrecherische Elemente zu ihm.

Der berüchtigtste unter ihnen war Joseph Ortlieb aus Igling (bei Großkitzighofen, nordwestlich von Landsberg am Lech). Er war etwa so alt wie Hiasl, untersetzt und hatte ein rundliches, blatternarbiges Gesicht. Bei der Bande hieß er nur der »Sattler«, weil er beim Sattlermeister Baumüller in Kissing gearbeitet hatte. Dorthin war er eigens gekommen, um sich leichter dem Hiasl anschließen zu können. Der hatte ihm lange den Eintritt in die Bande verwehrt, er hatte sein Wesen erkannt und versprach sich von ihm nichts Gutes. Der Sattler war ihm unheimlich: falsch und verschlagen hatte er auch noch einen angeborenen Hang zum Grausamen. Dabei pflegte er ständig zu sagen, wie gutmütig er sei. Er war Hiasls böser Geist und machte ihn erst eigentlich zum Verbrecher. Hiasl soll einmal zum Kissinger Tischlermeister Ulrich Settele gesagt haben: »Wenn ich mir nur diesen zudringlichen Burschen vom Halse schaffen könnte, der macht mich noch unglücklich! Zum Stehlen und Rauben mag er taugen, aber nicht für mich.« Hiasl störte auch, daß der Sattler ein schlechter Schütze war.

Solche Reden lassen darauf schließen, daß Hiasl seine Räubereien, die er an Jägern und anderen Feinden verüben ließ, nicht als solche empfunden hat. Er glaubte offenbar, im Recht zu sein, rechtfertigte sich wohl durch eine Art Kriegsrecht. Im übrigen geschah es auf Gegenseitigkeit: selbstverständlich konfiszierten die Jäger und Handlanger der Behörden auch die Waffen und die Munition von Wilderern.

Hätte Hiasl sich auf normalen Raub verlegen wollen, es wäre ihm mit seinen Leuten und seiner Schläue sicher nicht schwergefallen. Er hätte sich so manches aneignen können, an Gelegenheiten fehlte es nicht. Aber er wollte sich allein vom Wild ernähren. Einmal begegneten ihm im Wald zwei Viehhändler mit prallgefüllten Geldgurten. Einer der Seinen bemerkte, da könnten sie leicht zu viel Geld kommen. Hiasl geriet so in Wut, daß er ihn niederschießen wollte.

Ende 1766 trat der »Bub« in Hiasls Bande ein. Das war ein junger Mensch von fünfzehn Jahren, mittlerer Größe, also kleiner als Hiasl, mit dunklen Haaren und ohne Beruf. Er hieß Andreas Mayr und war in Baierberg (südöstlich von Kissing) zu Haus. Auffällig an ihm waren seine aufgeworfenen Lippen und eine breite, eingedrückte Nase.

Schon als Kind hatte er eine ungemeine Neigung zum Streunen und Wildern gezeigt und mehrere Jagdfrevel begangen. Nun erging die gerichtliche Verfügung, den jugendlichen Wilddieb zum Militär einzuziehen. Der hatte aber davon Wind bekommen und verließ das Elternhaus. Er setzte über den Lech, um sich dem Hiasl anzuschließen; er war von ihm begeistert, Hiasl war sein Idol. Der Bub begegnete ihm in der Nähe von Augsburg und bat ihn dringend um Aufnahme in die Bande. Als er seinen Lebenslauf erzählt hatte, sagte Hiasl, auf den der junge Mann einen guten Eindruck machte: »Ich will sehen, ob ich dich brauchen kann. Wenn du ein guter Schütze bist, kannst du bei mir bleiben.« Sprach's und reichte ihm seinen Stutzen, damit er auf ein bezeichnetes Ziel schieße. Der Junge tat's. Er traf so meisterhaft, daß ihn alle bewunderten. Hiasl nahm ihn wie einen Sohn auf, er nannte ihn fortan seinen Buben. Sie wurden unzertrennliche Freunde und Gefährten.

In der Folge zeigte der Bub, daß Hiasl sich nicht verrechnet hatte. Nicht nur, daß er im Schießen seinem Herrn und Meister kaum nachstand. In gefährlichen Situationen bewies er einen Mut und eine Entschlossenheit, die selbst Hiasl immer wieder in Erstaunen setzten. Der machte ihn gewissermaßen zum persönlichen Adjutanten und zog ihn stets ins Vertrauen. Dadurch erhob er ihn über die übrigen Mitglieder der Bande, denen Hiasl oft nicht traute.

Ein weiterer Neuzugang war der »Lissabonerbäck«. Wir werden noch von ihm hören.

Im Februar 1767 erschien Hiasl, zwanzig Mann hoch, in Kissing zur Hochzeitsfeier des Michael Baumiller, des Bruders seiner Geliebten. Er war nicht wenig stolz, über eine solche Hausmacht gebieten zu können, und stellte sie zur Schau. Beim Einzug der Brautleute in die Kirche St. Stephan

Der Bayerische Hiasl und der Bub. Radierung von J. G. L.
Rugendas. Im Besitz des Deutschen Jagdmuseums, München.

und beim Auszug standen die Wildschützen vor dem Portal Spalier. Unter Jubelgeschrei schossen sie mit ihren Büchsen in die Luft. Während des Gottesdienstes, beim Opfergang, schritten sie um den Hochaltar mit geschultertem Gewehr und in Reih und Glied. Klar, daß das Aufsehen erregte. Es war auch nicht ohne Risiko, wenngleich es sich in Grenzen hielt: Telefon gab's ja noch nicht und auch keine Funkstreife, schon gar nicht die Interpol, und auf den Straßen bewegte man sich noch nicht so schnell.

Bei der Gelegenheit demonstrierte Hiasl beim Schererwirt seine Schießkunst. Nachdem er ein Wettschießen gewonnen hatte, ließ er sich ein Glas Wasser auf den erhobenen Stutzen stellen. Er hielt ihn so ruhig, daß sich die Flüssigkeit nicht bewegte. Dann befahl er seinem Buben, sich fünfzig Schritte weg aufzustellen und ein Kartenblatt hochzuhalten, das wollte er in der Mitte durchschießen. Fest und unbeweglich stand der kecke Bursch. Der Schuß krachte, und die Karte hatte mittig ein Loch. Im Schererwirtshaus hat man sie viele Jahre durch immer wieder gezeigt.

Anfang März 1767, nach der Schneeschmelze, überraschte den Hiasl eine starke Streife. Er war mit sechs Kameraden im sogenannten Münsterkau des Waldberger Waldes unterwegs (nordwestlich von Schwabmünchen). Hiasl erkannte, daß er seinen Gegnern nicht gewachsen war, und zog sich zurück. Dabei kam ihm der Jägerssohn Johann Geyer aus Waldberg zu nahe. Hiasl feuerte auf ihn, um der Verfolgung zu entgehen. Das gelang ihm, dank seiner Schnelligkeit und Kenntnis der Wege.

Noch am selben Tag erfuhr Hiasl von einem Bauern, daß es der Mesner Eustachius Laid aus Steinekirch (zwischen Zusmarshausen und Dinkelscherben) gewesen war, der ihn an die Jäger verraten hatte. Hiasl schwor, an ihm Rache zu nehmen, er hatte einen abgrundtiefen Haß gegen Verräter.

Anderntags, im Morgengrauen, jagte Hiasl wieder mit seinen Leuten. Plötzlich erspähte er mitten im Wald und in ziemlicher Entfernung den Jagdgehilfen Anton Farison. Er rief ihm ein lautes »Halt!« zu. Der Angerufene wollte aber Hiasls Bekanntschaft nicht machen, er machte sich blitzschnell davon. Hiasl sandte ihm eine Kugel nach, traf aber nicht. Eine Verfolgung hielt er für aussichtslos, zumal er den Tyras nicht bei sich hatte: der hatte sich verletzt und hinkte. Das steigerte Hiasls Wut. Die sollte nun der Mesner von Steinekirch zu spüren bekommen. Dorthin brach Hiasl aus dem Waldberger Forst mit seiner Mannschaft jetzt auf.

Am Nachmittag kamen sie an. Sie umringten das Mesnerhaus. Zornentbrannt betrat Hiasl mit einem Kameraden die Stube und fragte, schrecklich fluchend, die Kinder, wo ihr Vater sei. Die versicherten weinend, er sei mit dem Jäger in den Wald gegangen. Darauf schlug Hiasl die Fensterscheiben ein.

Durch das Klirren erschreckt, eilte die hochschwangere Mesnerin herbei. Händeringend bat sie den Rasenden um das Leben ihres Mannes. Das brachte Hiasl erst recht in Rage, er gebärdete sich wie von Sinnen. Mit verzerrtem Gesicht setzte er der völlig verzweifelten Frau das ungeladene Gewehr an die Brust und drückte zweimal ab. Dabei lachte er wie ein Irrer. Die laut schreienden Kinder ermahnte er zu beten, der Jüngste Tag sei nicht mehr weit. Ihren Vater werde er noch erschießen, brüllte er, früher oder später. Dann verließ er mit seinen Kameraden die Stätte. Die Frau und die Kinder waren total verängstigt, sie standen unter Schock. Die Bande eilte den kurbayerischen Wäldern zu.

Diese Tat bereute Hiasl zutiefst. »Das hätt' ich nicht tun sollen, wegen der Kinder!« soll er gesagt haben. Er wurde ungern daran erinnert. Der Umstand, daß er Kinder immer gern gehabt hatte, zeigt, wie sehr er sich verändert hatte. Auch sprachen sich solche Ausschreitungen herum, sie kosteten Sympathien.

Kurz darauf überbrachte ein Bauer ihm Grüße: von seiner Monika und seinem Sohn, der nun schon bald eineinhalb Jahre alt wurde. Hiasl brach in Tränen aus. Er verfluchte sein Schicksal, das ihn ausgestoßen hatte aus der Gemeinschaft der Menschen. Wie weit war es mit ihm gekommen!

Auf dem Weg nach Bayern überquerten Hiasl und seine Genossen das Lechfeld. Sie sahen einen jungen Jäger. Der schoß auf einen äsenden Hirsch – und verfehlte ihn aus einer

Entfernung von kaum vierzig Schritten. Das tat Hiasl weh. Er trat auf den Schützen zu, nahm dem Verdutzten den Hut vom Kopf und befestigte ihn, die Höhlung gegen sich gekehrt, an einem Baum. Dann ging er hundert Schritte zurück, legte auf den Hut an und schoß ihn mitten durch. Seine Leute trieben den Spott noch weiter: Sie vergrößerten das Loch und steckten einen Tannenzapfen hindurch; der Bub eignete sich den Federbusch an. Dann setzten sie den Hut dem Jäger wieder auf und geleiteten ihn höhnend eine Weile.

Im Frühjahr 1767 schien sich für Hiasl eine Wende zum Besseren anzubahnen. Obgleich er bereits Sympathien eingebüßt hatte, hatte er noch viele Freunde. Unter den reichen und gebildeten Schichten schätzten ihn nicht wenige, gar mancher wollte ihm helfen, zurück ins bürgerliche Leben zu finden.

Dazu gehörte sein hochgestellter Vetter, der kurfürstliche Medizinalrat und Leibarzt Dominikus Geyer. Am 12. August 1719 in Kissing geboren, wollte er wohl die Schande von seiner Verwandtschaft abwenden. Er hatte mit dem Kurfürsten Max III. Joseph (1727–1777) gesprochen und schrieb darauf in der Osterzeit zwei Briefe nach Kissing: einen an den Pfarrvikar Wolf und den andern an seinen Schwager, den Bader Johann Maier. Darin stand, man solle den Hiasl überreden, ohne Messer und Gewehr nach München zu kommen und sich dem Kurfürsten zu Füßen zu werfen. Man werde ihm dann verzeihen und ihn zum kurfürstlichen Jäger machen; Max III. Joseph war, wie fast alle Wittelsbacher, selbst ein leidenschaftlicher Jäger.

Die beiden Angeschriebenen freuten sich, mit einer solchen Aussicht hatte keiner gerechnet. Es traf sich, daß Hiasl wenige Tage später nach Kissing kam, es zog ihn ja immer wieder dorthin. Der Pfarrvikar ließ ihn gleich zu sich bitten. Er zeigte ihm den Brief. Aber Hiasl schüttelte den Kopf: »Kurfürstlicher Jäger werden? Das kann nicht sein!« Er erklärte dem Vikar, warum er das nicht glaubte. Zuletzt rief er: »Herr Pfarrer, das ist eine Falle! Die wollen mich ins Zuchthaus bringen. Jetzt versuchen sie's so, weil sie mich anders nicht kriegen!«

Der Priester mußte seine ganze Beredsamkeit aufbieten, um Hiasls Mißtrauen zu zerstreuen. Endlich faßte Hiasl Vertrauen. Er fragte, wie man sich vor dem Kurfürsten benehmen müsse. Der Seelsorger erklärte es ihm gern. Er meinte, wahrscheinlich werde ihn sein Vetter dem Kurfürsten vorstellen. Der Vetter werde ihm schon sagen, wie er sich zu verhalten habe.

Doch es war wie verhext! Dem Hiasl scheint es nicht bestimmt gewesen zu sein, seinem Verhängnis zu entgehen. In der Nacht kam von Friedberg eine starke Streife, es waren kurbayerische Soldaten, die ihn ausheben wollten. Hiasl schlief im Helisenhaus, gerade noch rechtzeitig warnten ihn Freunde durch heftiges Pochen; vielleicht hatte er von seiner Stellung als kurfürstlicher Jäger geträumt. Er warf sich in seine Kleider, eilte durch die Hintertür ins Freie und auf Schleichwegen aus dem Dorf. So entkam er seinen Häschern. Um die zu ärgern, brannte er auf dem Weg zum Lech dreimal sein Gewehr los.

Drei Tage später kehrte er nach Kissing zurück. Aufgeregt kam er zum Pfarrvikar und machte ihm bittere Vorwürfe: »Sehen S' jetzt, was die aus mir machen wollen? Ich hab doch recht gehabt! Mein Vetter ist ein Verräter!«

Vergeblich erwiderte der Priester, der Pfleger von Friedberg habe auf eigene Faust gehandelt. Die Streife gehe nicht auf das Konto des Vetters, der meine es gewiß gut mit ihm, Hiasl sei im Irrtum.

Der aber war zutiefst enttäuscht, hatte allen Glauben verloren. Jetzt wisse er wenigstens, sagte er, wieviel das Wort eines Gebildeten wert sei. Er nannte seinen Vetter einen Judassohn. Die Welt bestehe nur aus Falschheit. Er werde sich rächen! Mit der Versicherung, es gelüste ihn nicht, im Zuchthaus den kurfürstlichen Jäger zu spielen, verließ er den Vikar – total verbittert.

Hiasl hielt Wort. Er trieb es schlimmer als zuvor. Das wiederum forderte die Obrigkeit heraus, sie bot noch mehr Jäger, Gerichtsdiener und Soldaten auf. Es war ihr erklärtes Ziel, die wilde Rotte samt und sonders zu vernichten: sie wurde als vogelfrei erklärt. Die Verfolgungen wurden so heftig, daß Hiasl kaum mehr zur Ruhe kam und von einem Ort zum andern hetzte; ständig war er auf der Flucht. Am ehesten fand er noch in Kissing Erholung und Frieden.

Ende Juni 1767 kam Hiasl wieder dorthin. Noch einmal versuchte Pfarrvikar Wolf, den Verirrten von seinem sträflichen Treiben abzubringen. Als Bundesgenossen hatte er Hiasls Vater und Schwester Regina, an denen Hiasl hing. Der Priester beschwor ihn, sein Leben zu ändern. Wenn er sich nicht besinne, erwarte ihn ein schreckliches Ende. Sein Weg führe unweigerlich in den Abgrund. Er solle sich doch nicht über die Tränen seines Vaters und der Geschwister hinwegsetzen! Noch sei es nicht zu spät zur Besserung, aber er müsse sich unverzüglich entscheiden.

Hiasl wurde weich: Er weinte wie ein Kind. Er war zutiefst deprimiert. Vielleicht, weil er erfahren hatte, daß man bei Memmingen (zwischen Kempten und Ulm) zwei seiner Kameraden erschossen hatte; sie hatten sich allein in die Wälder gewagt. Er mochte gedacht haben, daß es ihm ebenso ergehen könne, eines Tages.

Dann sah er starr vor sich hin. Tonlos sagte er, er sei immer noch überzeugt, daß er Nutzen gestiftet habe. Trotzdem würde er gern sein Gewerbe aufgeben und sich ehrlich ernähren. Nur, meinte er, werde man ihm keinen Ort nennen können, wo er sicher sei vor Verfolgung. Man werde ihm überall nachstellen, und er werde wieder im Zuchthaus landen.

Man beriet nun lange. Das Ergebnis war, daß Hiasl in die Schweiz auswandern sollte, dort könne er seinen Unterhalt sicher und redlich verdienen. Hiasl war entschlossen, diesem Rat zu folgen. Er wollte nur noch von seinen Kameraden Abschied nehmen.

Der Priester hatte Bedenken. »Deine Kameraden werden dich umstimmen«, sagte er. »Sie werden alles versuchen, dich auf ihre Seite zu bringen, du hast das ja schon erlebt. Und du wirst ihnen folgen. Dann bist du verloren – auf immer!«

»Nein!« rief Hiasl. »Niemand kann mich wankend machen. Aber verabschieden muß ich mich, das bin ich meinen Kameraden schuldig. Ich werd' ihnen vorschlagen, meinem Beispiel zu folgen. Ich bin sicher, sie werden es tun.«

Dann ging er, mit seinem Vater und seiner Schwester. Er marschierte zum Gaberwirt, wo der Bub auf ihn wartete. Er teilte ihm seinen Entschluß mit. Der Bub wurde so traurig, daß er zu weinen anfing. Doch er faßte sich wieder, als Hiasl ihm erlaubte, mit ihm zu gehen.

Kaum war der Bub besänftigt, richteten die Wirtsleute Hiasl aus, der Patrimonialrichter wünsche ihn zu sprechen. Die Patrimonialgerichtsbarkeit in Kissing war gewissermaßen die private Rechtsprechung der Jesuiten als Hofmarksherren über die Hofmarksinsassen. Sie erstreckte sich aber nur auf die niedere Gerichtsbarkeit. Das Amt wurde durch den, von den Jesuiten ernannten, Patrimonialrichter ausgeübt, seit 1760 von Johann Michael Schwarz, der von 1733 bis 1805 lebte. Dieser Mann war dem Hiasl wohlgesonnen. Der kurfürstliche Pfleger zu Friedberg hatte ihn oft angegangen, mündlich und brieflich, ihm den Hiasl in die Hände zu spielen, jedesmal hatte Schwarz entschieden abgelehnt; an Gelegenheiten, Hiasl zu verraten, hatte es sicher nicht gefehlt.

Hiasl begab sich in das Amtshaus, es lag dem Wirtshaus gegenüber. Schwarz empfing ihn sehr freundlich. Eben habe er gehört, sagte er, Hiasl wolle sein gefährliches Gewerbe aufgeben. Das freue ihn. Oft schon habe es ihn geschmerzt, einen so talentierten Menschen einem schlimmen Schicksal entgegengehen zu sehen. Er ermahnte Hiasl, auf seinem Entschluß zu beharren und ihn möglichst schnell in die Tat umzusetzen. Von einem Treffen mit den Wilderern riet auch er dringend ab, ein solches könnte schlimme Folgen haben. Aber Hiasl verwarf den Rat. Lieber lasse er sich kreuzigen, tönte er, als daß er seinen Entschluß rückgängig mache.

Hiasl ließ nun sämtliche Wilderer, mit denen er zusammengearbeitet hatte, zu einer Versammlung in den Augsburger Wald laden. Für das Treffen wählte er schlau den 4. Juli, das war der Patronatstag des heiligen Ulrich, des Schutzpatrons von Augsburg. Dorthin strömten an diesem Tag Tausende von Wallfahrern, sie kamen aus ganz Schwaben. So fiel die Wildererversammlung nicht auf.

Über vierzig Wildschützen hatten sich eingefunden an dem heißen Sommernachmittag, auf einer kleinen Lichtung, fast alle ohne Gewehr. Hiasl eröffnete die Versammlung. Er stieg auf einen umgestürzten Baumstamm und hielt eine Rede. Er habe dieses Leben satt, sagte er, das ihm keine Rast und keine Ruhe lasse. Wie ein Stück Wild werde er gehetzt, und es werde von Tag zu Tag schlimmer. Mit Ausnahme der Bauern lechze alles nach seinem Blut. Man wisse ja, daß große Belohnungen versprochen seien, demjenigen, der ihn töte. Ihm bleibe nichts übrig, als auszuwandern, unter einem falschen Namen, irgendwohin, wo ihn niemand kenne. Er habe an die Schweiz gedacht, wenigstens ein paar Jahre wolle er dort bleiben.

Dann beschwor er seine Kameraden, auch ihrerseits das Wildern aufzugeben, er bitte sie dringend darum. Bei so grimmiger Verfolgung sei es einfach zu gefährlich. Erst kürzlich hätten die Jäger wieder zwei ihrer Brüder hingeschlachtet, man könne sich vorstellen, wie das weitergehen werde. Zwingen könne er sie allerdings nicht. Doch was ihn angehe, schloß er, stehe sein Entschluß fest – unerschütterlich. Er habe es für seine Pflicht gehalten, ihnen das zu sagen. Er wolle von ihnen Abschied nehmen, schließlich hätten sie so viele Gefahren mit ihm geteilt.

Die Männer hatten schweigend zugehört. Es entstand ein Tumult. Der Sattler war außer sich. Er trat vor und rief: »Kameraden! Nicht unser Hauptmann, ein altes Weib steht vor uns! Dieser Feigling will uns verlassen, plötzlich hat er allen Mut verloren. Schmach und Schande werden ihn treffen! Was werden die Bauern sagen, wenn sie hören, daß der tapfere Bayerische Hiasl Reißaus genommen hat, wie ein Hasenfuß?«

Er tobte und schmähte so lange, bis die Wilderer nur noch Verachtung für Hiasl empfanden. Nun spie auch noch der Tyroler, ein Wildschütz aus dem Vorarlbergischen, Gift und Galle; an Kraftausdrücken stand er dem Sattler wenig nach. Er fragte Hiasl, wie er nur auf die Schweiz gekommen sei? Keiner kenne dieses Land besser als er, der Tyroler, zwei Jahre habe er dort gelebt, und es sei ihm elend genug gegangen. Die Schweiz könne nicht mal ihre Landsleute ernähren, die wanderten überallhin aus, um woanders Arbeit und Brot zu finden. Er malte das Schicksal, dem Hiasl entgegengehe, in den schwärzesten Farben aus.

Schon zeigte sich, wie inkonsequent, leicht verführbar und labil Hiasl war. Er wurde nachdenklich. Er zerbiß seine Unterlippe, wie immer, wenn er intensiv überlegte. Auf seinem Gesicht war deutlich der Kampf zu lesen, der sich in seinem Innern abspielte. Was ihm am meisten zu schaffen machte, war, daß keiner seiner Kameraden für ihn Partei ergriff.

Diesen Augenblick nutzte der verschlagene Sattler, der Hiasl lauernd beobachtet hatte, um ihn auf andere Weise zu packen. Er milderte seinen Ton und schmeichelte ihm. Er wies auf den strahlenden Glanz seines Namens und die Begeisterung des Landvolks, das ihn wie einen Heiligen verehre, weil er ihre Fluren schütze. Er hielt Hiasl vor Augen, welche Opfer ihm die Bauern schon gebracht hätten in dankbarer Liebe, und welch ein freies, herrliches Leben sie geführt hätten. Außerdem wisse jeder, daß sie keine Diebe und Räuber seien. Sie hätten das Recht auf ihrer Seite, wenn sie das Bauernvolk vor Schaden bewahrten.

»Warum«, rief er, »willst du diese ruhmvolle Bahn verlassen? Nur wegen der Verfolgungen? Schau her!« fügte er hinzu, »keiner von uns ist mutlos! Willst du, der große Held, der Furchtsamste unter uns sein?«

Der Sattler hatte raffiniert Hiasls schwächste Stelle getroffen. Hiasl war praktisch schon umgefallen. Als sich der Sturm etwas gelegt hatte, sprach er erneut. Er habe nicht geglaubt, sagte er, daß er so mißverstanden werden könnte. Immer habe er nur das Beste gewollt und wolle es auch jetzt. Er habe sie auf die großen Gefahren hinweisen müssen, als ihr Hauptmann habe er diese Pflicht. Und er habe gehofft, sie würden auf seinen Rat hören und seinem Beispiel folgen. »Kameraden«, meinte er mit trauriger Miene und gedämpfter Stimme, »ihr stellt mich auf eine schwere Probe.«

Als ihn darauf alle als ihren Hauptmann hochleben ließen, war er endgültig besiegt. Schmerzlich murmelte er: »Hätt' ich das gewußt, ich wäre nicht gekommen. Was wird man in Kissing sagen?« Doch diese Worte gingen unter in der allge-

meinen Begeisterung. Von allen Seiten drängten die Wildschützen heran. Hiasl gab sich geschlagen.

Man beriet nun über die künftige Strategie. Alle waren sich
einig, daß mehr für ihre Sicherheit getan werden müsse. Man
müsse den Verfolgern Respekt einflößen. Der Sattler schlug
vor, jede Streife anzugreifen und jeden zu erschießen, der es
wage, gegen sie vorzugehen. Angriff ist die beste Verteidi-
gung! war sein Motto. Gewalt gegen Gewalt!

Die meisten wollten nicht so weit gehen. Es genüge, meinten sie, jeden Verfolger, der ihnen in die Hände falle, mit
äußerster Härte anzupacken und mit dem Tod zu bedrohen,
für den Fall, daß er sie in Zukunft nicht in Ruhe lasse. Die
Lust an der Verfolgung der Bande sollte ihnen ein für allemal
ausgetrieben werden. Sie bräuchten ein Schrecksystem, sagten sie, ihre Gegner müßten eine Gänsehaut kriegen. Man
müsse sie das Fürchten lehren!

Damit war die Grausamkeit beschlossen, die man Hiasl
später so sehr anlasten sollte. Sie war nicht Ausfluß einer
natürlichen Bosheit, sie hatte gewissermaßen politische
Gründe. Mit solcher »Politik« wollte man sich der Feinde
erwehren und sie in die Schranken weisen. Hiasl hat dabei
nicht selten seine Gefährten in ihrer Roheit gebremst. Oft hat
er geklagt, er könne ihre Wildheit nicht zügeln. Nach und
nach scheint freilich sein Gefühl abgestumpft zu sein. Im
Jähzorn stand er seinen Kameraden nicht nach. Ingrimm
bemächtigte sich seiner, daß sein volksbeglückendes Treiben,
wie er es sah, so viel Widerstand begegnete. Er suchte und
fand ein Ventil.

Man setzte also auf Abschreckung; Terror sagt man heute.
Sie beschlossen die Grausamkeit gleichsam als ihr Gesetz, an
das sich die Bande zu halten hatte. Sie glaubten, auf diese
Weise würden die Streifen bald ein Ende nehmen und jede
Gefahr verschwinden. Welche Verblendung! Sie sollten eines
Besseren belehrt werden.

Ein weiterer Vorschlag war, alle Jäger niederzumachen,
die schon Menschenblut vergossen hatten. Hiasl wies ihn aber
standhaft zurück, so sehr man auch in ihn drang. Schreckssy-
stem ja, aber jemanden ohne Not totzuschießen, das ging ihm

zu weit. Das dürfe selbst dann nicht geschehen, wenn er es zum Schein befehle, um den andern zu schrecken.

Dann verpflichteten sie sich gegenseitig zu Mut und Treue – durch einen fürchterlichen Eid. Jeder solle des Todes sein, der in der Gefahr zurückweiche oder sich sonst Feigheit zuschulden kommen lasse. Und Hiasls Wort solle gelten wie ein Gesetz. Damit war er unumschränkter Diktator! Sie machten aus, daß er die gemeinsame Kasse verwalte und nach besten Kräften für alle sorge. Hiasl schwor seinerseits, dies zu tun. So waren sie gerüstet zum Kampf gegen die Obrigkeit – zum Verzweiflungskampf: die harte Phase des Kampfes begann!

Vorerst wurde es aber noch lustig. Ein betrunkener Bauer kam vorbei und drängte sich in die Versammlung. »Ich muß meinen lieben Bayerischen Hiasl sehen!« rief er und stellte sich in läppischer Haltung vor ihn hin. »Hiasl«, sagte er, »bleib bei uns, schütz unsere Felder und schieß die Jäger tot, diese Lumpen! Ich schick' dir für jeden einen Taler.« Er ermahnte Hiasl zur Standhaftigkeit und meinte, er habe ja nichts zu befürchten, er sei doch kugelfest. Darauf sang der Betrunkene, sich im Kreise drehend:

> *Ich bin der Bayrisch' Hiasl,*
> *kei' Kugel geht mir ein ...*

Die Wildschützen brachen in schallendes Gelächter aus. Hiasl lachte lauthals mit.

Die Folgen des Augsburger Schwurs

Vom Augsburger Forst ging es in Richtung Türkheim (zwischen Mindelheim und Buchloe), die Bauern dort hatten Hiasl gerufen. Als Begleiter wählte er die mutigsten und verwegensten Wildschützen. Es war ihm ernst mit der neuen Strategie, er wollte sie testen.

Unterwegs kamen die Freuden des Lebens nicht zu kurz. Mitten im Wald hörte Hiasl ein Mädchen singen, das Pilze suchte. Er hörte genauer hin und merkte, daß er in dem Lied vorkam. Er ging auf die Sängerin zu, grüßte sie und sagte: »Mädel, du mußt ja den Bayerischen Hiasl recht gern haben!«

»Ich? Wieso? Ich kenn' ihn ja gar nicht! Der könnte mich auch gar nicht heiraten«, gab sie ihm zur Antwort.

»Mein Weib möchtest aber schon werden?« darauf Hiasl, der sich als Jäger gab.

Sie blickte ihn liebevoll an und meinte: »Oh, deine Jägerin möcht' ich gleich werden – wenn dir nur ernst wäre.« Plötzlich erblaßte sie. »Schau!« flüsterte sie. »Da kommt einer mit einem großen Hund. Das wird doch nicht der Bayerische Hiasl sein?« Sie hatte den Buben erblickt, der den Tyras an der Leine führte, und wollte fliehen.

Hiasl hielt sie zurück. »Es geschieht uns nichts«, versicherte er. »Der Bayerische Hiasl und ich, wir sind die besten Freunde.« Inzwischen war der Hund da und sprang schmeichelnd an seinem Herrn hoch. Da ging der Schönen ein Licht auf. Sie sagte: »Du bist der Bayerische Hiasl, gib's zu!«

Hiasl lachte. »Ja, ich bin's! Aber wie steht's: Möchtest jetzt noch mein Weib werden?«

Das Mädchen errötete, die Stimme versagte ihr. Hiasl schlang seine Arme um ihren Hals.

So begann eine der vielen Liebschaften von Hiasl, der kein Kostverächter war. Sie dauerte nicht lang. Das Mädchen erfuhr, daß sie Hiasls Herz nicht allein besaß. Das kränkte sie, sie beendete das Verhältnis.

Nach dieser Episode wurde es wieder ernst. Bei Siebnach (zwischen Türkheim und Schwabmünchen) wurde die Bande von einer starken Streife überrascht, es waren Türkheimer Jäger. Während zwei Wildschützen einen erlegten Hirsch in ein Gebüsch schleppten, um ihn zu verbergen, holte Hiasl mit zwei weiteren Brot und andere Lebensmittel von einem nahen Bauernhof; sie wollten in einem Buchenwäldchen lagern und zu Mittag essen. Die Streifmannschaft lauerte den dreien auf. Als sie nah genug herangekommen waren, ertönte ein lautes »Halt!«. Die Angerufenen eröffneten sofort das Feuer. Darauf eilten die beiden anderen Wilderer zu Hilfe. Auf beiden Seiten fielen über dreißig Schüsse. Der Jäger von Angelberg (eine Einöde bei Tussenhausen) wurde leicht verwundet, am Kopf und am rechten Arm. Dies und die Erkenntnis, daß der wilden Rotte nicht beizukommen war, bewirkten, daß sich die zahlenmäßig weit überlegene Streife zurückzog. Sie räumte Hiasl das Feld.

Eigentlich hätte sich der über seinen Sieg freuen können. Unglücklicherweise fiel aber sein Bub den Jägern in die Hände. Er hatte während des Kampfes eine Kanne Bier geholt und lief den zurückweichenden Gegnern über den Weg. Hiasl verfolgte sie in maßloser Wut bis nach Ettringen (südlich von Siebnach), konnte aber seinen Schützling nicht befreien. Der Bub wurde nach Türkheim gebracht. Von da kam er, nach sehr langer Haft, für ein dreiviertel Jahr nach München ins Zuchthaus.

Sein nächster Weg führte Hiasl in den Münsterhausener Forst (Münsterhausen ist ein Markt an der großen Mindel, nordöstlich von Krumbach). Kaum war Hiasl in der Gegend, sprach sich das bei den Jägern herum. Sie organisierten eine Streife, Hiasl bekam aber rechtzeitig Wind. Da er nur zwei Kameraden dabeihatte, zog er sich zurück. Ein paar Tage später erfuhr er, daß hauptsächlich die Jäger Balthasar Herm und Georg Müller seine Verfolgung betrieben hatten. Er beschloß, sich an ihnen zu rächen. Er scharte sechs weitere Kameraden zusammen und machte Jagd auf die beiden. Beim Tyrolerhof, einer Einöde bei Münsterhausen, lauerte er ihnen auf. Er bekam sie in seine Gewalt. Donnernd befahl er, sie zu entwaffnen und niederzuwerfen. Das ließen sich seine Gesellen nicht zweimal sagen. Sie schlugen die Unglücklichen mit den Gewehrkolben nieder, nahmen ihnen die Waffen ab und prügelten sie durch. Dann spannten sie die Gewehre und sagten ihnen, jetzt würden sie erschossen. Schließlich ließ Hiasl die Eingeschüchterten laufen. Er versicherte ihnen, mit dem Erschießen Ernst zu machen, falls sie noch einmal etwas gegen ihn unternähmen; dann gäbe es keinen Pardon mehr. Und zwar werde er sie ohne Beichte ins Jenseits befördern, damit der Teufel, wie er hinzufügte, auch eine Freude habe.

Was Hiasl jetzt praktizierte, war nackte Brutalität. Sie hatten im Augsburger Wald die Abschreckung beschlossen, Hiasl vollzog den Beschluß konsequent. Folgendes Lied gibt das wieder:

Und tuan mi d' Feind vafolgn,
und lassns mir koa Ruah,
kriag i halt oan in d' Klaun,
so muaß ers büaßn gnua.

Und er schien mit seiner Methode Erfolg zu haben: Er verschaffte sich Luft, der Eifer der Jäger bei seiner Verfolgung ließ nach. Sie wagten es offenbar nicht mehr, gegen ihn vorzugehen. Manche Jagdherren und Förster trauten sich nicht mehr in ihr Revier, so groß war die Angst vor dem Hiasl und seiner Bande geworden. Die konnte nun verhältnismäßig ungestört ihrem wildvertilgenden Gewerbe nachgehen.

Die relative Ruhe dauerte bis zum Hochsommer 1768. Dann begann der Reigen der Gewalttaten von neuem. Hiasl vergnügte sich mit drei Kameraden beim Kartenspiel im Wirtshaus von Schnerzhofen (nordöstlich von Mindelheim). Zufällig sah man draußen den Jäger Leonhard Schenk vom Wald (heute: Markt Wald, westlich von Schnerzhofen gelegen) vorübergehen. Auf ihn hatte Hiasl einen besonderen Haß: Der

Jäger war einer der wenigen, die es nach wie vor wagten, ihn in seinem Treiben zu stören. Er mußte dafür büßen.

Hiasl ließ ihn sogleich ersuchen, zu ihm in die Gaststube zu kommen und mit ihm zu trinken. Doch der Waidmann versicherte, nicht durstig zu sein, außerdem: er sei in dringenden Geschäften unterwegs. Bei den zwei Wildschützen zog das nicht, sie holten ihn mit gespannten Stutzen herein. Kaum war er drin, eröffnete man ihm, nun müsse er sterben. Um das glaubhafter zu machen, setzte ihm einer das gespannte Gewehr an die Brust. Die beiden anderen zogen ihre Hirschfänger und drohten, ihm damit den Kopf zu spalten. Hiasl sah eine Zeitlang zu. Dann stand er auf, ergriff seinen Stutzen, trat ein paar Schritte zurück und befahl dem Jäger, still zu stehen. Er müsse ihm, sagte er, die Nase aus dem Gesicht schießen.

Über zwei Stunden versetzten sie den Armen in Todesangst. Endlich, nach vielen Rippenstößen, durfte er gehen. Man entließ ihn mit der Versicherung, ihm das Haus anzuzünden, sollte er auch nur im geringsten gegen die Wildschützen vorgehen.

Diese Tat sprach sich wie ein Lauffeuer herum. Sie goß Öl ins Feuer und ließ die Rachsucht der Gegner auflodern. Die Fronten verhärteten sich noch mehr. So manche Bauern feierten Hiasl nicht mehr so begeistert, wenn er bei ihnen auftauchte, langsam wurde er ihnen unheimlich. Und die Jäger verfuhren mit gnadenloser Härte, Pardon wurde nicht mehr gegeben: Wurde ein Wilderer allein im Wald angetroffen, wurde er ohne Umstände erschossen. Im Laufe der Zeit verlor Hiasl auf diese Weise über dreißig Gefährten. Einen Wildschützen begruben die Jäger lebendig.

Einen seiner Leute fand Hiasl am 2. Dezember 1768 im Wald bei Münsterhausen – von hinten erschossen. Seine Kameraden bedeckten den Toten mit Zweigen. Dann häuften sie Steine darüber, um ihn gegen die Füchse zu schützen. Hiasl hielt eine Leichenrede: mit fürchterlichen Racheschwüren.

Jemand hatte aus Haß gegen den Pächter des Hauserhofes bei Münsterhausen, den Bauern Franz Joseph Laner, diesen bei Hiasl fälschlich bezichtigt, der Mörder von Hiasls Kamerad zu sein. Der Laner habe sich seiner Tat öffentlich gerühmt. Dazu habe er gesagt, mit Hiasl werde er genauso verfahren. Der beschloß, unverzüglich Rache zu nehmen, er verstärkte seine Mannschaft.

Folgenden Tags erneuerte man den Beschluß im Wirtshaus von Thannhausen (südöstlich von Münsterhausen), bei Bier und Schnaps. Von da zog man, fünfzehn Mann stark, zum nahen Hauserhof. Man umstellte das Gebäude, um eine Flucht zu verhindern. Mehrere begaben sich in die Tenne, dort drosch der Laner mit seinen Leuten. Man fragte ihn, ob er keine Drescher brauche. Der Angesprochene geriet beim Anblick der wutverzerrten Gesichter in Angst und Schrekken, er wurde leichenblaß. Stotternd verneinte er die Frage. Hiasl sagte, er sei gekommen, ihn zu dreschen. Sogleich schlug ihm ein Wilderer den Gewehrkolben mit solcher Wucht auf den Kopf, daß der Getroffene zu Boden stürzte und lange besinnungslos liegenblieb; das Gesinde flüchtete. Als er wieder zu sich kam und sich aufraffen wollte, sprangen die Wildschützen auf ihn zu und schlugen teils mit den Fäusten, teils mit den Gewehren auf ihn ein. Trotzdem kam Laner wieder auf die Füße und wollte zum Scheunentor hinaus. Da erhielt er einen so gewaltigen Schlag über den Kopf und gleichzeitig einen Stoß in die Seite, daß er wie tot zusammenbrach.

Jetzt war Hiasls Zorn gekühlt. Er verwehrte seinen Genossen weitere Mißhandlungen und zog eilig ab. Den Pächter ließen sie in seinem Blut liegen. Er war so erbärmlich zugerichtet, daß man nicht mehr an sein Aufkommen glaubte. Doch er kam mit dem Leben davon – nach einer langwierigen Kur, die ihn über hundert Gulden kostete. Nur blieb er für immer ein Krüppel.

Kurz nach dem Überfall auf den Laner geriet Hiasl selbst in Bedrängnis. Er übernachtete mit drei Kameraden, dem Deserteur Joseph Bartenschlager, dem dicken Schweizerle und Heinrich, einem Zimmerergesellen, in einem Maierhof der Krauthöfe (am linken Ufer der Iller, nordwestlich von Illertissen; jetzt nennt man den Weiler Kreuthöfe). Noch vor dem Morgengrauen umzingelte ein starkes Gräflich Fuggerisch-Kirchbergisches (Kirchberg an der Iller: südlich von Dietenheim) Streifkorps das Haus und besetzte alle Ausgänge. Gegen fünf Uhr früh, es war noch völlig dunkel, forderten die Jäger die Wilderer auf, sich zu ergeben, jede Gegenwehr sei sinnlos.

Hiasl, der in der Falle saß, war in großer Verlegenheit. Doch blitzschnell faßte er sich. Er rief, er werde sich ergeben. »Laßt uns noch Zeit zum Anziehen!« sagte er.

Man gewährte ihm die Bitte. Dies nutzte Hiasl schlau. Er schlich mit seinen Kameraden zur Stalltür, die in den Obstgarten führte, stieß sie auf und sprang als erster ins Freie. Die davor stehenden Jäger feuerten, der neunzehnjährige Heinrich, der noch niemandem etwas getan hatte, brach tödlich getroffen zusammen. Auch Bartenschlager stürzte zu Boden, ebenfalls getroffen, aber er raffte sich wieder auf und wankte weiter, blutüberströmt. Es erwischte auch den Hiasl. Er kniete, eine Schwäche überwindend, hinter einem Nußbaum, entschlossen, sein Leben so teuer wie möglich zu verkaufen. Die Jäger triumphierten – zu früh.

Der Unterkirchberger (Unterkirchberg: südlich von Neu-Ulm) Jäger Johannes Georg Regenbogen und sein Büchsenspanner Michael Walcher warfen ihre Gewehre weg. Mit gezogenen Hirschfängern nahmen sie die Verfolgung auf. Das hätten sie nicht tun sollen. Hiasl zielte hinter dem Baum und schoß den Jäger mitten durch das Herz. Bartenschlager nahm den Büchsenspanner aufs Korn und schoß ihm in den Bauch, daß er sich im Schnee wälzte und seinem Jäger in den Tod folgte. Das verschaffte den Wilderern Luft: Sie erreichten ungehindert das nahe Gehölz, den Schnee mit Blut färbend.

Das Jägerkorps versammelte sich bei seinen beiden Toten. Sie trugen die Leichen ins Haus, auch den tödlich verwundeten Wildschützen Heinrich, der in den letzten Zügen lag. An eine Verfolgung dachte keiner mehr: Die Verwirrung und Bestürzung waren zu groß. Drei Tote auf einen Schlag, das war zuviel, damit hatte keiner gerechnet. Außerdem war es noch Nacht.

Das Durcheinander kam dem Schweizerle zugute, der nicht der Schnellste war und mit seiner Figur ein gutes Ziel abgab.

Er war bei den ersten Schüssen wieder ins Haus zurückgelaufen und hatte sich im Keller versteckt. Nun konnte er sich unbemerkt davonschleichen und gefahrlos retten.

Hiasl floh allein durch die Wälder, blutverschmiert und pulvergeschwärzt, er wandte sich nach Südwesten. Mehrfach verwundet und vom Blutverlust geschwächt, erreichte er mit letzter Kraft das Kloster in Biberach (an der Riß, nordwestlich von Memmingen). Das Wundfieber schüttelte ihn. Die Kapuziner nahmen ihn zwei Wochen bei sich auf und versorgten seine Wunden. Zwei Wochen lang war er wie vom Erdboden verschwunden. Wieder einmal war der Tod an ihm vorübergegangen. Mit Gottes Segen schied er schließlich von den Mönchen. Sie hatten sich barmherzig erwiesen, obwohl die Kunde von den drei Toten, die Hiasl auf dem Gewissen hatte, auch zu ihnen gedrungen war.

Die schwere Verwundung nahm Hiasl nicht den Mut. Halbwegs auskuriert, sammelte er sofort wieder Gefährten. Er schlug mit ihnen die Richtung nach Kaufbeuren ein, um in den dortigen Wäldern zu jagen. Sein Kommen wurde publik, eine starke Fürstlich Kemptische Streife zog ihm entgegen. Bei deren großer Überlegenheit erschien ihm ein Kräftemessen nicht angezeigt: Er zog sich zurück und versuchte auf einem Umweg, sein Ziel zu erreichen.

Auch davon schienen die Häscher einen Wink erhalten zu haben. Als sich Hiasl anderntags, man schrieb den 27. Dezember 1768, beim Dorf Schlingen (südöstlich von Bad Wörishofen) der Brücke über die Wertach näherte, fand er sie von Irseeischen Soldaten und Bauern besetzt. Man wollte Hiasls Absicht durchkreuzen, über die Brücke das andere Hoheitsgebiet zu erreichen, wohin ihm die Streife nicht folgen durfte.

Hiasl entschloß sich, mit seinen acht Kameraden dem vielfach überlegenen Feind zu trotzen. Mutig schritten sie auf die Brücke zu. Da die Besetzer nicht wichen, ließ Hiasl über ihre Köpfe feuern. Darauf nahmen die Bauern Reißaus. Bei der zweiten Salve zogen sich auch die Soldaten zurück. Hiasl setzte ihnen wütend nach und verfolgte sie bis Irsee. Dort drohte er laut, den ganzen Ort in Brand zu setzen, wenn man es noch einmal wagen sollte, sich gegen ihn zu stellen. Und schon brannte hinter ihm die Wachthütte der Soldaten, seine Leute hatten sie angezündet. Mit diesem Exempel war sein Rachedurst gestillt. Er zog als stolzer Sieger ab.

Es versteht sich, daß bei solchen Taten Hiasls Ansehen wuchs. Er wurde immer bekannter, selbst in Gegenden, die er nie aufgesucht hatte. Sein Ruf eilte ihm voraus. Er war der Held, jeder wollte ihn sehen.

Dieses allgemeine Verlangen nutzte der Maler Lander aus Augsburg. Er wollte schon längst den Wildschützenhauptmann aufsuchen, um ihn zu zeichnen; das Porträt des Buben besaß er schon, er hatte ihn in Türkheim skizziert. Endlich traf er Hiasl, es war im März 1769, in einem Wald bei Göggingen (Ortsteil von Augsburg, im Süden). Sein Besuch war dem Hiasl angekündigt, der nahm ihn freundlich auf und ließ sich zeichnen, einen vollen Tag lang, währenddessen seine Leute Wache hielten. Er freute sich über den ansehnlichen Geldbetrag, den ihm der Maler bot.

Söckler in München fertigte nach der Zeichnung einen Kupferstich. Dazu schrieb er:

Man wird oft vor Begierde brennen,
den Bayerischen Hiasl von Statur
und dem Gesicht recht zu erkennen:
Hier ist sein Bild nach der Natur.

Der Absatz war reißend. Es war das bekannte Bild, das Hiasl, mit Hut und mit dem Gewehr in der Hand, im Walde zeigt, nebst seinem Buben und dem großen Hund »nach dem Leben gezeichnet«. Einer von Hiasls Nachkommen soll dem Bild überraschend ähnlich gesehen haben.

Nachdem Hiasl bei Schlingen seine Feinde in die Flucht geschlagen hatte, hatte er eine Zeitlang Ruhe. Überhaupt pflegten im Winter die Verfolgungen nachzulassen. Erst Anfang April 1769 setzte man wieder Streifen gegen ihn ein. Man fing ihm den Joseph Bartenschlager weg, der 1767 als Korporal des Hochfürstlich Augsburgischen Kreisregiments meineidigerweise desertiert war. Er wurde am 2. April 1769 beim Schießgrabenwirt in Dillingen, einem Jägerlokal, verhaftet. Dort soll er mit den Jägern Geschäfte gemacht und von ihnen siebzehn Kreuzer geschenkt bekommen haben. Daraus läßt sich schließen, daß die Hiaslbande allmählich einen halboffiziellen Status erhielt. Vielleicht hatte man sich deshalb entschlossen, endlich Ernst mit der Jagd auf Hiasl zu machen; den Amtspersonen wurde der Einfluß des Amateurs zu groß, der genoß mehr Respekt und Popularität als sie.

Hiasl selbst bekamen aber die Streifen nach wie vor nicht zu fassen. Sein bekanntes plötzliches Verschwinden und Wiederauftauchen, bald hier, bald dort, ließen sie förmlich im Nebel herumtappen. Zudem verriet ihm das Landvolk getreulich jede Streife. Sie flüsterten ihm die Rädelsführer zu und wer alles teilnahm. Hiasl merkte sich die Namen. Er brannte darauf, sich an den Betreffenden zu rächen. Dazu fand sich bald wieder eine Gelegenheit.

Ende April durchstrich Hiasl mit dem Studele, dem Sternbutz und dem Bayerischen Hansel den großen Wald bei Frankenhofen (östlich von Kaufbeuren und nordwestlich von Schongau). Da erblickte er plötzlich den Hochfürstlich Augsburgischen Forstmeister Johann Conrad Hasel, der sein Jagdrevier im sogenannten Sonntagswald hatte. Er war in Begleitung seines Gehilfen Johann Unsorg. Beide hatten sich bei Streifen hervorgetan und waren als grimmige Feinde der Wildschützen bekannt.

Sogleich wurden sie umringt und dem Hauptmann als Gefangene vorgeführt. Hiasl nahm den Stutzen des Forstmeisters, spannte den Hahn und setzte das Gewehr dem Unglücklichen an die Brust. Er erklärte ihm, nun müsse er sterben, er solle sich bereitmachen für die Ewigkeit.

Hasel betete denn auch inbrünstig zum Himmel um ein seliges Ende. Kalter Schweiß trat auf seine Stirn. Hiasl genoß dessen Angst. Als er davon genug hatte, überließ er ihn der Wut seiner rohen Gesellen.

Einer packte den Forstmeister an den Haaren, ein anderer schlug mit der flachen Klinge des Hirschfängers auf ihn ein. Der dritte gab ihm Rippenstöße. Sie suchten sich gegenseitig an Grausamkeit zu übertreffen. Bis der Gepeinigte ohnmächtig zu Boden sank. Da rissen sie ihm Waidtasche, Hirschfänger und Pulverhorn vom Leibe. Mit solchem Ungestüm, daß der Gemarterte wieder aus seiner Ohnmacht erwachte. Um das Maß voll zu machen, sprangen die Unmenschen noch auf ihm herum. Die Peinigung dauerte über eine Viertelstunde.

Dem Unsorg erging es ähnlich. Erst als Hiasl überzeugt war, den beiden sei die Lust vergangen, auf ihn zu streifen, ließ er sie liegen und zog mit seinen Leuten ab. Die Büchsen und Seitengewehre der anderen nahmen sie mit, samt der übrigen Ausrüstung.

Nach dieser Tat fielen sie über zwei Bauern her, die aus derselben Gegend waren; Hiasl hatte erfahren, daß sie ihn und seinen Anhang verraten hatten. Dafür mußten sie bestraft werden. Mit gezogenen Hirschfängern und auf manch andere Weise wurden sie fast zu Tode geängstigt. Danach mißhandelte man sie. Nachdem das lange genug gedauert hatte, ließ Hiasl die beiden in Gnaden laufen.

Schließlich kam die Reihe an den Jäger Anton Mösel von Reichertshofen (dieses Dorf liegt mittig zwischen Augsburg und Memmingen). Der erschien auf dem Scheppacherhof und bat um ein Fuhrwerk, um sein Dienstholz heimbringen zu können. Sein Pech war, daß Hiasl mit seinem Anhang in der dortigen Schenke saß.

Sie hatten den verhaßten Jäger schon von weitem kommen sehen und beschlossen, ihm auf den Leib zu rücken. Allerdings wollten sie sich damit Zeit lassen: Nicht in der Zechstube, sondern erst auf seinem Heimweg wollten sie es ihm zeigen.

So empfingen sie den Mösel, als er eintrat, scheinbar freundlich. Der aber traute dem Frieden nicht. Er schlich sich zur Hintertür hinaus und wollte durch den Garten fliehen. Dazu kam er nicht. Hiasl sandte ihm den Sternbutz als Häscher nach. Der packte den Jäger bei den Haaren, warf ihn zu Boden und gab ihm Ohrfeigen. Die anderen sprangen hinzu und prügelten ihrerseits vehement auf den Hilflosen ein. Da der trotz der vielen Schläge nicht blutete, erscholl der Ruf: »Blut müssen wir noch sehen!« Nun sprangen sie auf dem Ohnmächtigen herum, beständig zuschlagend, bis das Blut floß. Damit nicht genug: Die Todesängstigung, dieser wichtige Teil des Terrors, mußte noch vollzogen werden. Also warteten sie, bis der Jäger wieder zu sich kam. Endlich war es soweit. Hiasl zog seinen Hirschfänger und drohte, mit den fürchterlichsten Ausdrücken, ihm damit den Kopf zu spalten. Ein anderer setzte ihm das gespannte Gewehr an die Brust. Doch da legten sich einige Bauern ins Zeug, auf ihre Fürbitten hin ließ Hiasl den schwer Mißhandelten unter dem Hohn und Spott der Wilderer wegtragen.

Hierauf zog Hiasl nach Norden, er begab sich in die Gegend von Mertingen (südlich von Donauwörth). Dort war es für ihn nicht so gefährlich. Es grenzten mehrere Hoheitsgebiete aneinander, so konnte Hiasl bei einer Verfolgung leicht ausweichen. Er brauchte nur über eine der Grenzen zu flüchten, und er war dem Zugriff der Streifmannschaft entzogen. Und hatte eine Atempause.

Hiasls System bewährte sich. Seine Feinde hatten das Nachsehen. Zähneknirschend und mit erschreckender Deutlichkeit mußten sie sehen, wie weit es in Schwaben gekommen war: Ein einziger Mann, gefolgt von einer kleinen Schar Gleichgesinnter, konnte, indem er flugs von einem Territorium ins andere wechselte, jahrelang alle Streifen an der Nase herumführen; sie waren ja nicht berechtigt, ihm auf fremdes Hoheitsgebiet nachzusetzen. Der Bayerische Hiasl war zur Landplage geworden. Man mußte mit wirksameren Mitteln gegen ihn vorgehen!

Zu diesem Zweck faßten die Räte, Botschafter und Gesandten der Fürsten und Stände des Schwäbischen Kreises am 22. Juni 1769 auf dem Ulmer Konvent einen bedeutsamen Beschluß, der so etwas wie ein regionaler Staatsvertrag war. Sie stellten fest, daß die »höchstschädlichen Wilderer und Wildbret-Diebe in den oberen Landen zwischen Lech, Iller und Donau immer mehr überhandnehmen«. Deren Frechheit und Bosheit seien so gestiegen, daß sie sich unterstünden, sich zusammenzurotten, die Straßen unsicher zu machen, in die Forste der Fürsten und Stände einzufallen sowie die Jäger und Forstbediensteten mit Verfolgung und Tod zu bedrohen, mit Schlägen zu mißhandeln und sogar totzuschießen. Dem müsse man gemeinsam entgegenwirken. Die Verfolgung solle künftig nicht mehr an der Territorialgrenze haltmachen. Vielmehr seien die Verbrecher auch dann aufzugreifen, wenn sie ihre Verbrechen in fremden Forsten begangen hätten. Man verpflichte sich zu gegenseitiger Hilfe. Werde ein Wilderer auf frischer Tat ertappt und gefangen, sei er sogleich aufzuhängen – ohne die Formalität eines Prozesses. Soweit anderweitig Wilddieberei nachgewiesen werde, sei dem Übeltäter die rechte Hand abzuhacken, vom Scharfrichter mit dem Beil. Bei mildernden Umständen solle die Strafe sein, daß der Wilderer, in Eisen und Banden geschlossen und mit einem Hirschgeweih auf dem Kopf, lebenslänglich in herrschaftlichen oder anderen öffentlichen Gebäuden arbeite. Entfliehe einer der Zwangsarbeit und wildere wieder, sei an ihm die Todesstrafe durch Aufknüpfen auf den Galgen zu vollziehen. Strafe an Leib und Gut drohe auch denen, die wissentlich einem Wilderer Unterschlupf gäben oder ihm sonst behilflich seien.

Dieses »Ulmer Patent« der Allgemeinen Kreisversammlung erlangte in ganz Schwaben Gültigkeit. Allerorts, in Dörfern, Märkten und Städten, wurde es durch Anschlag bekanntgemacht; amtliche Veröffentlichungsblätter hatte man ja nicht, und Zeitungen wurden kaum gelesen. So hing man eben amtliche Bekanntmachungen an Rathäusern und anderen öffentlichen Gebäuden aus. Was keine Hungersnot und kein Krieg vermocht hatten, das bewirkte mit seinem Treiben der Bayerische Hiasl: die Einigkeit aller schwäbischen Fürsten und Stände.

Man muß sich vorstellen, welche Wirkung der Beschluß hatte. Die Jäger, Schergen und Grenzwächter frohlockten: Nun machte man gemeinsam Front gegen den Bayerischen Hiasl, man half sich gegenseitig. Seine Tage waren gezählt! Die überregionale Treibjagd machte vor keiner Staatsgrenze mehr halt. Mit dem Papierwisch wird man ihm das Handwerk legen, er wird sich nicht mehr halten können. Und kein Wirt wird ihn mehr verköstigen, kein Bauer mehr übernachten lassen, keiner ihm Pulver und Blei verkaufen! Jeder wird lieber seine eigene Haut retten als dem Hiasl helfen. Und ohne Hilfe wird er nichts mehr ausrichten können, ist er machtlos! Einmal mußte sich ja erweisen, wer der Stärkere war!

Die Leute täuschten sich. Die Wilderer dachten nicht daran, vor dem Beschluß zu kapitulieren. Sie überlegten, wie sie sich künftig verhalten sollten. Bei den Beratungen spielte der Lissabonerbäck, einer der Unerschrockensten, eine wichtige Rolle. Hiasl hatte ihn erkunden lassen, wie sich das Volk zu dem Flugblatt verhalte. Wenn das stimmte, was der Lissabonerbäck berichtete, gab es keinen Grund zur Panik. In Türkheim, Mindelheim und Schwabmünchen (nordwestlich von Landsberg am Lech) hatte er vor aller Augen den Anschlag von der Mauer gerissen, niemand hatte ihn gehindert. In Kaufbeuren hatte er mit Soldaten getrunken, die hatten gesagt, sie würden nie auf Wilderer schießen. Man solle sich also nicht um das kümmern, was die in Ulm geschrieben hätten, riet der Lissabonerbäck, sondern das weiter tun, was sie immer getan hätten, nämlich wildern!

Der vorsichtige Studele war anderer Meinung. Sich eine Zeitlang tot stellen und die Verfolger in Sicherheit wiegen, das dünkte ihm besser. Wenn die Wachsamkeit nachließ, konnte man wieder auf den Plan treten. »Und wovon leben wir bis dahin?« unterbrach ihn der Bayerische Hansel, der junge, aus dem Dienst weggelaufene Bauernknecht namens Johann Fischer. »Notfalls schieß' ich allein!«

Der Sternbutz, alias Joseph Gasteiger, Sternwirt von Thannhausen, der seine Frau und vier minderjährige Kinder verlassen und sich ganz dem Wildern verschrieben hatte, sagte, er jedenfalls gehe nach Wertingen und Binswangen (beide Orte liegen östlich von Dillingen), wo kaiserliches, kurbayerisches und Augsburgisches Gebiet ineinanderliefen. Bis die Zöllner und Grenzer die Ulmer Konvention begriffen hätten, sei er mit dem Wildbret längst auf und davon. Vergeblich warnte Hiasl ihn vor dem kaiserlichen Obristleutnant, der ihm den Tod geschworen habe.

Anderntags brach der Sternbutz mit dem Bayerischen Hansel auf. Das wurde ersterem zum Verhängnis. Ein halbes Dutzend Soldaten überraschte ihn beim Aufbrechen eines

Hirsches. Er floh und wurde erschossen. Unter dem Günzburger Galgen verscharrte man ihn – wie einen Hund. Hiasl tobte wie ein Wahnsinniger, als er den Tod seines Kameraden vom Bayerischen Hansel erfuhr. Er schwor den Kaiserlichen blutige Rache. Dabei wäre er ihnen beinahe selbst in die Hände gelaufen, hätten ihn nicht Bauern gewarnt.

In dieser Stimmung betraten Hiasl und Genossen das Wirtshaus in Binswangen, wo auch ein Zollamt war. In der Schenke saß ein österreichischer Werbesoldat mit zwei Helfern und mehreren Rekruten. Von denen tranken und jubelten einige, die anderen aber waren ganz still und ließen den Kopf hängen. Als Hiasl eintrat, schlich sich ein burgauischer Zöllner durch die Hintertür hinaus.

Hiasl ergrimmte, als er den Werbesoldaten sah. Er provozierte ihn, indem er die Rekruten ermunterte, in seine Dienste zu treten oder das Weite zu suchen. Das ließen sich die nicht zweimal sagen, sie machten Anstalten zu gehen. Der Werbesoldat konnte das natürlich nicht hinnehmen. Er zeigte seinen Ausweis, der ihn berechtigte, in der Grafschaft Burgau zu werben, und versuchte, dem Hiasl mit vernünftigen Argumenten beizukommen; an tätlichen Widerstand konnte er angesichts der Übermacht der anderen nicht denken.

»Schaff' mir den Kerl vom Hals!« rief Hiasl dem Bayerischen Hansel zu. »Er ist mir zu schlecht, als daß ich mich selbst an ihm vergreifen möchte.« Der Bayerische Hansel schlug dem Soldaten den Hirschfänger auf den Kopf und verwundete ihn.

Dabei blieb's, man wurde abgelenkt. Der burgauische Zöllner von Binswangen kam wieder herein, erhitzt und schwer atmend, aber scheinbar unbefangen. Hiasl erinnerte sich, ihn davonschleichen gesehen zu haben, und schöpfte Verdacht. »Du hast spioniert und uns verraten!« schrie er ihn an. Der Zöllner wurde sichtlich verlegen, das bestärkte Hiasl in seiner Vermutung. »Wart, Kanaille, das treib' ich dir aus! Du mußt sterben!« Sprach's und schlug den Stutzen auf ihn an, er drohte und schmähte fürchterlich.

Aber auch der Zöllner hatte Glück. Es stürzten zwei Wildschützen herein, die Wache gehalten hatten. Sie meldeten, eine Streife ziehe den Hohlweg von Binswangen herauf. Es sei höchste Zeit zu verschwinden, es seien wenigstens dreißig Mann.

»Nichts da!« schrie Hiasl. »Wir gehen dem Gesindel entgegen. Die sollen sehen, daß wir sie nicht fürchten. Sonst verschaffen wir uns keinen Respekt!« Und schon stürmte er mit seinen Kameraden hinaus, der Streife entgegen.

Die erschrak nicht wenig, als Hiasl und die Seinen plötzlich auf sie feuerten, von der Höhe links und rechts des Hohlweges herab. Sie fühlte sich in der Falle: die Leute flohen wie die Hasen. Im Schloß suchten sie Zuflucht, sie verrammelten alle Eingänge.

Am liebsten hätte Hiasl das Schloß gestürmt, doch er sah das Unsinnige eines solchen Unterfangens ein. Unter furchtbaren Drohungen zog er sich langsam in die Wälder zurück. Die Streife wagte ihm nicht zu folgen.

Wieder einmal war Hiasl Sieger geblieben. Das machte ihn noch verwegener und rücksichtsloser. Er berauschte sich an seiner Macht. Noch viele sollten sie zu spüren bekommen.

Zwischendurch widmete er sich der Liebe. Hiasl wurde mit der Theres bekannt, als Res' ist sie in viele Lieder eingegangen. Er liebte sie sehr und machte oft Umwege, um sie zu besuchen.

Als er mit seinen Kameraden bei einem Einödbauern einkehrte, in der Gegend von Memmingen, erzählte der ihm von ihr. Er habe eine hübsche Magd, sagte er, der stelle ständig ein Jäger nach, ohne Gegenliebe zu finden.

Während des Gesprächs kam das Mädchen herein und blieb bei ihnen. Hiasl war hingerissen von ihrer Schönheit. »Du bist es wert, daß man dich liebt!« rief er ihr zu. »Was macht dein Jäger?«

»Geh, komm mir nicht mit dem!« entgegnete sie. »Wenn ich nur wüßte, wie ich ihn loswerde!« Sie erzählte, der Jäger habe sie für morgen ins Wirtshaus bestellt, zum Tanz. Hiasl sagte: »Ich führ' dich hin. Dann wird's dem Jäger schon vergehen!«

So geschah es. Als er mit der Res' und seinen Wildschützen ins Wirtshaus kam, war der Jäger schon da. Er erbleichte, als

er das Mädchen in Hiasls Armen erblickte, und warf zornige
Blicke auf ihn. Um seinen Rivalen noch mehr zu kränken, gab
Hiasl der Res' ständig Küsse, die sie bereitwilligst erwiderte.
Das war für den Waidmann zuviel. Mit Rachegedanken und
unter dem Hohn und Spott der anwesenden Burschen verließ
er das Lokal.

Ein paar Tage später überfiel der verschmähte Liebhaber
das Mädchen. Er mißhandelte sie schrecklich. Hiasl erfuhr
davon.

Racheschnaubend kehrte er in die Gegend zurück. Er lauerte mit seinen Leuten dem Jäger auf und bekam ihn zu
fassen. Man umringte ihn von allen Seiten und kündigte ihm
den Tod an; er solle sein letztes Gebet verrichten, sagten sie.
Der Jäger wurde blaß, Todesangst stand ihm ins Gesicht
geschrieben. Vor Zittern konnte er sich nicht mehr auf den
Beinen halten. Er kniete nieder und flehte um Erbarmen. Er
versprach, seinen Dienst aufzugeben und wegzuziehen, wenn
man ihn am Leben lasse. Da wurde Hiasl weich. Er ließ ihn
laufen, mit der Drohung, ihn gewiß in die Ewigkeit zu schik-
ken, falls er nicht binnen drei Tagen verschwunden sei.

Andere kamen nicht so glimpflich davon. Nicht Johann
Michael Brenner, seines Zeichens Furierschütz (Furier nennt
man den für Verpflegung und Unterkunft einer Truppe sor-
genden Unteroffizier). Im Wald kam er den Wildschützen
entgegen, als die wieder einmal bei Binswangen jagten.

»Das ist der verdammte Hund, der Brenner aus Dillingen!
Der hat im Wirtshaus gesagt, ihm schmecke kein Bier mehr
und kein Fleisch, bis man dich aufs Rad geflochten hat!« sagte
der Gregor zu Hiasl, ein Neuer aus dessen Bande, und weckte
damit seinen Ingrimm. Hiasl hetzte den Tyras los, der riß den
Brenner nieder und hielt ihn fest, bis die anderen herangekommen waren.

Der Furierschütz behauptete, nur gesagt zu haben, Hiasl
werde noch einmal auf dem Rad enden. Gewünscht habe er's
nicht, geschweige denn sich gefreut; er habe nur mit Bedau-
ern über ein solches Schicksal gesprochen. Man darf annehe-
men, daß das stimmte, der Brenner war als ruhiger und
redlicher Mann bekannt und alles andere als aggressiv.

Der Gregor, der wohl etwas gegen den Brenner hatte, wiederholte seine Beschuldigung unter gräßlichen Schwüren. Es sei schon stark, sagte er, daß der Brenner alles verdrehe und damit einen ehrlichen Wildschützen Lügen strafen wolle.

Hiasl glaubte seinem Kameraden und duldete, daß alle über den Furierschützen herfielen. Unter Drohungen, ihn umzubringen oder durch den Hund in Stücke reißen zu lassen, mißhandelten sie ihn mit Schlägen und Gewehrkolbenstößen. Zuletzt verwundeten sie ihn noch schwer durch einen Hieb auf den Kopf und beraubten ihn seines mit Silber bordierten Livreehutes. Im Straßengraben ließen sie den Besinnungslosen in seinem Blute liegen.

Einige Wochen später zog Hiasl mit seiner Bande auf der Landstraße am Wirtshaus von Ettenbeuren (südöstlich von Günzburg) vorbei. Er schaute durchs Fenster in die Stube und sah einen Mann, der eiligst hinter den Ofen schlüpfte; Hut, Gewehr und Jagdtasche, die auf dem Tisch lagen, vergaß er mitzunehmen. Es war der Jäger Wolfgang Mögele aus Schönenberg (südöstlich von Ettenbeuren). Hiasl sah rot und begab sich hastig ins Haus.

Nachdem ihn Hiasl nun schon gesehen und als Jäger erkannt hatte, blieb dem Mögele nichts übrig, als sich wieder auf seinen Platz zu setzen. Artig grüßte er, als Hiasl und seine Gefährten sich bei ihm niederließen. Er wollte gehen.

Hiasl bot ihm einen Schluck aus seinem vollen Krug. Diese Ehre lehnte der Jäger dankend ab. Er müsse Maß halten beim Trinken, sagte er, sonst schade er seiner Gesundheit.

»Das ist eine Ausrede!« schrie Hiasl. »Du bist ein schlechter Kerl – wie alle Jäger. Ihr wollt mich verderben. Mach dich gefaßt, jetzt mußt du sterben!«

Fürchterlich drohend und schimpfend legte Hiasl den Stutzen auf ihn an und versetzte ihn in Todesangst. Dann überließ er ihn seinen Wildschützen. Die schlugen mit ihren Hirschfängern derb auf ihn ein. An den Haaren schleppten sie ihn in die Küche hinaus. Dort ergriffen sie unter dem Herd liegende Holzscheite und bearbeiteten damit die Arme und Beine des Gepeinigten.

Zum Glück kam der Benefiziat des Ortes, ein hochgeachteter Priester, aus dem Nebenzimmer in die Küche. Er redete Hiasl eindringlich ins Gewissen, von dem Jäger abzulassen – und hatte Erfolg. Sodann ließ er sich Hausmittel bringen und verband die schweren Wunden des Mißhandelten.

Dieser Anblick rührte Hiasl. Er griff in die Tasche und gab dem Priester einen Taler, damit er ihn für den Verletzten verwende. Er selbst ging mit dem Studele ins Freie, während sich die anderen mit Bier und Schnaps stärkten.

Ähnlich wie dem Mögele erging es Johann Baptist Mang, dem Amtsknecht von Göggingen. Die Amtsknechte waren auf 5em Land die niedrigsten Vertreter der Obrigkeit. Sie hatten eine Polizeifunktion, verfolgten Straftäter und verhafteten sie. Es versteht sich, daß sie auch den Wildschützen ins Gehege kamen, weil sie die öffentliche Ordnung störten.

Der Gögginger Amtsknecht begegnete Hiasl auf der Straße. Er soll ihn gekannt und bemerkt haben, tat aber so, als sehe er ihn nicht, und wollte schnell vorbei. Der Studele schrie ihn an: »Du wagst es, am Bayerischen Hiasl vorbeizugehen, ohne den Hut zu ziehen, was deine verdammte Schuldigkeit ist?« Mang zog seinen Hut und entschuldigte sich, er sei in Gedanken gewesen und habe die Herren nicht bemerkt. Darauf Hiasl: »Du hättest uns schon bemerkt, wenn eine Streife bei dir gewesen wäre, du Lump! Das sollst du mir büßen!« Ein Wink, und der Tyras stand auf der Brust des im Staube liegenden Mang. Hiasl und der Studele schlugen mit ihren Gewehren, die sie abzufeuern drohten, und mit den Hirschfängern auf den armen Teufel ein. Schließlich gelang es zwei Bauernmädchen durch inständiges Bitten, Hiasl zu bewegen, endlich aufzuhören. Man ließ den Amtsknecht ziehen, unter furchtbaren Drohungen, für den Fall, daß er etwas gegen sie unternehme.

Solche Mißhandlungen wurden bekannt, sie kosteten Sympathien. Die Zuneigung der Bauern ließ nach. Sie hatten jetzt Angst vor dem Hiasl, er wurde ihnen immer unheimlicher. Mit Schrecken mußte er diesen Wandel erkennen, in aller Deutlichkeit Ende August 1769 in Deisenhausen, einem Dorf westlich von Krumbach.

Mit neun Kameraden erschien er dort und kehrte im Wirtshaus ein. Daß gerade Hochzeit gefeiert und getanzt wurde, störte ihn nicht, er und die Seinen waren hungrig und müd'. Sie gingen in die untere Gaststube, was die droben taten, war ihnen wurscht. Hauptsache, sie bekamen zu essen und zu trinken. Das Bier floß in Strömen, oben bei der Hochzeit und unten bei den Wildschützen, es ging laut zu.

Nur einer konnte nicht mitmachen: der Sattler – er mußte draußen Wache halten und patrouillieren. Es fielen ihm Leute auf, unter ihnen Amtsdiener, die geschäftig von Haus zu Haus liefen. Das war ihm nicht geheuer, er sagte es seinem Hauptmann. Als er in die Stube kam, war die Situation gespannt. Burschen drängten herein, mit Prügeln bewaffnet: schimpfend, schreiend und pöbelnd wollten sie den Wildschützen die Tür weisen. Dem Wirt und Hiasl gelang es gerade noch, eine Rauferei zu verhindern.

Da läuteten die Glocken vom Kirchturm Sturm. Die Wildschützen griffen zu den Waffen, stürzten ins Freie und stellten sich mit dem Rücken an die Hauswand. Sie sahen sich einem wilden Haufen von Bauern gegenüber, die mit Sensen und Äxten, Mistgabeln und Dreschflegeln und mit Steinen in den Händen auf sie losgingen. Die Wildschützen richteten die Stutzen gegen sie, die Hähne knackten drohend. Lauthals schrie Hiasl, jeder werde zusammengeschossen, der noch einen Schritt näherkomme. Da stutzten die Bauern. Als ihnen der Sattler eine Kugel über die Köpfe jagte, ohne Befehl, rannten sie Hals über Kopf davon.

Hiasl konnte mit seinen Leuten abziehen. Er war empört. Die übelsten Drohungen schrie er den Deisenhausenern nach. Er werde es ihnen zeigen, in hundert Jahren werde man noch davon sprechen.

So etwas hatte er noch nicht erlebt: Menschen, für die er sein Leben gewagt und als Gehetzter gelebt hatte, wandten sich gegen ihn, ihren Schützer und Helfer. Das war eine böse Erfahrung! Er konnte es nicht fassen. Zum erstenmal war er ratlos.

Auch die Deisenhausener machten sich Gedanken, sie nahmen die Drohungen ernst. Das mußten sie, nach den Erfahrungen, die man landauf, landab mit der Hiaslschen Bande machte. In ihrer Not schickten sie am nächsten Tag dem Hiasl eine Abordnung nach, Männer, die am Vortag nicht mitgemacht hatten, mit dem Wirt an der Spitze. Hiasl zeigte ihnen die kalte Schulter, er war zutiefst verletzt in seiner Eitelkeit. Dann geriet er in Wut, er brüllte die Leute an. Der Wirt und die Bauern beteuerten hoch und heilig ihre Unschuld. Der Schuldige sei der Obervogt. Der habe die Gemeinde gezwungen. Was kann man schon gegen einen Befehl machen?

Das besänftigte Hiasl allmählich, er war zufrieden. Und er freute sich über den Beutel Gulden, den sie ihm mitgebracht hatten. Er bot ihnen wieder seine Freundschaft an. Die Abordnung kehrte erleichtert heim.

Der Haß der Wildschützen richtete sich nun gegen den Obervogt. Hiasl verstärkte seine Bande. Er marschierte nach Deisenhausen zurück. Der Obervogt wurde gerade noch rechtzeitig gewarnt. Er ließ im Erdgeschoß des Amtshauses die schweren Fensterläden schließen, sämtliche Haustüren verbarrikadieren und seine Leute sich bewaffnen und an den Fenstern des ersten Stocks bereitstehen. Da kam Hiasl schon mit vierzehn Mann, um zum Sturm anzusetzen.

Als er aber sah, daß man wohlvorbereitet war auf seinen Angriff, ließ er von seinem Vorhaben ab. Er stellte seine Leute schußbereit um das Haus herum auf, um die anderen einzuschüchtern. So konnten sie ungestört mit Steinen oder Prügeln die oberen Fenster einwerfen und dem Obervogt wüste Schimpfworte zurufen. Am Ende brüllte Hiasl zornig hinauf, es werde nicht mehr lange dauern, dann schicke er den Obervogt höchstpersönlich zum Teufel in die Hölle.

Von den Deisenhausenern ließ sich keiner blicken: Sie hatten sich wohlweislich in ihren Häusern verkrochen.

Wenige Tage nach dieser Affäre halfen die Bauern wieder dem Hiasl. Er war allein nach Thannhausen gekommen und kehrte, wie immer, im Wirtshaus »Zum Stern« ein, das seinem Sternbutz gehört hatte. Er ahnte nicht, daß eine größere Streife auf dem Weg in den Ort war. Als die Soldaten dort einrückten, rollte an ihnen, unter Geißelschnalzen, ein Leiterwagen vorbei. Er war mit Stroh beladen, darein war der Hiasl gepackt.

Am 14. September 1769 tauchte Hiasl mit dem Studele, dem Bayerischen Hansel und dem Lissabonerbäck im Wirtshaus in Breitenthal (westlich von Krumbach) auf. Sie waren auf dem Weg dorthin gesehen und der Obrigkeit gemeldet worden. Vom nahen Roggenburg (nordwestlich von Breitenthal) marschierte eine Streife des Reichsstifts an. Die wurde wiederum Hiasl verraten. Er dachte nicht daran, sich zurückzuziehen. Er fühlte sich der Streife gewachsen, obwohl sie zahlenmäßig überlegen war.

Hiasl stellte sich mit seinen drei Kameraden vor der Wirtschaft auf, er wollte die Streife schußbereit empfangen. Sie tauchte denn auch auf. Als sie die Wildschützen sah, in eindeutiger Position, machte sie kehrt. Das machte ihre Gegner übermütig, sie griffen an. Die Streife floh. Der Bayerische Hansel schoß auf einen Gefreiten, verfehlte ihn aber. Hiasl holte den Korporal Denklinger ein und nahm ihn gefangen. Mit der flachen Klinge seines Hirschfängers prügelte er ihn durch – gegen alle Kriegsmanier. Und weil die Leute erzählten, der Korporal brüste sich damit, unverwundbar zu sein, schlug ihm Hiasl noch mit einem leichten Hieb in den Arm.

Im Siegesrausch kehrte er ins Wirtshaus zurück. Dort spuckte er große Töne: Er werde seine Verfolger in Roggenburg besuchen! Solche Soldaten seien überhaupt nicht ernst zu nehmen.

Er hielt Wort. Am nächsten Tag war er mit vier Wildschützen im Wirtshaus von Roggenburg und verlangte ein Mittagessen. Aber der Wirt zeigte einen Wisch vor, mit einem hochherrschaftlichen Befehl. Er habe eine schwere Strafe zu erwarten, sagte er, wenn er den Hiasl oder einen seiner Leute bewirte. Hiasl spottete, er könne sich auch selber bedienen, er werde die Schlüssel zu Küche und Keller schon finden. Der Wirt flehte die Schützen händeringend an, sein Haus zu verlassen, er wolle keinen Ärger.

Da erschien ein Bote des Oberamtes und richtete Hiasl aus, er solle sich sofort entfernen. So etwas war ehrenrührig, Hiasl wollte sein Gesicht nicht verlieren. Er lachte schallend und verkündete, er denke nicht daran. Darauf ging er vor die Haustür, schlug sein Gewehr auf die unter dem Tor stehende Wache an und herrschte sie an zu verschwinden, sonst werde er augenblicklich schießen. Die Wache zog sich zurück. Hiasl schrie den Abgesandten an, man müsse ihm schon mehr Soldaten schicken. Man solle dann aber auch gleich Wagen mitschicken – für die Toten und Verwundeten. Anschließend werde er allerdings den hochwürdigen Herrn Reichsprälaten in seinem Stift erschießen und zum Teufel schicken!

Hiasl liebte solche markigen Sprüche, das Säbelrasseln gehörte zu seinem Handwerk. Es lag ihm nicht daran, mit seinen Drohungen Ernst zu machen ohne Not. Er hat weder den Prälaten erschossen noch die Schildwache am Tor. Er war ganz zufrieden damit, die Wirtschaft eingenommen zu haben, ohne daß er seinen Stutzen abbrennen mußte. Abgebrannt ist nur der Schnaps des Wirts, wie dieser später oft noch von seinem ungebärdigen Gast erzählte.

Es entsprach Hiasls Eitelkeit, bei jeder Gelegenheit den Überlegenen hervorzukehren. Das kam bei den Leuten an, sie bewunderten ihn dann um so mehr. Und Hiasl liebte es, bewundert zu werden. Die Bewunderung war ihm eine Genugtuung, war der Ausgleich für die Gefahren und Strapazen, die er auf sich nehmen mußte, sie tat gut.

Besonders stolz war er, daß man überall sein Bild kaufte, das nach der Zeichnung des Malers Lander gefertigt worden war. Als er gar zur Zeit der Herbstdult in Augsburg erfuhr, daß sein Bild in Großformat in einem Schaufenster der Stadt ausgestellt sei, kannte sein Stolz keine Grenzen mehr. Er hatte die Kühnheit, sich selbst zu überzeugen. Verkleidet und mit entstelltem Gesicht begab er sich an Ort und Stelle. Er drängte sich durch die Menge, die das Bild umstand, und berauschte sich an den Kommentaren des Staunens, der Bewunderung und des Grauens, die er den Leuten einflößte. Der vorsichtige Studele hatte alle Mühe, Hiasl davon abzuhalten, sich in seiner Verblendung zu erkennen zu geben.

Aber es gab auch Mißerfolge. Noch nicht lange war es her, daß die Kaiserlichen den Sternbutz erschossen und schmählich unter die Erde gebracht hatten, da gelang einer Dillingischen Streife ein weiterer Streich: Sie fing den Lissaboner-bäck, er wanderte hinter die Zuchthausmauern von Buchloe (westlich von Landsberg am Lech). Die Reihen um den Bayerischen Hiasl lichteten sich. Ihm zu folgen, wurde immer gefährlicher. Er hatte eine Welt von Feinden herausgefordert und mußte damit rechnen, daß ihn dasselbe Schicksal ereilte wie den Sternbutz, im besten Fall noch wie den Lissaboner-bäck.

Der wartete darauf, daß ihn sein Freund und Gebieter befreie. Man wollte ja eines Tages der Zuchthauswache in Buchloe einen Denkzettel verpassen, oft genug war davon die Rede gewesen. Die Leute sollten merken, daß es gefährlich war, Wildschützen nach ihrer Freiheit zu trachten. Hiasl beschloß denn auch, mit einer Handvoll Getreuer, ein »Neujahrsschießen« vor dem Zuchthaus. Er mußte aber, da um diese Zeit eine starke Militärstreife in Buchloe einquartiert war, sein Vorhaben verschieben.

Gerade weil der Ring der Verfolger um die verfemten Wildschützen enger wurde, galt es, in aller Öffentlichkeit zu demonstrieren, daß man sich nicht einschüchtern ließ. Trotziger denn je erhob Hiasl sein Rebellenhaupt. Er tat so, als habe nie ein Ulmer Patent ihn zum Staatsfeind Nummer eins erklärt und die Jagd auf ihn zur Untertanenpflicht gemacht. Unbekümmert ging er in den Wirtschaften ein und aus. Und er hatte oft kurzweilige Gesellschaft: in Holzhausen (zwischen Landsberg und Buchloe) den Kloster Steingadischen Oberrichter von Wiedergeltingen (westlich von Buchloe) und die kurbayerischen Salzbeamten von Landsberg, ja sogar den Buchloer Zuchthausverwalter Nieberle. Die Herren lauschten amüsiert Hiasls Reden und Drohungen, wenn er sagte, er fürchte keinen kurbayerischen Soldaten, und mit den Dillinger Zopfhelden treibe er seinen Spaß. Bald werde den Ruhm der Sieben Schwaben verdunkeln, durch ein Stücklein ohnegleichen, kündigte er an. Am hellichten Tag werde er zeigen, wer in Buchloe der Herr sei, der Pflegsverwalter Federle oder er, der Bayerische Hiasl.

So ging das Jahr 1769 zu Ende, für Hiasl ein ereignisreiches Jahr. Das folgende Jahr sollte noch turbulenter werden, noch schwerer und verfolgungsreicher. Es wird ein denkwürdiges Jahr werden, und es wird ein eigenes Kapitel in Hiasls wildem und stürmischem Leben bilden.

Die Gewalt eskaliert

Die Serie neuer Gewalttaten begann am 24. Januar 1770. Am frühen Morgen, um dreiviertel acht, kaum daß es Tag geworden war, marschierte vor dem Amtshaus des Pflegsverwalters Anton Maria Federle in Buchloe eine seltsame Kolonne auf: Im Gänsemarsch folgten dem großen Hund der Studele, nach ihm Hiasl, hinter dem ein am Vortag einem Jäger geraubter Pudel und anschließend der Kissinger Hans (aus Kissing) und das Neuhauser Hänsele (Neuhausen: nördlich von Kempten). Hiasl im grünen Jägerrock, die anderen im grauen Zwillichkittel, die Gewehre trugen sie am Riemen über dem Buckel. Höhnisch lachten sie zum Pflegsverwalter hinauf, der am Fenster stand. Der dachte zuerst an einen Zuchthaustransport, unausgeschlafen wie er war. Als er die Wildschützen erkannte, trat er hochrot zurück. Er schärfte dem Amtsknecht Carl Weinmüller ein, ihnen vorsichtig zu folgen und sie zu beobachten, damit man sie bei Gelegenheit ausheben könne.

Schon nach einer Viertelstunde war der Amtsknecht wieder da. Er berichtete, die vier Wildschützen säßen in Aicheles Tafernwirtschaft und tränken Wein. Der Federle ließ sofort die acht Mann starke Zuchthauswache ausrücken, unter Führung des Korporals Michael Brand. Er unterstellte ihm noch ein Arretierungskommando, das waren weitere vier Mann. Mit aufgepflanztem Bajonett und geladenem Gewehr schlichen sich die Soldaten in die Wirtschaft, fanden aber nur mehr einen leeren Tisch. Die Zecher marschierten soeben an der Kirche vorbei, Holzhausen zu, von einem Haufen lachender und hüteschwenkender Bürger begleitet. Dann bahnte sich eine Näherin durch die Zuschauer einen Weg und rief den Wilderern zu: »Tummelt euch, vom Zuchthaus rücken euch Soldaten nach!«

Das verdroß den Studele. »Vor Soldaten ist noch kein Wildschütz davongelaufen!« meinte er trocken und blieb stehen.
Dann marschierten die vier zurück, samt ihren Hunden, auf
Aicheles Tafernwirtschaft zu. Sie begegneten der Wirtin, die
gerade aus der Messe kam. Sie hatte auch von den Soldaten
gehört und ahnte Schlimmes. Sie beschwor die Wilderer, um
Gottes willen den Soldaten nichts zu tun! In diesem Augenblick bogen die schon um die Ecke. Da ließen es Hiasl und der
Studele krachen. Die Soldaten rissen gerade noch ihren Korporal zurück, sonst wäre der tot auf dem Platz geblieben. Dem
Gemeinen Hollenz fiel sein linker Arm kraftlos herunter, von
einem der Schüsse getroffen. Die zuschauenden Bürger
gebärdeten sich wie auf einer Kirchweih, offenbar hatten sie
die Gefahr nicht begriffen, sie ermunterten die Wilderer zu
weiteren Salven. Der Soldat Dormayr erhielt einen Schuß
durch das rechte Schulterblatt. Um den Angegriffenen zu
helfen, schossen nun auch Eisenmeister und Eisenknecht aus
dem Zuchthaus auf die Wildschützen. Das steigerte deren
Wut. Sie feuerten zurück und durchlöcherten zwei Bücher des
Aktuars Behr, nachdem sich zwei Kugeln in ein Aktenregal
der Zuchthauskanzlei verirrt hatten. Weitere Kugeln drangen in die umliegenden Häuser.

Sodann marschierten die wilden Gesellen unangefochten
auf der Landstraße nach Süden. Es begegnete ihnen der
Amtsknecht Georg Deufler von Blonhofen (dieses Dorf liegt
nordöstlich von Kaufbeuren). Er hatte das Pech, daß die
Wildschützen vom Kampf noch erregt und erbittert waren.
Sie umringten und traktierten ihn, gotteslästerlich fluchend,
mit Kolbenstößen und Hirschfängerhieben. Doch Deufler war
nicht der Mann, der so etwas tatenlos über sich ergehen ließ.
Stark wie ein Bär, umschlang er den Hiasl, hob ihn hoch und
warf ihn zu Boden. Der kraftstrotzende Hiasl, er, der Überlegene, hatte seinen Meister gefunden! Schimpflich war er
überwunden worden. So etwas hatte er noch nicht erlebt, er
war fassungslos.

Sein Heldentum bekam aber dem Deufler schlecht. Seine
Widersacher ergrimmten erst recht vor Wut. Wie die Wahn-
sinnigen schlugen sie auf ihn ein, trotz verzweifelter Gegen-

102

wehr stürzte er, aus vielen und gefährlichen Wunden blutend, auf die Straße. Man hätte ihn gewiß umgebracht, wäre nicht sein alter Vater, ein Wasenmeister, gewesen. Der eilte mit seinen Knechten und mit Hunden zu Hilfe. Daraufhin ließen die Barbaren von ihrem Opfer ab.

Mit Scherz und Übermut hatte der Tag begonnen, blutig endete er. Für Hiasl war er kein Ruhmesblatt, wenn er es auch der Zuchthauswache gezeigt hatte. Die Mißhandlung des tapferen Amtsknechtes kostete ihn viele Freunde.

Dazu kamen Mißerfolge. Ende Januar 1770 fing man den Bayerischen Hansel, eine kaiserliche Streife griff ihn auf. Unter der Folter sagte er gegen Hiasl aus. Er kannte viele von dessen Schlupfwinkeln und Helfershelfern und gab sie preis. Das war für Hiasl gefährlich. Seine Feinde beflügelte der Erfolg, er hob ihr angeknacktes Selbstvertrauen.

Hiasl erfuhr es von einem Urlauber der kaiserlichen Fronfeste in Günzburg, der ihm wohlgesonnen war. »Nimm dich in acht, Hiasl, die Kaiserlichen rüsten gegen dich, als wärst du der Preußenkönig!« warnte er ihn. Hiasl hörte gleichmütig zu. Er steckte ihm eine Münze in die Tasche und sagte: »Vertrink das und wünsch dir, daß du nie gegen mich streifen mußt. Mit den Kaiserlichen hab ich abzurechnen, bei denen schieß' ich verdammt gut!« Trotzdem konnte er nicht verhindern, daß man ihm einen Mann nach dem andern wegfing.

Hiasl registrierte alles zähneknirschend. Aber er dachte nicht daran, seinen »Stil« zu ändern. Als Mann der Tat wollte er mit neuen Taten sein abbröckelndes Ansehen wieder festigen. Er würde sich nicht geschlagen geben! Man sollte ihn kennenlernen! Großspurig trat er auf. Er war der Held, dem Ehre und Respekt gebührten! Wehe dem, der das nicht beachtete!

Ein rotes Tuch scheint für Hiasl Buchloe gewesen zu sein. Immer wieder zog es ihn dorthin. An einem späten Abend, im Februar 1770, kam er mit seinen Leuten im dortigen Gasthof »Zur Post« an. Hungrig und durstig verlangten sie sogleich ungestüm Essen und Trinken. Die Kellnerin bediente zuerst einen Fremden, der am Nachbartisch saß. Das erboste die Wildschützen, sie schimpften das Mädchen, der Fremde nahm es in Schutz. Das war nicht gut für ihn. Die Wilderer stürzten sich auf ihn und trieben ihn mit Kolbenstößen aus der Gaststube. Der Wirt, der Hiasl kannte, schwieg.

Der trank ein Bier nach dem andern. Es stieg ihm zu Kopf, er suchte Händel. Es fiel ihm das Amtshaus ein, dem könnte er noch einen Besuch abstatten, dachte er. Er marschierte los mit seinen Kameraden, schrecklich drohend. Vor dem Haus forderte er die Wache darin zum Kampf heraus, mit Schimpfworten und wilden Gebärden. Es wollte sich ihm aber keiner stellen. Darauf feuerte er fünf Gewehre gegen das Amtshaus ab, die Kugeln schlugen durch die Tür und die Fenster. Schließlich zog er, mit der Drohung, das ganze Nest anzuzünden, langsam aus dem Markt ab.

Hiasl wurde immer kühner und frecher. Er verließ sich auf sein Glück und seinen Mut. Er erfuhr, daß von der Reichsstadt Augsburg eine starke Soldatenstreife gegen ihn unterwegs war. Er verstärkte seine Mannschaft und eilte den Augsburgern entgegen. Die operierten geschickt. Sie machten eine Zangenbewegung und zwangen ihn damit zum Rückzug. Der sollte ihm abgeschnitten werden. Dazu hatten sie den Wertachsteg bei Pfersee (jetzt ein Ortsteil im Südwesten von Augsburg) besetzt, allerdings nur mit vier Mann. Hiasl erkannte die Schwachstelle. Er täuschte seine Verfolger im Wald, preschte zum Pferser Steg und stand plötzlich den Wachtposten gegenüber.

»Soll ich den Langen dort auf die Haut legen?« fragte der Tyroler, den Stutzen anschlagend.

»Tu's!« befahl Hiasl, und der Tyroler erschoß den Musketier Leitner. Der brach zusammen, ins Herz getroffen. Die anderen Posten flohen. Bis die große Streife zurückkam, sie hatte erkannt, daß man sie hereingelegt hatte, war Hiasl mit seinen Mannen längst über den Steg und in Sicherheit. Wieder einmal hatten ihm seine Verfolger nichts anhaben können, hatte er sie ausgetrickst. So geschehen am 7. März. Die Siegeskunde drang weit über Augsburg hinaus.

Sie erreichte auch Hiasls »Buben«. Das Zuchthaus hatte ihm das Wildern nicht verleiden können. Es drängte ihn erneut zum Hiasl. Er fand sich wieder bei ihm ein, der ihn

104

gerührt in die Arme schloß. Der gegenseitige Umgang wurde noch vertrauter. Hiasl weihte den Buben in alle Pläne und Geschäfte ein. Er machte ihn insgeheim zu seinem Leibwächter und Aufseher über die Bande. Der Bub sollte sie im Auge behalten und Auffälliges Hiasl mitteilen; der traute einigen seiner Leute nicht über den Weg. Auf seinen Buben konnte er sich verlassen, der wich ihm, wie sein großer Hund, nicht von der Seite. Er war ihm bedingungslos ergeben und las ihm jeden Wunsch von den Augen ab.

Hiasls Schar wuchs. Es kamen nicht nur Abenteurer, sondern auch Hungrige und Elende. Daneben aber auch Arbeitsscheue und Kreaturen, die von Anfang an nichts Gutes im Schilde führten. So der Schneider von Schlipsheim (westlich von Augsburg), alias Andreas Schleich, ein kleiner, rothaariger und rotbärtiger Schneidergeselle. Er hatte Frau und Kinder im Elend sitzenlassen.

Der Waldstetten-Sepperl, wie man den vierzigjährigen Joseph Ried aus Waldstetten (südlich von Ichenhausen) nannte, Sohn eines Hirten, selbst aber nur Tagedieb und verdrossener Gelegenheitsarbeiter, wollte, wenn er Frühlingsluft witterte, lieber für den Hiasl Wild treiben und tragen, als sich auf einem Bauernhof verdingen. Dafür nahm er manche blutige Schramme in Kauf. Auch der Amberger Sepperl, sprich: Joseph Port aus Amberg (nordwestlich von Buchloe und östlich von Türkheim), der sich jetzt dem Hiasl anschloß, gehörte nicht zu den Fleißigsten. Jedes Jahr wechselte er seinen Dienst als Bauernknecht, und manchmal hielt er's nicht mal ein Jahr aus. Wieder war er einem Bauern davongelaufen und stand nun auf der Straße. So fand er sich eben beim Hiasl ein. Und der dicke Schweizerle, der gern irgendwo in einem Stall überwinterte, kehrte im Frühjahr regelmäßig wieder zu seinem Meister zurück, wie ein Zugvogel.

Im April 1770 regnete es in Strömen, wie aus Schleusen ergoß es sich über die Wiesen und Felder. Der Regen schluckte den Schnee, der fünf Monate lang das Land bedeckt hatte, und verwandelte die auf den Pflug wartende Erde in

Schlamm und Morast. Die Bauern saßen untätig herum und warteten darauf, daß die Regenflut aufhöre. Oder sie wallfahrteten für ein besseres Wetter.

Dann galt die allgemeine Aufmerksamkeit der Habsburgerin Marie Antoinette, die wie eine Märchenprinzessin mit ihrem Gefolge von Österreich nach Frankreich reiste. Am 19. April 1770 war sie in der Augustinerkirche in Wien mit dem französischen Thronfolger, dem späteren Ludwig XVI., getraut worden, »per procurationem«; Erzherzog Ferdinand hatte den Dauphin vertreten. Am 21. April nahm sie Abschied von Wien. Anfang Mai traf sie in Schwaben ein. Allerorts eilten der noch nicht fünfzehnjährigen Erzherzogin Deputationen und Komitees entgegen, um ihr ihre Referenzen zu erweisen. Die blutjunge Tochter der Kaiserin Maria Theresia nahm die Huldigungen charmant entgegen.

Sie machte auch in dem Dorf Denzingen halt, vor den Toren Günzburgs (südlich davon). Soviel Herrlichkeit hatte der kleine schwäbische Ort noch nicht gesehen. Das Wirtshaus »Zum Goldenen Löwen« verwandelte sich in eine von Blumen und Blüten prangende Residenz. Zierliche Stöckelschuhe trippelten über den weiß gescheuerten Boden, der nur derbe Bauernstiefel gewöhnt war.

Aber nicht nur das mit »Königliche Hoheit« angesprochene Mädchen, auch fünf fahrende Musikanten, mit einem riesigen Hund, sprachen an jenem denkwürdigen Maitag beim Löwenwirt vor. Der hatte schon das ganze Haus voll, von den Musikanten und ihrem Hund wollte er nichts wissen. Doch dann hatte er Mitleid mit ihnen, weil es regnete und sie vor Nässe troffen. Er führte sie in den Stall, bei den Pferden sollten sie nächtigen. Daß die Musikinstrumente in Lumpen gewickelt waren, leuchtete dem Wirt ein: bei so einem Regen nimmt jede Fidel und Trompete Schaden. Als er die Burschen aufforderte, für die Dauphine ein Ständchen zu spielen, meinten die, sie bräuchten einen vollen Tag, um ihre durch das schlechte Wetter ganz und gar verstimmten Instrumente wieder auf Vordermann zu bringen. Sie wollten der Prinzessin nur Vivat zurufen und sich dann vertrollen in den Stall. Das war nicht im Sinne des roten Schneiders. Der heckte den Plan aus, durch einen Überfall auf die Erzherzogin kostbare Beute zu machen. Es sei eine einmalige Gelegenheit, sagte er, so eine Chance biete sich nie wieder.

Da zeigte sich, daß Hiasl im Grunde seines Herzens ein anständiger Kerl war. Er widersprach dem roten Schneider: Er sei nur ein Wildschütz, kein Räuber, und wolle auch keiner werden. Er vergreife sich nur an seinen Feinden, weil sie ihn verfolgten. Dieses Mädchen aber, das niemandem etwas getan habe, das in ein fremdes Land ziehe, um eine fremde Krone zu tragen, solle von ihm, dem Bayerischen Hiasl, nichts zu befürchten haben!

Das bleiche Gesicht des Schneiders von Schlipsheim verzerrte sich zu einer Fratze. Er höhnte über die feige Unentschlossenheit eines Mannes, der ihnen Vorbild sein wolle. Vor ein paar Hofschranzen verliere er die Courage. Der Waldstetten-Sepperl pflichtete dem roten Schneider nicht offen bei. Doch sein spöttisches Lächeln sagte mehr, als wenn er den Mund aufgetan hätte. Und der Tyroler trat mißmutig von einem Fuß auf den andern, er hätte den Höflingen gern seine Schießkunst gezeigt. Nur auf den Buben und den großen Hund konnte Hiasl sich verlassen. Er trat dicht an den Schneider heran und zischte durch die Zähne: »Du mecker' noch einmal – und du bist hin! Wir setzen uns in die Stube, und dabei bleibt's. Die Stutzen bleiben im Stall!«

Kaum saßen sie in der Stube, führte der Wirt seinen hohen Gast durch das Haus. Die Prinzessin gab sich leutselig. Sie blieb bei Hiasl und seinen Kameraden stehen und fragte sie nach dem Reiseziel. Hiasl schämte sich, das Mädchen anzulügen, er schwieg. An seiner Stelle ergriff der Wirt das Wort. So hörte Marie Antoinette verwundert, daß es sich um fahrende Musikanten handele. Sie wünschte ihnen Glück. Und jetzt geschah etwas, was Hiasl noch nie passiert war: Er errötete vor einer Frau, einem vierzehnjährigen Mädchen. Die künftige Königin von Frankreich hatte ihm, dem Geächteten, Glück gewünscht! Er konnte nur stammeln: »Ich dank' Eurer Königlichen Hoheit, Glück wünsch' ich Eurer Königlichen Hoheit auch.« Einen Augenblick lang hatte gegenseitige Sympathie den abgrundtiefen Gegensatz überbrückt zwischen der stolzen und verwöhnten Dauphine und dem schmucken Burschen aus dem Volk. Ironie des Schicksals: Sie wünschten sich gegenseitig Glück – und endeten doch beide am Schafott!

Anderntags setzte die blonde, blauäugige Prinzessin ihre weite Reise fort, mit einer Kavalkade von dreihundertvierzig Pferden, die an jeder Poststation gewechselt werden mußten. Es ging nach Westen, über Kehl und Straßburg, und weiter bis zum Wald von Compiègne, wo die königliche Familie die Thronfolgerin als neues Mitglied erwartete, an der Spitze Ludwig XV. und sein Enkel, der Bräutigam, der Marie Antoinette durch Staatsvertrag bestimmt worden war. Am 16. Mai schließlich fand die zweite, eigentliche Hochzeit statt, in der Kapelle Ludwigs XIV. zu Versailles.

Hiasl, der Sohn des Schweinehirten, schlich nach der im Stall verbrachten Nacht hinaus in den grauenden Maienmorgen, unschlüssig, wohin er gehen sollte. Er war nirgends zuhause – und überall geächtet!

Unaufhörlich fiel der Regen. Auf den verregneten Frühling folgte ein verregneter Sommer. Hunger breitete sich aus, trat sein Regiment an, in Stadt und Land. Bäche und Flüsse traten über die Ufer. Sie überschwemmten nicht nur Wiesen und Felder, sie drangen auch in die Wälder. Es war eine schwere Zeit. Nicht nur für die Bauern, auch für die Männer, die wie das Wild durch die Wälder liefen. Ihre Kleider wurden nicht mehr trocken, die vom Wasser aufgeweichten Schuhe gingen kaum mehr von den Füßen, mit dem feucht gewordenen Pulver konnte man nicht mehr jagen. Dabei mehrten sich die Streifen, von Tag zu Tag. Mancher verwünschte den Augenblick, wo er sich dem Hiasl angeschlossen hatte.

Der hatte es nicht leicht, für seine bunt zusammengewürfelte Schar zu sorgen. Es kostete Geld, welches das geschossene Wild bringen mußte. Soweit es nicht in den Magen der Schützen wanderte, wurde es zu festen Preisen verkauft: an Wirte, Händler, Mönche, Pfarrer, Beamte, Ratsherren und andere ehrenwerte Leute. Der Hirsch kostete vierzehn bis fünfzehn Gulden, die Hirschkuh zehn und das Reh zwei bis drei, je nach Größe.

Hauptabnehmerin war die »Schwarze« von Augsburg, die Marie Anna Bauhöfer. Dabei hatte sie am 9. September 1769 geschworen, als privilegierte Augsburgisch Bischöfliche Wildbrethändlerin mit einem Jahresumsatz von zehntausend Gulden habe sie's nicht nötig, beim Bayerischen Hiasl einzukaufen. Sie erhalte das Wild von den hochfürstlichen Forstämtern aus erster Hand, das könne sie beweisen. Tatsächlich machte sie aber mit dem viel billigeren Fleisch der Wildschützen gute Geschäfte.

Auch dem Wirt von Gabelbach (südwestlich von Zusmarshausen), Hansjörg Geldner, brachten Hiasl und seine Kameraden öfters Wild. Als er dafür fünf Reichstaler als Strafe berappen mußte, behauptete er, die Wildschützen kämen nur, um bei ihm Rindfleisch und Knöpfle zu essen oder auch mal zu übernachten.

Die angesehensten Leute verkehrten mit Hiasl und kauften bei ihm Wild. Der Beamte von Langerringen machte keinen Hehl daraus, ebensowenig die Pfarrer von Mickhausen (zwischen Schwabmünchen und Thannhausen), Scherstetten (westlich von Schwabmünchen), Breitenbrunn (nordwestlich von Mindelheim), Untermeitingen (südöstlich von Schwabmünchen) und Loppenhausen (südöstlich von Krumbach), um nur einige zu nennen. Ständige Kunden waren auch das Kloster Heiligkreuz und das Hotel Mohrenköpfle, beide in Augsburg, ferner das Dominikanerkloster in Obermedlingen. Und manches Schulmeisterlein ließ sich das Wild von Hiasl ins Haus liefern, um nicht am Hungertuch zu nagen, so der Lehrer von Blindheim (zwischen Dillingen und Donauwörth).

Der Name des Bayerischen Hiasl war in aller Munde. Die einen begrüßten seine Rebellion gegen die Jagdtyrannei der Feudalherren, vor allem, wenn sie davon profitierten. Die anderen bangten vor den rohen Überfällen jener Männer, die jeden Affront mit beispiellosem Terror beantworteten.

Aber es wurde immer beschwerlicher und riskanter, zur Hiaslbande zu gehören, gerade im Regensommer 1770, wo die Verfolgung zunahm. Vom Nimbus ihres Hauptmanns konnten die Wildschützen nicht leben, er schützte sie auch nicht vor dem Verderben, von den Strapazen nicht zu reden. Hiasls Gewaltmärsche gingen seinen Leuten an die Nieren. Andererseits konnte man sich nur durch äußerste Beweglichkeit der Nachstellungen erwehren. Mobilität war das Gebot der Stunde!

Der erste, der sich von Hiasl trennte, war derjenige, der zuletzt in seine Schar eingetreten war: der sechsundzwanzigjährige blonde, mittelgroße und rundliche Amberger Sepperl, der liederliche Bauernknecht. Der klagte Hiasl sein Leid: er fühle sich krank und elend. Das Herumziehen bei jedem Wetter vertrage er nicht, er wolle sich wieder einen festen Platz suchen. Hiasl legte dem Abschied nichts in den Weg, sonderlich geschätzt hatte den Sepperl keiner. Er warnte ihn nur, etwas gegen ihn zu planen, in einem solchen Fall kenne er keinen Pardon! Ansonsten gab er sich großzügig, er schenkte Port einen Taler, damit er sich kurieren lasse, von einem Bader, der den Wildschützen freundlich gesinnt war. So schied der Amberger Sepperl in Güte von seinem Hauptmann, von der Karwoche bis Pfingsten hatte er ihm mehr schlecht als recht gedient.

Der Bader nahm ihn freundlich auf, als er hörte, daß Hiasl den Sepperl geschickt hatte. Er ließ ihn gleich zur Ader, um die vorgetäuschte Krankheit auszutreiben. Acht Tage lang hielt sich sein Patient bei ihm auf. Als ihm das Geld ausging, verfiel er auf einen Schelmenstreich, über den ganz Schwaben lachte.

Der Amberger Sepperl wußte, daß Hiasl seiner Geliebten, der Kellnerin Franzl von Lamerdingen (nördlich von Buchloe), der bildhübschen Wirtstochter aus Obermeitingen (südöstlich von Schwabmünchen), Geld zum Aufbewahren gegeben hatte. Davon mußte man der Franzl ein paar Taler herauslocken. Port fühlte sich dazu im Recht, schließlich hatte er in Hiasls Diensten Kleider und Schuhe so zerrissen, daß er sich neu ausstatten mußte.

Er ging behutsam zu Werk. Beredt wie er war, gelang es ihm, Franzls Bedenken zu zerstreuen. Sie glaubte schließlich dem Port, daß ihr Hiasl in Kaufbeuren auf das Geld warte, und schrieb dem Geliebten einen Brief. Den gab sie Port, zusammen mit achtzehn Kreuzern Botenlohn. Der Amberger Sepperl erbrach den Brief und las, die Franzl werde am nächsten Sonntag entweder selbst das Geld nach Kaufbeuren bringen oder, falls sie nicht wegkönne, eine Magd schicken. Der Sonnenwirt solle der Treffpunkt sein.

Frohen Mutes kehrte Port zu seinem Bader zurück und verkündete ihm, am nächsten Sonntag werde er genug Geld haben, ein Frauenzimmer trage es ihm nach Kaufbeuren nach. Der Bader solle ihn begleiten, dann werde er sehen, wie er, der Port, zu Geld komme.

So geschah es. In Kaufbeuren angekommen, weihte Port den Bader ein. Der lachte von Herzen über den Possen, der dem Bayerischen Hiasl gespielt wurde. Um die dritte Nachmittagsstunde steckte eine Bauernmagd den Kopf zur Tür der Gaststube herein. Der Amberger Sepperl lächelte ihr galant zu. Sie winkte ihn auf die Gasse. Draußen fragte sie, wo der Hiasl sei, sie dürfe nur ihm das Geld geben. Das sei unmöglich, erklärte Port. Eine kaiserliche Streife habe den Hiasl verwundet, er müsse sich kurieren lassen, beim Bader, der in der Stube sei. Die Magd aber war mißtrauisch. Da fuhr der Sepperl stärkere Geschütze auf. Ob sie den Hiasl im Stich lassen wolle? tönte er. Nichts sei umsonst, doch für ein paar Taler könne der Bader den Hiasl wieder gesund machen. Rücke sie das Geld nicht heraus, treffe sie die Verantwortung, wenn der Hiasl nie wieder zu seiner Franzl komme.

Vor solcher Verantwortung wurde der Dirn angst und bang. Sie zählte dem Amberger Sepperl elf Gulden und achtundvierzig Kreuzer hin. Der bedankte sich für den Hiasl mit einem kräftigen Kuß. Zusammen mit dem Bader freute er sich über die reiche Beute. Als der letzte Kreuzer verbraucht war, verdingte er sich beim Huberwirt in Merching. Hiasl erfuhr alles und beschloß, sich zu rächen.

Vorerst hatte er freilich andere Sorgen. Auch der Studele wollte ihn verlassen, und mit ihm drei weitere Wildschützen: der Tyroler, das Neuhauser Hänsele und Studeles Bruder. Das traf Hiasl hart. Gerade vom Studele, der bis jetzt keine Strapaze und keine Gefahr gescheut hatte, hatte er es am wenigsten erwartet. Der eröffnete ihm nun, die bayerischen

Salzbeamten in Landsberg hätten ihm, dem Studele, geraten, bayerische Landeshuld zu nehmen. Die Beamten waren den Wilderern gewogen, sie erwirkten einen Gnadenakt vom Münchner Hofrat für Justiz und Polizei für jeden Wildschützen, der sich den bayerischen Behörden stelle. Bedingung war nur, nie wieder zu jagen. Dazu waren die vier Wilderer bereit. Sie hatten das ruhe- und friedlose Leben satt, mußten sie doch jeden Tag damit rechnen, erschossen oder wie Raubmörder und Pferdediebe aufgehängt zu werden. Außerdem fühlten sie sich in schlechter Gesellschaft, seit Hiasl Leute wie den rotbärtigen Schneider in seine Schar aufgenommen hatte.

»Dann geht doch!« schrie Hiasl, der zutiefst enttäuscht war. »Für jeden von euch krieg' ich zehn, wenn ich will. Der Peter von Untergermaringen verkauft seinen Hof, um mir zu folgen. Und der Peter von Schraden, der eine reiche Müllerstochter hätte heiraten können, hat ihr meinetwegen den Laufpaß gegeben. Die beiden sind keine Feiglinge wie ihr!« (Schraden ist ein Ortsteil von Hopferau, nordwestlich von Füssen; Untergermaringen liegt nordöstlich von Kaufbeuren).

Der kleine Studele sprang auf Hiasl zu. »Erschieß mich«, brüllte er, »wenn du glaubst, ich geh' aus Feigheit weg! Ich rühr' mich nicht von der Stell', brauchst bloß abzudrücken.«

Hiasl atmete schwer. Nein, ein Feigling war er nicht, der Studele. Der wich nicht zurück, war die Gefahr auch noch so groß. Aber warum wollte er dann weg, jetzt, wo die Rotte wieder wuchs und sie es auch mit stärkeren Streifen aufnehmen konnten?

Studele antwortete ruhig und bedächtig, wie es seine Art war: »Auch die anderen werden stärker. Die Dillinger rücken nicht mehr unter hundert Mann aus. Der verdammte Hasel von Frankenhofen schickt uns Tag und Nacht seine Späher nach. Einmal gehst du ihnen in die Falle, Hiasl, glaub mir!«

Das Recht stünde auf ihrer Seite und damit das Volk, wandte Hiasl ein. Das Wild gehöre allen!

Studele schüttelte den Kopf: »Du kannst hundertmal recht haben, das hilft dir nichts. Und aufs Volk zähl' lieber nicht. Die Leute stehen nur so lang zu dir, wie's dir gutgeht. Wenn's drauf ankommt, kuscht das Volk, wie der Hund vor der Peitsche. Wer die Macht hat, hat das Recht, da kannst du dir den Schädel einrennen!«

Gegen seine Gewohnheit hatte sich der Studele in Aufregung geredet. Nach einer Atempause fuhr er fort: »Vielleicht erleben's noch mal unsere Kinder oder ihre Kinder, daß nicht nur die Herren jagen dürfen. Noch ist's nicht soweit. Noch kommen wir nur mit Gewalt ans Wild. Ob wir's verantworten können, ist die Frag'. Ich muß immer an den Soldaten denken, den der Tyroler weggeputzt hat, auf dem Wertachsteg.« Der Tyroler sagte, obwohl von ihm die Rede war, kein Wort. Er nickte nur schuldbewußt.

Studeles Entschluß stand fest, unerschütterlich; Hiasls Reden war umsonst. Noch am selben Abend zogen die vier ab. Hiasl ließ sie nachdenklich ziehen. Die Ratten verlassen das sinkende Schiff! mochte er gedacht haben. Sein Stern begann zu sinken, unaufhaltsam.

Der Weggang war gefährlich, der Studele und seine Begleiter mußten sich in acht nehmen. Leicht konnte ein schwäbisches Fangkommando über sie herfallen, bevor sie den Lech erreichten. Unterwegs erfuhren sie das Mißgeschick des Waldstetten-Sepperl, der war in einer Schenke seines Heimatortes von den Kaiserlichen geschnappt und nach Günzburg gebracht worden. Daraufhin marschierten sie in der Nacht weiter. Beim Morgengrauen standen sie am Lech. Sie wagten sich auf keine Brücke, es hieß, alle Übergänge seien bewacht. Sie durchschwammen den reißenden Fluß. Erschöpft krochen sie die bayerische Böschung hinauf: Sie waren gerettet! Die bayerische Landeshuld bewahrte sie vor dem Henker.

In Günzburg näherte sich der Prozeß gegen den Deserteur Bartenschlager seinem Ende. Es stand schlecht um ihn, obwohl sein Bruder, der Amtsschreiber von Rettenbach (östlich von Günzburg), und sein Vetter, der Beamte von Welden (nordwestlich von Augsburg), sich für ihn verwendeten. Daß er wilderte, hätte man ihm noch nachgesehen, hatte er doch den Hiasl verraten; er hatte alles ausgeplaudert, was sie über

Der Bayerische Hiasl und seine Bande. Radierung von J. M. Will.
Im Besitz des Germanischen Nationalmuseums, Nürnberg.

Wildschützen.

Joseph Drittel,
Sattler von
Igling.

Johann Georg
Brandmayr,
von Stein-
dorff.

Urbani Lohenherr,
von Franckenhoffen.

Johann Georg
Keller, von
Ingenried,
Bott.

2. welcher bey obiger Gefang.
blosirt worden, diselbe Nacht
Franckenhofen gestorben.

Petry von Neselwang,
tödt.

1.

lich tod gebliebner Wildschüz, beide aber
Buchlo gebracht worden, und nach 10.
Zeit von 21. Tag, einer in Lammendingen
dere in ober Germaringen auf das Rad
gelegt worden.

unweit Friederg, im 19 Jahr.

Andreas Mayr, von Marthausen in Bayrn,

des Bayrischen Messelseut Jung.

ihn wissen wollten. Aber auf Desertieren stand die Todesstrafe, den Kriegsartikel hatten sie ihm wiederholt vorgelesen, und er hatte treu zu dienen geschworen gehabt, wenn auch unter Zwang. So wurde er nur von der Strafe des Henkens zur Strafe der Enthauptung begnadigt, als Hinrichtungstag wurde der 28. August 1770 bestimmt.

Hiasl erfuhr es vom Untervogt von Obermedlingen, der sein Freund war und gern mit ihm zechte. Er empfand es als schweren Schlag. Sein Selbstvertrauen begann zu schwinden. Seit sie in Ulm seine Vernichtung beschlossen hatten, hatte sich seine Schar stark gelichtet. Die einen saßen im Zuchthaus, die anderen wurden gefoltert und warteten auf ihre Hinrichtung, den Heinrich und den Sternbutz hatten sie erschossen. Vier Kameraden verließen ihn gleich auf einmal, und einer trieb mit ihm Schindluder, daß alles lachte. So schwand sein Nimbus. Wenn er wieder glänzen wollte, mußte er durch neue Taten beweisen, daß er es noch immer mit seinen Feinden aufnahm. Die Nachkirchweih von Kellmünz (am rechten Illerufer, südlich von Illertissen, hoch oben auf einem Hügel gelegen), gab ihm dazu Gelegenheit.

Hiasl rückte am Kirchweihmontag, dem 13. August 1770, zwischen elf und zwölf Uhr von Osten gegen Kellmünz vor, aus dem großen Wald von Osterberg. Er tat gut daran, Ulrich, den Kuhhirten der Gemeinde, ins Vertrauen zu ziehen. Ihm erzählte er, er wolle bei der Kirchweih mitfeiern, aber nicht von einer Streife überrascht werden. Bei Gefahr solle ihn der Hirte warnen.

Mit sechs Kameraden und dem großen und einem kleinen Hund zog Hiasl wie ein Triumphator in den Ort ein. Vor dem dort wohnenden Jäger Zech hatten sie so wenig Respekt, daß ihm einer im Vorbeigehen in die Stube rief: »Grüß Gott, Herr Jäger! Habt Ihr Lust, mit uns zu feiern? Dann kommt mit. Aber vergeßt nicht das Gewehr! Mit dem Gewehr tanzt sich's besser!«

Unter den Wildschützen waren ein paar neue: der Silberhiasl, ein Bauernbursch mit weißblondem Haar aus der Memminger Gegend, der Ziegler Sepp, ein notorischer Wilderer aus Osterberg, und einer, der nicht den Mund auftat, um seinen Namen zu nennen. Dafür schoß er die höchste Frucht vom Kirschbaum herunter, was dem Hiasl gefiel. Sie nannten ihn »Lalle«.

Im Wirtshaus Zur Krone ging es hoch her. Musikanten spielten zum Tanz. Alle Tische waren besetzt. Zur Ehre der neuen Gäste räumten die Kellmünzer sofort einen.

Dabei sahen Hiasl und seine Männer nicht gerade festlich aus. Fetzen und Fransen hingen ihnen vom Gewand, man merkte, daß sie landauf, landab von den Streifen gehetzt wurden. Hiasl hatte keinen einzigen Kreuzer in der Tasche, er war auf die Freigebigkeit der Bauern angewiesen. Die ließen sich nicht lumpen, sie empfanden Hiasls Besuch als eine Ehre. Wein wurde in großen Mengen aufgefahren, es wurde immer lustiger. Man trank sich zu, sang und tanzte.

Bis die Tür aufging und der Oberamtmann von Kellmünz eintrat, ein alter, strenger Herr, den die Neugierde ins Wirtshaus trieb. Es begleiteten ihn zwei Leipheimer (Leipheim: westlich von Günzburg), jüdische Kaufleute, die den großen Hecht im schwäbischen Karpfenteich aus nächster Nähe sehen wollten.

Der Silberhiasl tanzte vorbei und warf seinen Kameraden einen warnenden Blick zu. Die fuhren mit ihren Stutzen auf den Tisch und spannten die Hähne. Der Oberamtmann setzte sich wortlos. Hiasl erkundigte sich, ob ihm von dem Alten Gefahr drohe. Aber es hieß, der könne höchstens einen altersschwachen Amtsknecht aufbieten. Da beruhigten sie sich wieder. Es wurde weiter getanzt und geschrien, immer mehr Volk strömte herbei; es hatte sich herumgesprochen, daß Hiasl Nachkirchweih feierte. Vorsorglich gingen aber der Silberhiasl, der Ziegler Sepp und der Stumme mit gespanntem Stutzen hinaus und hielten im und vor dem Haus Wache.

Um die zweite Nachmittagsstunde ertönte das Posthorn. Der Oberamtmann begab sich unauffällig ins Freie. Dort überreichte ihm ein Reitersknecht aus Babenhausen (südöstlich von Illertissen) ein Schreiben des dortigen Kanzlers. In dem Papier stand, eine kurbayerische Streife sei im Anzug. Der Oberamtmann kam aber nicht zum Lesen: Zwei Wildschützen bedrängten ihn so, daß er ins Amtshaus flüchtete.

Der Ziegler Sepp folgte ihm, der Amtsknecht versuchte, ihn daran zu hindern. Er sollte dann dem Zudringlichen sagen, woher der Bote gekommen sei, und wußte es selber nicht. Daraufhin wurde er mit Totschlagen bedroht. Der Oberamtmann verbat sich das, dafür wurde ihm das Gewehr an die Brust gesetzt. Er bewahrte aber völlige Ruhe. Verblüfft durch den Gleichmut des andern ging der Rabiate ins Wirtshaus zurück und blieb seinem Hauptmann die gewünschte Auskunft schuldig. Das brachte diesen in Harnisch. Er fluchte schrecklich gegen seine Feinde und schwor, noch den Grafen Fugger zu erschießen.

Unterdessen strömten immer mehr Menschen zusammen. Alle wollten den Hiasl sehen, möglichst auch noch einen Händedruck mit ihm wechseln. Gar manches Mädchen setzte es sich in den Kopf, ihn zu küssen; das Geheimnis seiner angeblichen Liebeskraft flüsterten sich die Frauen in ganz Schwaben zu.

Kein Wunder, daß die Wirtsstube bald zu eng wurde. Die Musikanten begaben sich ins Freie, und mit ihnen die Gäste. Über dreihundert schwangen das Tanzbein zwischen Kirche und Wirtshaus, daß der Staub aufwirbelte. Die Weinkrüge gingen von Hand zu Hand, die Burschen wirbelten die Mädchen herum, daß die Röcke flogen, und ein vielfacher Jubelschrei hallte in den engen Gassen. Kellmünz feierte wie noch nie.

Hiasl mußte wieder seine Schießkunst zeigen. Wie gehabt, stellte sich der Bub fünfzig Schritte weit weg auf und hielt eine Spielkarte empor. Es krachte, und die Karte hatte ein Loch. Weil er schon beim Schießen war, schoß Hiasl noch einer Henne den Kopf weg.

Plötzlich fand sich, von den meisten unbemerkt, auch Ulrich, der Kuhhirte, ein. Das Herz schlug ihm bis zum Halse, so war er gerannt, er hatte für den Hiasl eine wichtige Nachricht: Eine kurbayerische Streife rücke an, über dreißig Mann, geführt vom Osterberger Amtsknecht Joseph Reisch. In wenigen Minuten könnten sie dasein, berichtete er Hiasl atemlos. Er hatte ihn beiseite gezogen, so daß niemand mitbekam, worum es ging.

Hiasl hörte lächelnd zu. Lächelnd entließ er ihn, ihm drei Sechser (achtzehn Kreuzer) in die Hand drückend, die er kurz zuvor von einem kleinen Bäuerlein geschenkt bekommen hatte. Dann ließ er die Musikanten einen Tusch spielen und trat unter die Tanzenden. Alles schaute auf ihn, als er seinen Hut hochhob und rief: »Kellmünzer, seht ihr meinen Hut? Darin seh' ich, was passiert.« Er senkte ihn und schaute in die Höhlung. »Die kurbayerische Streife kommt, mit dem Osterberger Amtsknecht. Wir empfangen sie, wie sich's gehört«, hallte seine Stimme über den Platz. Zur Bekräftigung reichte ihm der Ziegler Sepp ein Gewehr, das hatte er gerade dem Amtsknecht Reisch abgenommen, den man als Spion vorausgeschickt hatte. »Mit sechs Kugeln ist es geladen«, ereiferte sich der Sepp, »die waren für uns bestimmt. Aber ich hab's ihm gezeigt!«

Alle waren sprachlos. Die einen rissen den Mund auf, die anderen begannen zu klatschen, als sie sich gefaßt hatten. So was hatten sie noch nicht erlebt. Der Hiasl ein Prophet! Er durchschaute seine Feinde, das konnte niemand sonst. Triumphierend schwenkte er das Gewehr und ließ sich bestaunen wie ein Fabelwesen. Das Volk bewunderte ihn auch im Lied:

> *Was soll ich mich auch fürchten,*
> *mei' Kugel trifft ja gut,*
> *und wenn auch d' Streifen kommen,*
> *dies sagt mir z'erst mein Hut.*

> *Und wenn s' mich auch umringen,*
> *die dummen Eselsköpf',*
> *sehn s' mich, den Hund, den Buben,*
> *so laufen s' gleich, die Tröpf'!*

In Kellmünz blieb nicht viel Zeit zum Bewundern. Schon rückten die bayerischen Blauröcke in den Ort ein, Mann hinter Mann. Sie vermuteten die Wildschützen im Wirtshaus und marschierten darauf zu. Ohne Warnung feuerten Hiasl und seine Kameraden auf sie – aus der Menge, die sie wie ein Wall umgab. Die Soldaten waren total überrascht. Zwei von ihnen taumelten, tödlich getroffen, sie stürzten zu Boden; andere waren verwundet, zum Teil schwer. Da erst machten die Angegriffenen kehrt, schossen zurück. Die Menschen stoben auseinander wie Hühner, auf die der Habicht herunterstößt.

Diesmal liefen nicht die anderen, es waren die Wildschützen, die aufs freie Feld rannten. Dort machten sie halt und schossen gegen die nachrückende Streife. Die ließ sich davon nicht abhalten, die Erbitterung der Soldaten war zu groß. Sie verfolgten die Mörder ihrer Kameraden so lange, bis sie zwei Wilderer hatten und gefangennahmen: den Silberhiasl und den Lalle. Die übrigen entkamen in den Wald.

Einen sah der Pfarrer über den Steig beim Pfarrhof in den Illergrund laufen, gefolgt von einem großen Hund. In seiner Not rief der Flüchtige: »Jesus, Maria, Joseph!« Es war der Bayerische Hiasl, der flußaufwärts, gegen Pleß zu, floh.

So endete die Nachkirchweih von Kellmünz. Zwei Tote und viele Verletzte, auch unter den Einheimischen, das war die Bilanz. Dafür zogen die Soldaten die Bevölkerung zur Verantwortung, die mit den Wilderern so ausgelassen gefeiert hatte. Rachedurstig drangen sie in die Häuser ein. Roch einer nach Bier oder Wein, wurde er jämmerlich verprügelt. Es gab ausgeschlagene Zähne, zersplitterte Nasenbeine und gebrochene Rippen. An der Strafexpedition beteiligten sich auch einundvierzig Kaiserliche und siebzig Jäger, die erst nach dem Schußwechsel gekommen waren. Dem Hiasl wollte keiner mehr folgen. Es hätte den sicheren Tod bedeutet für den, der ihm als erster unter die Augen gekommen wäre, und das wußten sie. An diesem Tag wollte keiner mehr sterben.

Hiasl blieb nicht in Pleß, der Ort war ihm nicht sicher genug. Er übernachtete in Fellheim (nördlich von Memmingen), einem Dorf, in dem mehr Juden als Schwaben wohnten. Der Grundherr Baron Reichling von Meldegg gewährte ihnen Schutz. Dafür mußten sie ihrem Patron ständig aus Geldnöten helfen – und galten doch nur als Bürger zweiter Klasse. Zu einem dieser Rechtlosen nahm Hiasl Zuflucht. Simon Leopold Oppenheimer hieß sein Gastgeber, der Rabbiner von Fellheim. Er erschrak, als ihn Hiasl um Asyl bat: mit pulvergeschwärztem Gesicht, blutend und zerfetzt, vom Kampf gezeichnet. Doch nur einen Augenblick lang bedachte er sich, dann bat er Hiasl in den Hausflur. Die ganze Familie kümmerte sich um ihn. Sie versorgten die Wunde am linken Arm, die von einem Streifschuß herrührte, und flickten seine Kleidung. Dann saß er, frisch gewaschen, mit ihnen am gedeckten Tisch; auch dem Hund hatten sie eine Schüssel hingestellt.

Den ganzen Abend war Hiasl wortkarg, der Schreck saß ihm noch in den Gliedern. Er wußte nicht, daß zwei Kameraden der Streife in die Hände gefallen waren. In seinen Gedanken sah er das Blut, das nach dem Wein geflossen war. Die beiden getöteten Soldaten gingen auf sein und des Buben Konto. Er wußte nicht sicher, daß sie tot waren, aber er vermutete es. Schließlich redete er sich ein, sie seien selbst schuld. Warum hatten sie ihn nicht in Ruhe gelassen? Er hatte sie nicht gerufen. Trotzdem kam er von dem Geschehenen nicht los. Das Essen wollte ihm nicht schmecken, als er daran dachte.

Der Rabbiner ahnte, was in seinem Gast vorging. Er erzählte vom eigenen Schicksal und dem seines Volkes. »Euch hetzen die Streifen«, sprach er, »auch unser Volk findet keine Ruhe. Wir werden vertrieben, gepeinigt und getötet. Und wenn sie sich unser erbarmen, dann nur um unseres Geldes willen. Haben wir keins mehr, hetzen sie den Pöbel gegen uns auf. Glaub mir, ich weiß, wie dir zumute ist!« Dann herrschte Stille im Raum. Die Kerzen des siebenarmigen Leuchters warfen ihren Schein auf die Gesichter. Rachel, die jüngere der beiden Töchter des Rabbiners, weinte, als sie in die ruhelos flackernden Augen des erbarmungslos gehetzten Fremden sah.

Zwei Wochen später war die letzte Stunde für den Wildschützen und Deserteur Joseph Bartenschlager gekommen. Fast eineinhalb Jahre hatte er im Gefängnis verbracht, bis zuletzt hatte er auf ein mildes Urteil gehofft. Er mußte sterben, so wollte es das Gesetz. Hingerichtet wurden auch der Waldstetten-Sepperl und der Bayerische Hansel, alle in Günzburg. Durch das Urteil als gemeine Verbrecher gebrandmarkt, lernten die Wildschützen auf ihrem letzten Gang das Volk anders kennen als zu der Zeit, da es mit ihnen gezecht und getanzt hatte. Man spuckte sie an, warf nach ihnen mit faulen Eiern und verhöhnte sie mit den unflätigsten Schimpfworten.

Hiasl wurde nachdenklich, als man ihm davon erzählte. Auch ihm konnte es so ergehen, eines Tages. In Kellmünz hatten sie ihn gefeiert wie einen Messias. Er fragte sich, ob sie noch zu ihm stünden, wenn das Unglück über ihn hereinbräche. Die Antwort konnte er sich ausrechnen: Sie würden ihn fallenlassen! Es war so leicht, sie einzuschüchtern, das Strafgericht der Soldateska hatte es gezeigt. Sie hatten erfahren müssen, daß Hiasl sie nicht verteidigen konnte, er mußte fliehen. Er war nicht der Unbesiegbare, als den er sich so gern hinstellte, er brauchte selbst Hilfe. Also wäre es besser gewesen, man hätte nicht mit ihm gefeiert, dachten die Kellmünzer. Künftig würden sie sich hüten, den Hiasl ihren Freund zu nennen.

Manchmal war Hiasl so zermürbt von den Anstrengungen seines unsteten Lebens, daß er sich am Ende seiner Kraft glaubte. Aber auch seine Feinde verzweifelten an ihren Unternehmungen. Sie fragten sich, ob es ihnen jemals gelingen werde, den schlimmsten aller Wilddiebe zu fangen. Wieder hatten sie einen Sommer lang vergeblich Jagd auf ihn gemacht und ihn durch ganz Ober- und Unterschwaben getrieben. Und jede ihrer zahlreichen Streifen war erfolglos gewesen. Er schien das Glück gepachtet zu haben!

Dafür verfuhren sie mit unnachsichtiger Härte gegen das Volk. Sie erschossen jeden Landmann, den sie auf verbotenen Jagdwegen ertappten, und übergaben jeden Wirt, der gegen das Verbot die Wilderer bewirtete, den Gerichten, die mit strengen Strafen einschritten. Und die Leute sagten sich, an allem sei Hiasl schuld.

Die Bande mochte sich gefragt haben, wie das weitergehen sollte. Sie konnte sich an den Fingern abzählen, daß sie's nicht mehr lang treiben würde. Sie mußte merken, daß die Zeit gegen sie arbeitete, daß nichts mehr zu gewinnen war. Und daß sie den Rückhalt in der Bevölkerung verlor. Dabei war er gerade jetzt wichtig, wo die Verfolgungen drängender wurden, weil die Streifen an Zahl und Größe zunahmen. Es konnte einem angst und bang werden. Jeder Tag bedeutete eine Gefahr. Wen die Kugeln verschonten, auf den warteten Galgen, Schwert und Rad.

Ja, es war gefährlich geworden, dem Bayerischen Hiasl zu helfen und zu folgen. Immer mehr seiner Leute büßten ihr Leben ein: Entweder erschoß man sie auf frischer Tat, oder man richtete sie hin. Das deprimierte Hiasl, er verschloß sich immer mehr. Die Fröhlichkeit seines Gemüts war endgültig dahin. Manchmal wurde er richtig menschenscheu. Er fühlte, das Band zur Gesellschaft der Menschen war zerrissen, er gehörte ihr nicht mehr an. Selbst von seinen Gefährten zog er sich innerlich zurück. Nur dem Buben war er weiter innig zugetan. Der stand an Anhänglichkeit dem Tyras nicht nach.

Trotzdem hatte Hiasl noch immer Anhänger. Viele wollten ihn sehen. Der Fischmeister von Lechbruck (zwischen Füssen und Schongau) machte keinen Hehl daraus, daß er einen Taler springen lassen würde, könnte er dem Bayerischen Hiasl gegenübersitzen. Tatsächlich holte man ihn eines Tages in die Wirtschaft, wo Hiasl mit dem Pfarrer und anderen honorigen Bürgern von Lechbruck zechte. Der Fischer blieb bis tief in die Nacht bei Hiasl. Ohne mit der Wimper zu zucken, bezahlte er dessen stattliche Zeche. Hochbeglückt war auch die Wirtin. Als Hiasl schlafen gehen wollte, nötigte sie ihn, noch bei ihr zu sitzen und ein Glas Wein auf ihr Wohl zu trinken. Sie habe immer versprochen, ihm ein Viertel Wein zu spendieren, jetzt löse sie ihr Versprechen ein.

In Zaisertshofen (nordöstlich von Mindelheim) ließ es sich der Pfarrer nicht nehmen, mit den Wildschützen im Wirtshaus an einem Tisch zu sitzen und mit ihnen auf Freundschaft zu trinken; er bezahlte ihnen sogar die Zeche. Zuerst glaubten sie an eine Falle, sprachen auch den hochwürdigen Herrn darauf an, doch der antwortete ohne Hintergedanken, darüber bräuchten sie sich in Zaisertshofen keine Gedanken zu machen. Hier schaffe er an, er bürge für ihre Sicherheit. Sie könnten, wenn sie wollten, im Pfarrhaus schlafen. Das lehnten sie, bis auf die Haut durchnäßt, ab; sie wollten zu so später Stunde der Pfarrköchin keine Arbeit mehr machen. Punkt zehn verabschiedete sich der Pfarrer, es schicke sich nicht für

ihn, meinte er, länger im Wirtshaus zu bleiben. Die Wildschützen sollten ihm sagen, worauf sie Appetit hätten, das
würde ihnen seine Köchin zum Frühstück bringen. Hiasl
wünschte sich Bayerische Nudeln, die hatte er lang nicht
mehr gegessen. Die Pfarrersköchin stand die halbe Nacht am
Herd, um die ausgezogenen Küchlein im Schmalz herauszu-
backen. Am frühen Morgen kam sie mit einem ganzen Berg in
die Wirtsstube, die Schützen konnten sich satt essen.

Auch in Haupeltshofen (südlich von Krumbach) hatte Hiasl
Freunde. Sie warnten ihn, als er gerade in der Kirche war, vor
einer kurbayerischen Streife, die im Anzug war. Rasch verließ er das Gotteshaus, nahm sich aber noch Zeit für ein Maß
Bier im Wirtshaus. Es gelüstete ihn auch nach einem Käs'.
Daraus wurde aber nichts, weil die Streife schon ins Dorf
einrückte; er mußte sich vertrollen. Die Wirtin vertröstete
ihn auf später: Sobald die Streife weg sei, solle er ihn in Ruhe
essen. Doch die Streife tat ihm nicht den Gefallen, die Soldaten quartierten sich in der Wirtschaft ein. Darum wickelte die
Wirtin ein großes Stück Käse in feuchtes Leinen und schickte
es durch ihr Töchterlein in den Wald. Endlich fand dieses den
Hiasl. »Du sollst'n im Wald essen, hat d'Mutter g'sagt«, zwit-
scherte sie. »Bei uns sind die Soldaten, die schieß'n dich tot.«

Je hartnäckiger die Verfolger ihm auf den Fersen waren,
um so schwieriger wurde es für Hiasl, Pulver zu beschaffen.
Vorbei waren die Zeiten, wo es ihm die Pulvermüller schenkten. Der obere Kramer von Thannhausen verkaufte es nur
mehr gegen viel Geld an die Wildschützen. Als die Krämerin
von Langerringen dem Hiasl eineinhalb Pfund gab, mußte er
auf freiem Feld warten, bis sie es ihm brachte. Gelegentlich
bekam er noch Pulver und Blei beim Kalkbrenner und Ziegler
in Großaitingen (nordöstlich von Schwabmünchen), auch bei
den Pulvermüllern in Memmingen und Leutkirch (südwestlich von Memmingen) klopfte er nicht an verschlossene Türen.

Aber beim Kramer in Krumbach (südöstlich von Ulm) war
plötzlich kein Lot Pulver mehr zu kriegen. Wilderern dürfe er
keines geben, sagte er kurz angebunden und berief sich auf ein
Schreiben. Ihretwegen lasse er sich nicht strafen. Die Aufrufe
und Steckbriefe der Behörden hatten ihn eingeschüchtert.

Schon bald sollte die Zeit kommen, wo man den Hiasl so in die Enge trieb, daß er sich gezwungen sah, Pulver, Blei und Gewehre sich bei seinen Erzfeinden, den Jägern, aus deren Häusern zu holen.

Doch soweit war es noch nicht. Zum Glück hatte der Kramer eine siebzehnjährige Tochter. Hiasl sah sie im Laden, betrat ihn und verlangte mehrere Pfund Pulver. Das Mädchen kannte ihn nicht, es hielt ihn in seinem grünen Rock für einen Jäger. Er gefiel ihr, zumal er sich nett mit ihr unterhielt. Sie wollte ihn über den Bayerischen Hiasl ausfragen, von dem man so viel höre. Hiasl sagte, er spräche lieber von ihr als von dem verrufenen Wildschützen. Beim Abschied gab sie ihm die Hand und fragte errötend, wann er wohl wieder käme. Hiasl war ehrlich genug, offen zu sagen: »Jetzt komm' ich nimmer, Mädel. Du hast mit dem Bayerischen Hiasl gesprochen. Erzähl's nicht deinem Vater! Ade!«

Schnell schloß Hiasl Mädchen und Kinder ins Herz. Einmal begegnete er dem Jäger von Irsee, in einer kleinen Wirtschaft außerhalb Kaufbeurens, als der mit seiner Frau und seinem kleinen Buben im Wirtsgarten saß. Bei Hiasls Anblick fuhr ihm der Schreck in die Glieder, er wußte zur Genüge, wie Hiasl mit den »Grünen« umsprang. Um so unbefangener war des Jägers Kind. Es lief geradewegs zu dem Hirschkalb hin, das Hiasl mit sich führte, seitdem er es verwaist und halbverhungert aufgefunden hatte, und spielte mit ihm. Die Wilderer lachten, dem Jäger wurde leichter ums Herz. Hirschkalb und Kind wollten sich nicht mehr trennen. Hiasl fragte den Buben, ob er das Hirschlein mit nach Hause nehmen wolle. Der fiel ihm überglücklich um den Hals. Hiasl sagte zu den Eltern, ihm liege daran, daß das Tier einen guten Platz bekomme. So schied der Jäger friedlich von den Wilderern. Der Abt des Klosters Irsee, Ämilian Mock, gab zu dem Geschenk seinen Segen. Er meinte, Gott sehe auf das Herz eines Schenkenden, nicht auf seinen Namen.

Andere lernten den Hiasl nicht von dieser Seite kennen. Nicht der Wirt von Ebenhofen (nördlich von Marktoberdorf). Von dem hatte man ihm erzählt, er sei einer Streife behilflich gewesen. Keine Frage, daß Hiasl auf Rache sann. Wutentbrannt suchte er den Wirt auf, traf ihn aber nicht an. So hieb er mit seinem Hirschfänger Tische, Stühle und die Kellertreppe in Stücke, seine Genossen standen ihm getreulich bei. Es gab einen Auflauf, bei dem Krach, den die Wilderer machten. Hiasl vermutete richtig, der Wirt habe sich im Keller versteckt. Er solle schleunigst heraufkommen, schrie Hiasl hinunter, sonst brenne er ihn wie einen Dachs aus und jage ihm eine Kugel in den Leib, sobald er hervorkomme.

Der Wirt wußte, daß Hiasl nicht spaßte. Er kroch hervor und die demolierte Treppe herauf, unter Tränen seine Unschuld beteuernd, hinter ihm sein Bruder, der wohlbeleibte Ortsgeistliche. Beide flehten um Schonung, sie hätten nicht das geringste gegen Hiasl oder seine Kameraden unternommen, schworen sie.

Trotzdem verhieß ihnen Hiasl den Tod, mit angeschlagenem Gewehr. Erst nach vielen Bitten der haufenweise herumstehenden Bauern ließ er von den Verängstigten ab. Wahrscheinlich hatte ihn die große Zahl der Leute zum Nachgeben bewogen. Bei einiger Entschlossenheit hätten sie sich sicher seiner bemächtigen können.

Ein ähnliches Kapitel ist der Überfall auf den Jägersknecht Jakob Schick von Bergheim (südwestlich von Augsburg). Er spielte sich im Wirtshaus von Straßberg (westlich von Bobingen) ab. Erst prügelte Hiasl den Mann mit dem Hirschfänger durch, dann raubte er ihm den Stutzen und das Seitengewehr.

Noch ärger spielten sie dem landvogteiischen Revierjäger Eustach Bitsch mit, in der Nähe von Zusmarshausen (westlich von Augsburg). Am 15. September 1770 fiel er dem Hiasl und seinen vier Kameraden in die Hände. Das war der Tag der Hinrichtung des Waldstetten-Sepperl. Hiasl wußte das, in seiner Erbitterung hätte er jeden Jäger angefallen, der ihm begegnete, selbst den unschuldigsten. Er überraschte den Bitsch, als der gerade eine Hirschkuh ausweidete. Der Jäger versuchte zu entkommen. Hiasl hetzte ihm den Hund nach, unter gräßlichen Flüchen und Drohungen. Der Tyras riß ihn nieder und versetzte ihm gefährliche Bisse. Noch einmal wollte Bitsch fliehen. Diesmal vertraten ihm die Wildschützen den Weg, mit gezogenen Hirschfängern. Hiasl schlug ihn mit der bloßen Faust nieder, die anderen bearbeiteten ihn schrecklich mit ihren Hirschfängern, bis er in seinem Blute schwamm. Er bat mit brechender Stimme, man möge ihn in Frieden sterben lassen.

Da regte sich ein Rest von Menschlichkeit in Hiasl. Es wurde ihm bewußt, was er angerichtet hatte. Ein Mensch verblutete vor ihm – nur weil er einen grünen Rock trug! Hiasl beugte sich zu ihm nieder, streute ihm Schießpulver in die Wunden, um das Blut zu stillen. Er riß das Hemd des Schwerverletzten in Streifen und verband ihn damit. Diesen Dienst mußte der Jäger allerdings mit dem Raub seiner Büchse und seines Hirschfängers bezahlen. Doch er kam mit dem Leben davon. Eine lange Kur stellte ihn wieder her.

Von der Landvogtei Augsburg erging ein scharfer Erlaß. Darin machte sie ihren Untertanen zur Pflicht, alles anzuzeigen, was zur Ergreifung des Bayerischen Hiasl und seiner Spießgesellen führen könne.

Hiasl blieb aber nicht im Bereich der Landvogtei. Er wurde noch schneller, unsteter und unberechenbarer. Sah man ihn den einen Tag in Kaufbeuren, tauchte er am nächsten in der Gegend von Memmingen auf und war am dritten in Leutkirch.

Dort zeigte er sich öffentlich. Er tanzte beim Pflugwirt, als habe er keine Sorgen. Dem sechzehnjährigen Joseph Dettenrieder aus Hörenhausen (westlich von Illertissen), der ihn um Aufnahme in seine Schar bat, klopfte er leutselig auf die Schulter: »Bleib nur bei mir!« Er wollte nicht wissen, was der Dettenrieder konnte, er brauchte jeden Mann. Die Antwort auf eine solche Frage wäre auch kläglich ausgefallen: Der Sechzehnjährige hatte wenig Freude an der Arbeit. Beim Neubauern in Wangen (südwestlich von Leutkirch) hütete er einmal Vieh, dann bettelte er sich durch. Die Magd in der Buxheimer Sägmühle (Buxheim: nordwestlich von Memmingen) hatte Mitleid mit dem Verwahrlosten. Sie riet ihm, es doch beim Bayerischen Hiasl zu versuchen, dort werde er sicher satt.

Der lange Winter und der verregnete Sommer bewirkten eine entsetzliche Mißernte. Die Getreidepreise kletterten in schwindelnde Höhen. Viele verhungerten. Oder die ausgemergelten Körper erlagen selbst harmlosen Krankheiten. Hiasl war für die armen Leute ein Lichtblick. Er ließ für sie billiges Wildbret aushauen, oft nur zu einem oder zwei Kreuzern das Pfund; er nutzte ihre Not nicht aus. Und ein Bettler wie Dettenrieder, der mußte sich beim Hiasl wie im Paradies vorkommen.

Die Not trieb dem Hiasl scharenweise Leute zu, seine Mannschaft wuchs. Aber es waren Desperados, die nichts zu verlieren hatten. Und es waren gefürchtete Raufbolde darunter. Der Geist der Bande wurde dadurch ein anderer: sie wurde wüster und roher.

Da war der Metzgerle, ein vierschrötiger Bursche, der einmal das Metzgerhandwerk in Unterdießen (südwestlich von Landsberg) betrieben, nun aber das Schlachtmesser mit dem Hirschfänger vertauscht hatte. Er war bei jeder Rauferei dabei, mit der Ehrlichkeit hatte er's nicht. Und wenn einer den Hof verkauft, um Wilderer zu werden, wie der große blatternarbige Peter von Untergermaringen, fackelt er nicht lang, wenn ihm das Wildern verleidet werden soll. Darin glich ihm sein Allgäuer Namensvetter, der Zimmermann Peter von Schraden, ein schweigsamer Bursche. Paßte ihm was nicht, drückte er gleich auf den Gewehrhahn. In Wurzach (jetzt Bad Wurzach: nordwestlich von Leutkirch) war der Braugeselle Anton Hois zu Hiasl gestoßen. Sie nannten ihn Bräu Toni, und wenn einer sich mit ihm anlegte, stemmte er ihn wie ein Bierfaß in die Höhe. Dann war da noch der Gärtner von Wertingen, der hatte es satt, gelbe Rüben und Kohl zu ziehen. Er half lieber dem Hiasl, Kugeln zu gießen und sie lästigen Mitmenschen ins Fleisch zu jagen. Ein Schreiner unbekannter Herkunft lief als Gschodhans mit. Zusammen mit dem Buben, dem Schweizerle, dem roten Schneider von Schlipsheim und Dettenrieder gebot Hiasl jetzt über zehn Mann.

Es gab jetzt oft Streit, immer wieder mußte Hiasl schlichten; die Gegensätze waren zu groß. Einmal gerieten sich der Peter von Schraden und der Metzgerle wegen einer Pfanne Eierhaber in die Haare. Der Peter ging gleich mit dem Gewehr auf den Metzgerle los. Nur weil Hiasl dazwischentrat, konnte Unheil verhindert werden. Den Eierhaber bekam der große Hund.

Hiasl hatte schon Scherereien mit seinen Leuten. Andrerseits konnte er mit einer solchen Schar wieder von sich reden machen. Er wollte seinen Gegnern beweisen, daß weiterhin mit ihm zu rechnen war. Er erkundigte sich überall, wer zu seinen Feinden zähle. Und wieder wurde seine Leichtgläubigkeit mißbraucht.

Ein Bauer, der nicht gern Zoll bezahlte und deswegen schon öfter vom Zöllner Johann Hildebrand des Zollamtes Unterkirchberg bestraft worden war, stellte den dem Hiasl als dessen heftigsten Gegner hin. Alle Zollpflichtigen fragte er nach ihm aus, um die Streifen informieren zu können.

Hiasl stattete ihm ohne Umstände einen Besuch ab. Mit sieben Kameraden drang er in des Zöllners Wohnung, holte ihn mit Gewalt heraus und ließ ihn durch den Hund zu Boden werfen und jämmerlich zerfleischen. Hildebrand konnte sich eine solche Behandlung nicht erklären. Er jammerte und schrie: »Laßt mich, um Christi Blut willen, ich hab euch doch nichts getan!« Trotzdem wurde er noch mit Hieben und Kolbenstößen so mißhandelt, daß er wie tot liegenblieb.

»Gegen Ohnmacht ist kaltes Wasser gut!« höhnte Hiasl, schlang einen Strick um Hildebrands Füße und schleifte ihn auf die Illerbrücke. Er wollte den Bewußtlosen in den Fluß werfen. Der Bub hielt Hiasl davon ab; es war nicht Mitleid, sondern Vorsicht. Das würde zu großes Aufsehen erregen, gab er zu bedenken, und harte Reaktionen bewirken. So ließen sie ihr Opfer liegen und zogen ab.

Nicht viel anders erging 's dem landvogteiischen Streifer Bernhard Merk. Die Bande fiel beim sogenannten Spitalschneider in Leutkirch über ihn her. Sie mißhandelten ihn erbärmlich.

In der gleichen Gegend, im Gräflich-Zeil-Wurzachischen Grenzgebiet von Württemberg, hatten sie es auch auf den Joseph Gallosch abgesehen, der Bauer in Rieden war, einem Weiler der Gemeinde Aichstetten (nordöstlich von Leutkirch). Er stand im Verdacht, der Augsburgischen Regierung angetragen zu haben, ihr den Hiasl tot oder lebendig auszuliefern. Glücklicherweise war er nicht zu Haus, als man bei ihm vorsprach. Dafür zerschlug Hiasl Fenster, Mobiliar und Gerät und ängstigte die Bäuerin und den alten Vater mit Todesdrohungen.

Die dritte Tat in dieser Gegend richtete sich gegen den Reichsgräflich-Wurzachischen Jäger Anton Werz, der im Weiler St. Johann (Gemeinde Aitrach, nordöstlich von Leutkirch) wohnte. Hiasl hatte einen Hirsch angeschossen und ihn trotz langen Suchens nicht mehr gefunden. Man verriet ihm, der Jäger habe den Hirsch mitgenommen und in sein Haus gebracht. Für Hiasl war das Diebstahl, den er ahnden mußte. Er überfiel das Haus des Werz, darin war nur ein alter Knecht. Hiasl ließ alle Winkel durchsuchen, fand aber den Hirsch nicht; der Jäger hatte ihn schon abgeliefert. Um sich zu entschädigen, nahm Hiasl einen Stutzen, eine Flinte, Handschuhe und einen Schrotbeutel mit, außerdem einen Schweißhund. Mit Kreide schrieb er an die Tür, er werde den Wilddieb gelegentlich totschießen.

Durch diese Taten bekam Hiasl wieder Ärger: Die Streifen mehrten sich, er hatte zu tun, sich ihnen zu entziehen. Seine Gegner überlegten hin und her, wie sie ihn endlich zur Strecke bringen könnten.

Einen verwegenen Plan heckte Bürgermeister Gallatsch aus dem bereits genannten Rieden aus. Weil aus der Gegend, hatte er die letzten Überfälle hautnah miterlebt und wollte das Seine zum Kampf gegen Hiasl beitragen. Er hatte die glorreiche Idee, ein Pulverfaß unter dem Eingang des Riedener Wirtshauses zu vergraben und die Ladung just in dem Augenblick hochgehen zu lassen, wo Hiasl die Schwelle überschreiten würde. Der Wirt schlug die Hände über dem Kopf zusammen, als er davon hörte. Er befürchtete, daß dann auch sein Haus in die Luft flöge. Außerdem fand er, der Aufwand sei ein bißchen groß, um einen einzigen Menschen auszuschalten.

Bürgermeister Gallatsch kam glimpflich davon. Obwohl der Wirt von Rieden, der Hiasl freundlich bewirtete, den Attentatsplan verschwieg, erfuhr Hiasl davon; der Bürgermeister hatte damit geprahlt. Es versteht sich, daß Hiasl auf Rache sann! Mit dem Metzgerle und dem Dettenrieder kreuzte er im Hause des Bürgermeisters auf. Zu seinem Glück arbeitete der gerade auf dem Acker, sonst wären ihm nicht nur die Fenster zertrümmert und der Kachelofen eingestoßen worden. Der Dettenrieder zerschlug auch noch einen Milchtopf, so daß die Milch nach allen Seiten auslief.

Am Abend leistete der Bürgermeister Genugtuung: Reumütig transportierte er mit seinem Fuhrwerk einen kleinen Hirsch und eine Hirschkuh zum Lammwirt nach Leutkirch. Den Erlös, zweiundzwanzig Gulden, brachte er brav dem Hiasl nach Rieden ins Wirtshaus. Er hatte eingesehen, daß Hiasl der Stärkere war, und sich gefügt; er wollte es sich mit ihm nicht verderben.

Bei einem Streifzug, den die Wilderer von Rieden aus unternahmen, stießen sie in der Nähe von Tannheim (westlich von Memmingen) auf einen Gefangenentransport. Jäger und Amtsknechte eskortierten drei Gefangene auf dem Weg ins Zuchthaus. Einer hatte seine Mutter mißhandelt, die beiden anderen waren als Münzfälscher überführt worden. Plötzlich trat Hiasl mit seinen Leuten dem Zug in den Weg. Die Wächter erstarrten vor Schreck, gegen die zahlenmäßig überlegene Bande hatten sie keine Chance. Sie verlegten sich aufs Bitten, sagten, Hiasl solle ihnen doch die Gefangenen lassen, schließlich täten sie nur ihre Pflicht. Außerdem hätten sie keinem Wildschützen was getan.

Hiasl wollte allein mit den Gefangenen sprechen. Die Wächter traten beiseite. Doch die Gefangenen sagten, sie säßen lieber ihre Strafe im Zuchthaus ab, dort sei ihnen das Leben sicher. Würden sie befreit, riskierten sie, bei der Verfolgung erschossen zu werden. Das schreckte sie mehr als die Strafe.

Hiasl war maßlos enttäuscht. Er verstand nicht, daß es Menschen gab, die den Tod mehr fürchteten als ein Leben in Schmach. Erschüttert wandte er sich ab. Am liebsten hätte er aufgeheult vor Scham. Dabei sollte es nur mehr ein Vierteljahr dauern, bis er selbst seine Freiheit opferte, nur um das nackte Leben zu retten.

Noch trotzte er allerdings seinen Feinden. Die kaiserliche Streife, die ihn in Leutkirch überfiel, dreihundert Mann stark, hatte es mit einem hartnäckigen und unerschrockenen Gegner zu tun. Wenn sie ihm auch einen Mann wegfingen und drei Kameraden verwundeten, gelang es ihrer Übermacht doch nicht, ihn selbst und seine kleine Schar unschädlich zu machen. Sie hatten die Nacht zum Überfall ausgewählt, aber Hiasl, der mit den Seinen beim Lammwirt übernachtete, wurde gerade noch rechtzeitig durch einen angesehenen Leutkircher Bürger gewarnt. So konnte er trotz des Schußwechsels in der Dunkelheit entkommen.

Kummer bereitete ihm, daß die kaiserlichen Kugeln auch seinen geliebten Buben trafen. Während der Schweizerle und der Gschodhans nur leicht verletzt wurden, zerschoß man dem Buben das linke und rechte Knie. Drei Stunden mußte er unter rasenden Schmerzen getragen werden, bis der Bader von Maria Steinbach (nordöstlich von Leutkirch) fachmännische Hilfe leistete. Hiasl hatte das Blut mit Pulver gestillt, der Bader wusch die Wunden mit heißem Essig aus. In der Sölde des Schwäbischen Hiasl am unteren Hart von Memmingen (südwestlich davon) kurierte dann der Blessierte selbst an sich herum. Sechs Wochen lang blieb er seinem Meister fern, der ihn sehr vermißte.

In der Zwischenzeit war Hiasl nicht untätig. Die Streifen mehrten sich wieder, und Hiasl reagierte auf seine Weise. Er statuierte erneut Exempel, seine Feinde sollten nicht glauben, er lasse ihre Unternehmungen ungestraft hingehen. Und er wechselte laufend das Revier.

Seine nächsten Opfer waren Mathias Geyer, der Sohn des Jägers von Waldberg, und Zenno Berger, der Jägersjunge von Wildenroth (südwestlich von Fürstenfeldbruck); beiden begegnete er jeweils im Wald. Man fiel sie an, peinigte und bedrohte sie, schließlich beraubte man sie noch ihres Gewehres und Hirschfängers.

In Wildenroth war dem dortigen Überreiter das gleiche zugedacht. Doch die Bande, sieben Mann hoch und mit drei Hunden, traf ihn zu Hause nicht an. Dafür raubten sie ihn aus und ängstigten seine Mutter fast zu Tode.

Dann waren drei Soldaten des Hochfürstlich-Augsburgischen Kontingents an der Reihe. Hiasl zog mit drei Gesellen und zwei Hunden durch die Lande. Er entdeckte die Uniformierten in der Nähe von Untermeitingen auf dem Lechfeld. Sie waren bei der Feldarbeit, darum hatten sie kein Gewehr. Es genügte aber schon ihre Uniform, um Hiasl zu reizen. Man ging auf die Soldaten los und mißhandelte sie grausam. Der Tyras richtete einen Soldaten so erbärmlich zu, daß er acht gefährliche Bißwunden erhielt.

Kurz darauf jagten sie im Kaufbeurer Gebiet. Eines Abends suchten sie das Wirtshaus in dem nördlich von Kaufbeuren gelegenen Ingenried auf. Darin saß ein Pfälzer Krämer namens Jakob Löffler, zu seinen Füßen lag ein mittelgroßer, brauner Hund. Der knurrte böse, als Hiasl mit dem Tyras hereinkam, dahinter seine Kameraden.

»Still, Hassan!« rief der Krämer. »Er ist wachsam und kräftig, mein Hund«, wandte er sich an Hiasl. »Es wäre gut, wenn Ihr Euer Kalb von ihm fernhalten würdet.« Hiasl fand das beleidigend. »Das möcht' ich doch sehen, welcher Hund stärker ist!« brauste er auf. »Faß, Tyras!« rief er. »Pack ihn, Hassan!« darauf der Krämer. Wildes Knurren und Bellen, die Rüden stürzten aufeinander los. Wütend umkreisten sie einander, jeder beim andern eine Blöße suchend, und schnappten zu. Erfolg damit hatte aber nur Hassan, Tyras' mächtiges Gebiß dagegen klappte jedesmal leer zu, weil Hassan blitzschnell auswich. Der Tyras, obwohl größer und massiger, war an Schnelligkeit und Gewandtheit dem Krämerhund nicht gewachsen. Nach wenigen Minuten war er übel zugerichtet, winselnd kroch er zu seinem Herrn.

Die Gäste lachten und spotteten, Hiasl war außer sich vor Wut. Ihm mußte das passieren! Sein Hund, der gefürchtete, schmählich besiegt, von einem Bastard! Wie stand er jetzt vor den Leuten da? Das konnte er nicht hinnehmen! Er sprang auf, zog seinen Hirschfänger und ging auf Hassan los. Mit voller Wucht schlug er die Waffe auf den Rücken des Tieres, daß es kläglich aufheulend zusammenbrach. Mit einem Blick grenzenlosen Jammers sah das sterbende Geschöpf zu seinem Herrn auf, der ihm nicht helfen konnte: Der Schweizerle hatte auf ihn angelegt. Weil der Wirt an das Gewehr schlug, ging der Schuß in die Decke.

Es entstand eine Rauferei, der Krämer wurde erheblich verletzt, Hiasl hatte ihn niedergeschlagen. Der Schweizerle tobte wie ein Irrer. Wüst fluchend schrie er den Tyras an, er solle nicht herumstehen wie ein Schaf, sondern dem Wirt einen Fleischfetzen aus dem Hintern reißen. Da stürzte sich das Tier zähnefletschend auf den Schweizerle selbst. In seiner Angst schlug der Angefallene mit dem Gewehrkolben gegen den Hund. Das erzürnte Hiasl noch mehr. Er befahl dem Hund, nun erst recht anzupacken.

Das riesige Tier schleifte den Schweizerle durch die Wirtsstube und zur Tür hinaus, wie einen wundgerissenen Hasen. Der Blessierte sprang auf, wollte weglaufen. Hiasl schrie: »Halt, oder ich erschieß' dich!« Der Schweizerle wußte, Hiasl meinte es ernst, er hielt inne. So mußte er sich gefallen lassen, daß ihm der Hund noch einmal seine Zähne ins Fleisch schlug. Da erst ließ ihn Hiasl laufen. Er brüllte ihn an, er brauche keinen Kameraden wie ihn, er solle sich zum Teufel scheren.

Zitternd schlich sich der Schweizerle davon, nur mehr ein Häuflein Elend. Anderntags wurde er in Obergünzburg (westlich von Kaufbeuren) von zwei Jägern gefangen und nach Kempten gebracht. Dort machte man ihm den Prozeß.

Auch für Hiasl endete die Episode in Ingenried unheilvoll. Der Sattler brach die Kramerbutte auf und nahm daraus silberne Schuhschnallen, Gewürze, Bratwürste, Zunder, Feuersteine und Lebzelten an sich. Als die Frau des Krämers Hiasl auf den Knien bat, ihnen doch nicht alles zu nehmen, erhielten sie die Butte zurück, freilich ohne das daraus Entnommene.

Der Vorfall war Wasser auf die Mühlen seiner Feinde. Die sahen es nun als erwiesen an, daß sich Hiasl nicht mehr mit dem Wildern begnügte. Er bestahl und beraubte also auch Leute, die ihm nichts getan hatten. Und es sollte nicht bei diesem einen Mal bleiben. Er hielt Wildern und Rauben nicht mehr auseinander. Er sank immer tiefer.

Nachdem die Bande von Ingenried abgezogen war, kam sie auf einen Bauernhof. Man bewirtete sie mit Milch, Rahm und

Brot. Als die Bäuerin für sie Küchlein backte, sah der Metzgerle über die Ofenstange Strümpfe hängen. Er steckte sie ein, ohne erst lang zu fragen. Und in Bernbeuren (südwestlich von Schongau am Lech) nahmen der Metzgerle und der Allgäuer Peter (aus Schraden) der Wirtstochter, die für sie Schnaps, Bier und Brot auftrug, zwei Paar gute Schuhe weg und stellten dafür zerrissene hin. Zwei Paar Strümpfe ließen sie in der Waidtasche verschwinden. Bei einem anderen Wirt, oberhalb Landsberg, gelang dem Metzgerle sogar das Kunststück, den Braten aus dem Rohr zu stehlen, ohne daß die Köchin es merkte. Und Hiasl duldete alles. Den Grundsatz, ein ehrlicher Wildschütz sein zu wollen, hatte er über Bord geworfen. Er erleichterte seinen Schicksalsballon, der nicht mehr steigen wollte, um moralischen Ballast.

Dem Prinzip, seine Feinde einzuschüchtern, blieb er dagegen treu. Und Feinde waren für ihn alle, die einen grünen Rock oder die Soldatenuniform trugen. Da fragte er nicht, ob sie ihm was getan hatten. Davon ließ er sich nicht abbringen, da mußten sie ihn schon umbringen:

> *Und kommt die letzte Stunde,*
> *und mach' i d'Augen zu,*
> *Soldaten, Scherg'n und Jaga,*
> *erst dann habt's vor mir Ruh!*

Zwei Tage nach dem Vorfall in Ingenried zog Hiasl mit seinem Anhang über das Lechfeld. Abseits der Hauptstraße kehrten sie in einem kleinen Dorfwirtshaus ein. Der Zufall wollte es, daß darin ein kaiserlicher Werbesoldat vor seinem Krug saß. Seine Uniform war für Hiasl ein rotes Tuch. Haßerfüllt schlug er dem Mann mit dem Schlagring ins Gesicht. »Faß, Tyras, faß!« schrie er.

Da geschah etwas Merkwürdiges, was Hiasl höchst nachdenklich stimmte: Tyras verweigerte den Gehorsam. Er legte sich auf den Boden und preßte die geschlossenen Kiefer auf die großen, schweren Pfoten. Hiasl packte ihn am Halsband, wollte ihn hochreißen. Aber der Hund wies seinem eigenen Herrn die Zähne.

Der Werber lief davon. Hiasl ihm nach. Er holte ihn ein. Er ergriff seine Hand, hielt sie fest und sah ihn an, mit Tränen in den Augen. Er werde nicht gehen, sagte er, bis der andere ihm sein schändliches Betragen verziehen habe. Sein Hund habe ihn überzeugt, daß er nichts Böses gegen ihn, den Verfolgten und so oft Verratenen, im Sinn gehabt habe. Halb bettelnd, halb mit Gewalt, brachte Hiasl den noch Mißtrauischen in die Wirtschaft zurück. Er bewirtete ihn und gab keine Ruhe, bis sie auf gute Freundschaft angestoßen hatten.

Das waren lichte Augenblicke der Besinnung, die es bei Hiasl immer wieder gab. Lang hielt die Einsicht nicht an. Nur so ist das Intermezzo mit zwei Irseeischen Soldaten zu erklären, die er wenig später im Wirtshaus zu Ketterschwang (südlich von Buchloe) antraf. Mit seinem Gefolge von zwölf Mann war er ihnen haushoch überlegen. Er verprügelte sie höchstpersönlich, er konnte nun einmal Soldaten nicht leiden. Dann schnitt er ihnen noch die Zöpfe ab, was sie entehrte.

Er ließ sich bedenkenlos von seinen Gefühlen leiten, machte sich nicht die Mühe zu prüfen. Was ihm sein Gefühl sagte, war für ihn Recht. Die anderen hatten das zu respektieren.

Eines Abends pirschte Hiasl mit vier Kameraden in einem Wald bei Buchloe. Sie hörten Schüsse, gingen ihnen nach und stellten die Schützen. »Wer seid ihr?« fuhr Hiasl sie an. »Schreiber vom Pflegamt Buchloe«, sagten sie, Joseph Egger und Anton Spiri hießen sie. »Was? Schreiber? Ihr sollt an eurem Schreibtisch sitzenbleiben, dort könnt ihr Böcke schießen, soviel ihr wollt. Aber in meinem Wald soll euch der Teufel holen! Ihr müßt sterben. Metzgerle, du schießt dem mit dem Backenbart die Nase weg! Und du Sattler, kannst den andern aufhängen!«

Die Schreiber erbleichten. Sie stürzten auf die Knie und baten um ihr Leben, demütig zogen sie die Hüte. Das stimmte Hiasl gnädig, er sah es gern, wenn man ihm Referenz erwies. »Gut!« sagte er großmütig. »Ich schenk' euch das Leben. Und ihr schenkt mir dafür eure Flinten, Hirschfänger und Kuppeln (so nannte man die Schrotkörner). Aber laßt euch nie wieder auf der Jagd erwischen, ihr Federfuchser, sonst geht's euch an den Kragen!«

Die Schreiber waren erleichtert, sie hatten noch einmal Glück gehabt. Das hatte auch eine Dillinger Streife. Als Hiasl an einem nebligen Herbstabend in der Wirtschaft von Denklingen (zwischen Schongau und Landsberg) einkehrte, sah er sich ihr plötzlich gegenüber. Darüber erschraken die Soldaten mehr als die Wilderer. Beide Seiten waren gleich stark, keine eröffnete den Kampf. Es blieb beim Waffenstillstand. Der Wirt ließ sofort seine Frau Fleisch und Brot auftragen, er selbst schenkte eigenhändig den Wildschützen Wein ein; für Hiasl hatte er einen köstlichen Tropfen. Die Soldaten schauten ängstlich zu und wagten kaum zu sprechen, sie nippten nur an ihrem Bier. Sie hätten viel darum gegeben, jetzt in ihrer Kaserne zu sein.

Als Hiasl das vierte Glas Wein geleert hatte, erwachte in ihm der Ingrimm. Schließlich waren die Soldaten nur nach Denklingen gekommen, um ihn auszuheben, dessen war er sich sicher. Er fragte sie, ob sie mit ihm das gleiche vorhätten wie seinerzeit mit dem Bartenschlager, den sie gefangen hätten. Die Angesprochenen ließen sich aber nicht provozieren, sie hüteten sich zu antworten und sahen nur stumm auf ihre Gläser. Ihr Schweigen reizte Hiasl erst recht. Er griff nach seinem Stutzen und drohte den Soldaten mit Erschießen. Die Wirtsleute liefen aufgeregt hin und her. Den Soldaten redeten sie zu, das Wort eines Betrunkenen nicht auf die Goldwaage zu legen, und dem Hiasl versprachen sie alle Leckerbissen, wenn er die Wirtsstube nicht in ein Schlachtfeld verwandele.

Aber der brüllte auf: »Denen zeig' ich's, ob sie's mit mir auch so machen können wie mit dem Bartenschlager. Ich schieß' ihnen die Köpf' weg. Aus'm Weg, Wirt, sonst kriegst die erste Kugel in dei' Wampen!«

Der Wirtin kam der rettende Gedanke. Sie umschlang Hiasls Hals mit ihren weichen Armen und flüsterte ihm ins Ohr: »Was regst dich denn so auf, über solche Hanswurste? Das bringt dir keinen Ruhm, die zu erschießen. Die haben ja Angst vor dir, ärger wie kleine Kinder. Siehst es nicht?«

Hiasls zornentbranntes Gesicht entspannte sich. Die Wirtin brachte ihn auf eine Idee. Mit einem Satz war er am Tisch der Dillinger und machte eine Handbewegung, mit der man Spatzen verscheucht. »Auf, ins Bett! Ich zähl' bis drei. Wer dann nicht verschwunden ist, dem schieß' ich aufs Steißbein, daß er sich nie mehr hinlegen kann. Eins, zwei,...!«

Er brauchte nicht auszuzählen, die Soldaten waren schon weg, samt ihrem Feldwebel. Die Wildschützen brachen in schallendes Gelächter aus und zechten weiter. Der Rest des Abends verlief friedlich. Schließlich erinnerte Hiasl die Gefährten daran, daß sie noch in der Nacht mit der Fähre über den Lech setzen wollten, nach Bayern. Der Wirt war froh, seine gefährlichen Gäste loszuwerden. Er berechnete ihnen nur einen Gulden, das sei ein Freundschaftspreis, sagte er. Sie hatten ein Vielfaches davon verzehrt.

Bei der Fähre verspürten sie neuen Durst. Da dort ein Wirtshaus stand, in dem Burschen und Mädchen tanzten, vergaßen sie den Lechübergang. Sie kehrten ein und tanzten mit. Der Wirt versprach ihnen noch Bratwürste zum Frühstück. So fuhren sie erst am Morgen über den Lech.

Hiasl zog es heim nach Kissing. Lange hatte er seine Monika und seinen Sohn nicht mehr gesehen, der nun schon fünf war. Und seinen Vater und die Geschwister. Auch die Gefährten seiner Jugend wollte er wieder treffen, die nie von zu Hause weggekommen waren und ehrlich und friedlich daheim ihr Brot verdienten.

Seit er das letzte Mal in Kissing gewesen war, war er nicht glücklicher geworden. Ruhelos irrte er umher, nirgends konnte er bleiben. Wochenlang kamen er und seine Leute nicht mehr aus den Kleidern. Wie Pilze schossen die Streifen aus dem Boden.

Hunger brauchte er freilich nicht zu leiden, wie so viele andere, die nach der Mißernte kaum mehr etwas zu essen hatten. Und er war auch nicht allein, immer noch folgten ihm genügend Burschen und Männer. Doch sie hatten nicht mehr sein Vertrauen, er weihte sie nicht in seine Pläne und Geheimnisse ein: aus Angst, sie könnten ihn verraten. Nur eine Ausnahme gab es: den Buben. Um so schmerzlicher empfand er die Trennung von ihm, die die Verwundung durch die Kaiserlichen erzwungen hatte.

Er sah in der Ferne die Umrisse seiner Heimat. Dort war die Stätte seiner Kindheit, war er aufgewachsen. Dort wäre sein Zuhause, hätten ihn nicht widrige Umstände vertrieben. In diesem kleinen Dorf wuchs sein Sohn heran, sein eigenes Fleisch und Blut. Was mochte der einmal von seinem Vater denken, wenn er groß geworden war?

Hiasl beschleunigte seine Schritte. Graue November-schleier lagen über der Landschaft, welkes Laub säumte den Weg, Krähen flogen über der Lechniederung, wirr und kräch-zend; bald konnte es schneien.

Dem Allgäuer Peter fiel ein Mann auf, der vor ihnen ging. Er war in Eile, es sah aus, als liefe er vor ihnen davon. Das kam Hiasl verdächtig vor. Zwar sah die Person wie ein land-fahrender Krämer aus, es konnte aber auch ein Spion sein, der sich mit einer Krämerbutte tarnte, solche gab es mehr als genug. Hiasl wußte, daß man ihn nicht mehr aus den Augen ließ.

Sie versuchten sich dem Verdächtigen zu nähern: verge-bens, der ging nur um so schneller. Hiasl rief ihn an, da begann der Mann zu rennen. Nun befahl Hiasl, den Tyras loszulassen. Peter löste den Griff vom Strick, und der Hund schoß mit großen Sprüngen dem Fremden nach. Der wollte sich in ein Gehöft retten.

Noch vorher sprang ihn der Hund an und riß ihn nieder. Die Butte fiel zu Boden und öffnete sich: Geld und Kramertand lagen auf der Straße. Der Hund zog den Mann, der sich nicht zu bewegen wagte, hin und her, bis Hiasl das Tier zurückrief. Seine Kameraden stürzten sich auf das Geld, doch Hiasl befahl, es zurückzugeben. Weinend dankte der Eigentümer ihm, er war wohl ein dutzendmal gebissen worden. Nun war Hiasl überzeugt, daß er von dem Mann nichts zu befürchten hatte. Er gab ihm den Rat, sich beim Bader in Kissing behan-deln zu lassen. Für die Kosten müsse er selber aufkommen, schließlich sei er trotz Anruf nicht stehengeblieben.

Die Nachricht von Hiasls Ankunft verbreitete sich in Kis-sing wie ein Lauffeuer. Seine zwölf Begleiter begaben sich gleich ins Wirtshaus. Er selbst stieg den Kirchberg hinauf zum Friedhof. Er ging zum Grab seiner Mutter; man hatte es zu Allerseelen geschmückt. Er murmelte ein Vaterunser für sie. Doch er betete es nicht zu Ende, die Worte: »wie auch wir vergeben unseren Schuldigern« brachte er nicht über die Lippen. Seinen Feinden sollte er verzeihen, daß sie seine Kameraden totschossen, henkten und köpften, nur weil sie sich auf ein Recht beriefen, das die hohen Herren dem Volk genommen hatten? Er konnte es nicht und wollte auch nicht!

In Gedanken versunken, bemerkte er nicht, daß noch jemand auf dem Friedhof war: sein Vater. Man hatte ihm erzählt, wohin Hiasl gegangen war. Als der Schritte hörte, griff er nach seinem Gewehr und drehte sich hastig um. »Du bist's!« sagte er erleichtert. Er freute sich über das Wiedersehen.

Doch der Vater überhäufte ihn mit Vorwürfen. »Ich sag' dir's ins G'sicht: Als Wildschütz hast ang'fangen und als Lump hörst auf! Überall erzählen s', wie ihr in Ingenried den Kramer ausg'raubt habt. Und seinem Hund hast das Kreuz abg'schlagen! Meinst du, das war eine Heldentat? In den Wirtshäusern stehlt und sauft ihr herum! Du machst mir Schand'! Und schuld sind die Halunken, mit denen du dich rumtreibst. Trenn dich von ihnen, sonst gehst mit ihnen z'grund'!«

Hiasl schwieg lange. Er wußte, wie recht sein Vater hatte. Er hatte selbst nicht geglaubt, daß es mit ihm so weit kommen werde. Mit seinen Kameraden konnte er keinen Staat mehr machen; früher hatte er Langfinger und Trunkenbolde nicht geduldet. Aber was zählte das schon, wenn's ans Leben ging? Hauptsache, es konnte einer schießen und schreckte vor der Gefahr nicht zurück.

Trotzig sagte er schließlich: »Soll ich mich umbringen lassen? Ich brauch' meine Leut', um mich zu wehren. Wer zu mir hält, ist mein Kamerad. Was er sonst tut, ist mir gleich!«

»Und was tust selber? Hetzt den Hund auf ehrliche Leut'. Einer ist zum Bader 'kommen, übel zug'richt', und du zahlst ihm keinen Kreuzer!«

»Kann einen nicht mal der Zorn packen? Unrecht gibt's überall! Was soll ich denn machen? Mich selbst am Galgen aufknüpfen, damit die anderen keine Arbeit haben?«

Tränen traten in die Augen des Vaters. Er nahm noch einen Anlauf: »Du kommst deinen Feinden nicht aus, glaub mir's, es sind zu viele! Bleib in Bayern, Hiasl, nimm Landeshuld an wie der Studele und die anderen. Die leben in Sicherheit, und keiner trägt ihnen was nach. Werd' ein rechtschaffener Mensch!«

Hiasl lachte höhnisch auf: »In Kellmünz hab ich g'sehen, was die Kurbayerischen von mir wollen. Da werden s' mich jetzt begnadigen! Das glaubst nur du!«

»Doch, Hiasl, doch!« sagte der Alte. »Du hast Freunde in Bayern. Die Landsberger Beamten, unser Pfarrer und unser Vetter, der Medizinalrat, die setzen sich für dich ein. Der Freiungsbrief soll schon geschrieben sein, er braucht nur noch die Unterschrift, heißt's, dann kannst du neu anfangen!«

Für Hiasl war das Schwindel. Damit konnte man einen Greis hinters Licht führen, aber nicht ihn. »Du läßt dir was vormachen«, erwiderte er. »Ich soll meinen Stutzen wegwerfen, damit ich ein Hund bin ohne Zähn', dann können s' mit mir machen, was s' wollen. Da täuschen sie sich! Mich legen s' nicht rein, mich nicht! Denen werd' ich's noch zeigen!«

Das war sein letztes Wort. Mit schnellen Schritten ging er davon. Sie verstanden ihn nicht mehr. Nicht einmal daheim verstanden sie ihn noch. Seine Schwester Regina, die ihn über alles liebte, hatte ihn ein »menschliches Ungeheuer« genannt! Was sollte ihn hier noch halten? Er wird noch zu Monika gehen und zu seinem Sohn, wird die Nacht bei ihnen verbringen. Froh wird es ihn nicht machen, er sieht schon Monikas beschwörende Bitten und ihre Tränen. Auch sie wird ihn nicht umstimmen können. Ihm konnte niemand mehr helfen!

Anderntags zog er mit seinen Kameraden ab. Ein neuer war dazugekommen: Adam der Wollene, der Webersohn. Er hatte so lange um Aufnahme in Hiasls Schar gebeten, bis Hiasl nachgegeben hatte. Nun ging's auf Mering zu, zwei Gehstunden waren's dorthin. Dort lebte der Amberger Sepperl, der das Geld von Hiasls Franzl ergaunert hatte.

Weil es Sonntag war, trank Port beim Schwedlerwirt sein Glas Bier. Auf flog die Tür, und Hiasl stand, von einem Dutzend Gäste jubelnd begrüßt, im Raum. Der Sepperl saß wie eine Wachspuppe da. Am liebsten wäre er durchs Fenster auf die Straße gesprungen, aber er sah Wildschützen draußen, die ihn gleich gehörig empfangen hätten. So blieb ihm nichts übrig als abzuwarten.

Hiasl ging finsteren Blicks auf ihn zu und forderte von ihm elf Gulden und achtundvierzig Kreuzer, das veruntreute Geld. Port wurde abwechselnd blaß und rot. Keinen Heller habe er mehr davon, stammelte er, das ganze Geld sei draufgegangen, als er sich habe einkleiden müssen, für einen neuen Dienst bei den Bauern. Sein altes Gewand und die Schuhe habe er für den Hiasl zerrissen, er sei nur noch in Fetzen herumgelaufen.

Eine solche Abrechnung ließ der Geprellte nicht gelten. Er erklärte kurz und bündig, wenn Port nicht zahle, müsse er sterben. Dem trat der Angstschweiß auf die Stirn. In seiner Not bot er sich für neue Dienste an. Er wolle alles tun, was Hiasl befehle, bis sie wieder quitt seien.

Hiasl akzeptierte das Angebot, warnte aber Port vor neuem Betrug. Zutiefst dankbar riet der Sepperl dem Hiasl, noch beim Metzgerwirt einzukehren. Dort verkehre der Johann Georg Brandmayer von Steindorf (südöstlich von Mering und Merching), der möchte sich schon lange dem Hiasl anschließen. Der Neunzehnjährige, ein arbeitsloser Bauernknecht, ging auch wirklich mit den Wildschützen mit. Nach seinem roten Wams nannte man ihn den »Roten«.

Kurz darauf trat noch Johann Adam Locherer aus Rain am Lech (südöstlich von Donauwörth) Hiasls Schar bei. Er war kaum älter als der Brandmayer und sah ihm so ähnlich, daß man immer zuerst auf sein blaues Kamisol schaute, ehe man ihn ansprach. So bekam er den Namen »Blauer vom Rain«.

Ein Frankenhofener Bauernsohn, Urban Lechenhör, der die Wilderer aus der Zeit kannte, als sie den Forstmeister Hasel überfallen hatten, und schon damals mit ihnen ziehen wollte, aber wegen seiner linkischen Art vor Hiasls Augen keine Gnade gefunden hatte, wurde jetzt als der »Allgäuer« in Ehren aufgenommen. So verstärkte Hiasl die Reihen seiner Kameraden.

Das war auch bitter nötig: Die Schlinge um seinen Kopf zog sich immer enger zusammen. Am 25. November 1770 unterzeichnete der kurfürstliche Kammergerichtsrat Hemmer in München einen Steckbrief. Der ermächtigte jeden, den Bayerischen Hiasl »tot oder lebendig an die nächste Behörde einzuliefern«. Die Jagd auf Hiasl wurde noch härter.

Drei Tage nach Mariä Empfängnis, am 11. Dezember 1770, feierte Hiasl beim Bräu in Untermeitingen ein ausgelassenes Fest. Sein geliebter Bub hatte sich halbwegs auskuriert und war, noch hinkend zwar, wieder zu ihm gekommen. Sie hatten sich umarmt wie Vater und Sohn. Das Herumliegen war dem Buben zu dumm geworden. Weil ihm das Gehen noch ziemlich schwerfiel, blieb Hiasl ihm zuliebe noch zwei Tage in Untermeitingen. Der Wirt mußte ein Kalb schlachten und durfte den Wein nicht ausgehen lassen. Die Zeche mußte Hiasl schuldig bleiben: Seit er die vielen Kameraden um sich hatte, schmolz sein Geld dahin.

Am Nachmittag des 13. Dezember gab es noch ein Wiedersehen: Der Sattler, der der Bande eine Weile den Rücken gekehrt hatte, ließ sich wieder blicken, er hatte den Hiasl gesucht und gefunden. Der begrüßte ihn bei weitem nicht so herzlich wie den Buben, er hatte nach wie vor eine Abneigung gegen ihn. Doch der Sattler verstand es abermals, Hiasl in seinem Sinne zu beeinflussen. Er war sein Mephisto, dazu bestimmt, ihn ins Verderben zu stürzen. Er erklärte ihm seinen Plan. Der Anlaß dazu lag schon eine Weile zurück.

Am 16. November 1770 waren der Sattler, der Bräuknecht Erasmus Sauer von Zusmarshausen und der Tafernwirt Joseph Säckler von Hirblingen (nordwestlich von Augsburg) mit Arrest bestraft worden, weil man sie als Falschspieler angezeigt hatte. Man hatte sie im Amt von Täfertingen festgesetzt, südlich von Hirblingen und nicht weit von Augsburg. Anderntags war es jedoch dem Sattler und Sauer gelungen zu entkommen. Sie waren empört über den Vogt und wollten es ihm heimzahlen. Hiasl sollte ihnen dabei helfen, schließlich war der Sattler sein alter Gefolgsmann. Er klagte ihm sein Leid und wußte auch gleich, wie man sich rächen konnte. Er kannte sich aus im Amtshaus, und wußte, daß dort viel Geld war. Davon finde sich genug, sagte er, um aus jedem von ihnen einen reichen Mann zu machen.

Hiasl lauschte begierig. Seine Augen glänzten wie im Fieber. Er brauchte Geld, viel Geld! Mit Geld kaufte man Pulver und Blei, Geld brauchte man beim Wirt und für die Kleidung, mit Geld entlohnte man den Bader. Mit Geld war alles möglich! Wenn man Geld hatte, sah alles anders aus.

Hiasl redete sich ein, man müsse die Ungerechtigkeit des Vogtes bestrafen. Er dürfe ihm sein Geld abnehmen, weil der es dem Volk weggenommen hatte. So ein Raub sei eine »rechtliche Sache«. Der Sturm auf das Amtshaus wurde beschlossen.

Am 14. Dezember, am Vormittag zwischen neun und zehn, war es dann soweit. Der Hospital-Augsburgische Obervogt Johann Baptist Heß, der Schreiber Sauter und der Untervogt Seiler arbeiteten in der Schreibstube. Zufällig schaute der Untervogt durchs Fenster – und erstarrte vor Schreck. Der Hiasl! entfuhr ihm ein Schreckensruf. Er sah ihn mit zwölf verwegenen Gesellen in den Hof einrücken und alle Ausgänge besetzen. Es war zu spät zur Flucht. Fünf Mann, mit dem Sattler als Anführer, drangen in das Haus, der Schreiber Sauter konnte sich gerade noch hinter einem Verschlag verstecken. Die Eindringlinge hielten auf die Amtsstube zu, der Sattler betrat sie als erster. Ihm ging es um das Geld, das man ihm am 16. November abgenommen hatte, er forderte es zurück. Ohne eine Antwort abzuwarten, machten sie sich an die Schreibpulte. Da sie verschlossen waren, mußte der Obervogt sie öffnen, das Bargeld darin wanderte in die Taschen der Schützen. Beim dritten Pult weigerte er sich, dort lagen die Gelder der Herrschaft. Darauf schlug ihm einer mit der flachen Klinge seines Hirschfängers so heftig auf die Hand, daß sie stark blutete. Da erst fügte sich der Obervogt. Man stürzte sich auf das Geld, scheffelte es wahllos in Gefäße, die man in der Eile fand.

Die Frau des Obervogtes kam herein, sie versuchte ihrem Mann zu helfen und den Leuten das Plündern zu verwehren. Mutig wollte sie einem eine Schüssel mit Geld entreißen. Sie setzten ihr das gespannte Gewehr auf die Brust und den blanken Hirschfänger an den Hals und drohten, sie umzubringen. Noch einen Mucks, und man befördere sie ins Jenseits, zusammen mit ihrem Mann! Sie mußte vorausgehen und jeden Schrank, jede Kommode und jede Truhe aufschließen. Schamlos nahm die Bande mit, was sie brauchen konnte: außer Geld noch Silberschmuck, Uhren, Gewehre und viele andere Wertsachen; sie kehrten sogar dem Obervogt die Taschen um. Bis sie nichts mehr fanden. Da rissen sie ein Schwert, das zur Dekoration an der Wand hing, herunter und trampelten darauf herum. »Wo ist der Sauter?« schrien sie. Auf ihn hatten sie's abgesehen, er hatte schon mehrere Berichte über die Hiaslbande nach Augsburg geschrieben. Aber sie konnten schreien und drohen, soviel sie wollten, von ihm fand sich keine Spur.

Schließlich merkten sie, daß der Untervogt nicht mehr da war; er hatte fliehen können im allgemeinen Trubel. Sie vermuteten ihn in seinem Häuschen. Nichts wie hin! Sie schrien seine Frau an, fragten sie, wo ihr Mann sei. Angeblich wußte sie's nicht. Darauf wollten sie auch hier plündern. Aber das verwehrte ihnen Hiasl. Er donnerte seine Leute an, das sollen sie bleibenlassen. Der Untervogt sei ein armer Teufel, der habe selbst nichts.

Der Überfall war nicht unbemerkt geblieben. An diesem Tag hielten sich viele in den benachbarten Amtsstädeln auf, damit beschäftigt, das Zehentgetreide zu dreschen. Sie erlebten den Raub als Augenzeugen mit und hätten durchaus dem Obervogt zu Hilfe eilen können. Aber keiner wagte es. Mit Dreschflegeln kommt man schlecht gegen Stutzen an, wahrscheinlich waren sie auch dem Hiasl gewogener als dem Obervogt und gönnten dem seinen Verlust. Außerdem war unter den Dreschern ein gewisser Georg Gschwill, der hatte die Falschspieler am 16. November bewachen müssen. Auch ihn suchten die Wildschützen, fanden ihn aber nicht, Knechte hatten ihn unter dem Stroh versteckt.

Die Bande konnte sich ungehindert wieder vor dem Amtshaus versammeln. Sie brüstete sich damit, daß sie es jetzt dem Gerichtsvogt von Kriegshaber (heute Ortsteil von Augsburg, im Nordwesten der Stadt) zeigen werde. Dort würden sie's noch ärger treiben, sagten sie. Dann gingen sie noch einmal in die Amtsstube und verlangten noch mehr Geld. Der

Obervogt sollte seine geraubte Flinte und einen, mit Silber beschlagenen Hirschfänger für fünfzehn Gulden zurückkaufen. Da er nicht konnte oder wollte, begannen sie zu toben. Sie kehrten erneut alles drunter und drüber und nahmen soviel an Gegenständen mit, wie sie schleppen konnten. Dann erst zog die Bande ab. Alles in allem belief sich der Schaden auf 2102 Gulden. In dieser Höhe bezifferte ihn der Obervogt unter Eid.

Die Nachricht von dem brutalen Überfall verbreitete in ganz Schwaben Angst und Schrecken. Kein Forstmeister und kein Jäger fühlte sich mehr sicher in seinem Haus. Dasselbe galt für Amtspersonen. Fürsten, Grafen und Barone zitterten um ihr Leben, sie verdreifachten und vervierfachten die Wachen vor ihren Schlössern. Brückenübergänge besetzte man mit doppelten Posten, und in manchen Städten blieben die Tore auch tagsüber geschlossen. Täfertingen war zum Schrecksignal für Hiasls Feinde geworden. Wo immer er sich blicken ließ, alarmierten Schergen und Jäger sofort die nächsten Militärstationen. Keine Streife wagte sich mehr unter fünfzig Köpfen auf den Weg. Und alle kamen sie zu spät: Wenn sie eine Gegend absuchten, war Hiasl längst schon wieder woanders. Er bewegte sich mit unheimlicher Schnelligkeit. Dabei waren er und seine Männer stets nur zu Fuß, nie ritten oder fuhren sie.

Der Überfall gab seinen Feinden recht. Nun stand auch für den letzten Zweifler fest: Hiasl war ein gemeiner Räuber! Er schreckte vor nichts mehr zurück. Es wurde allerhöchste Zeit, daß er kaltgestellt und zur Rechenschaft gezogen wurde, koste es, was es wolle. Gnade ihm Gott, wenn er in ihre Hände fiel!

Drei Tage nach Täfertingen, am 17. Dezember, erregte Hiasl schon wieder die Gemüter. Er kehrte mit seinen Wildschützen beim Wirt in Unternefsried (nordöstlich von Agawang und westlich von Augsburg) ein und ließ sich auftragen, was gut und teuer war. Im Nebenzimmer saß Franz Schleißheimer, der Amtsknecht von Agawang, bei einem Braten und einem Glas Wein. Kaum hörte er Hiasls unverkennbare Stimme und den Lärm der Bande, verging ihm der Appetit.

Leise verriegelte er von innen die Tür und kroch unter das Bett. Aber der Tyras witterte ihn. Er kratzte an der Tür und bellte schließlich. Hiasl wurde mißtrauisch und fragte den Wirt, wer hinter der Tür sei. »'s wird eine Katze sein«, log der Wirt, der nicht auf den Mund gefallen war. Hiasl stand auf, er wollte sich überzeugen. »Da ist ja zug'sperrt! Den Schlüssel her, Wirt!« – »Ich weiß nicht, wo er ist.« Hiasl geriet in Wut und trat die Tür ein.

Der Amtsknecht hatte das vorausgesehen. Er hatte sein Versteck verlassen und versuchte, da er sehr mager war, durch das Kreuzgitter des Fensters ins Freie zu schlüpfen. Halb war er schon draußen, als Hiasl ihn erblickte. Im selben Augenblick packte ihn der draußen stehende Posten und zog ihn vollends heraus.

Dann fielen sie über ihn her. Auf dem Weg von Unternefsried bis zum Dorf Agawang, wohin sich die Bande mit ihrem Opfer begab, eskalierten die Mißhandlungen. Es regnete Kolbenstöße und Fausthiebe, der Amtsknecht blutete aus zahllosen Wunden, bis er ohnmächtig umsank. Doch die Wut der Bande hatte noch nicht genug. Sie bearbeiteten ihn mit dem Hirschfänger und stachen ihn schließlich in den Leib.

Das hätte ihnen noch nicht genügt, wenn nicht im Dorf ein Auflauf entstanden wäre. Die Bauern rotteten sich zusammen, angestachelt von ihrem Pfarrherrn, und kamen dem furchtbar Zugerichteten zu Hilfe. Nun begann Hiasl, gegen das Volk zu rasen. Er feuerte unter sie und ließ den Pfarrhof umzingeln. Man schoß hinein und schlug die Fenster samt den Kreuzstöcken ein, fürchterlich schimpfend und lästernd.

Erst als immer mehr Bauern mit Sensen und Heugabeln kamen, angefeuert vom Pfarrer, wich Hiasl der Übermacht. An dem Opfer zählte man acht Wunden am Kopf, darunter drei lebensgefährliche, mehrere Schläge auf die Hand, wodurch zwei Finger fast ganz abgetrennt und die übrigen stark verletzt waren, einen Stich durch den Handballen, mehrere Stiche durch die Füße und schließlich die tödliche Wunde an der linken Seite des Leibes. Der Mann verschied alsbald.

Am 21. Dezember tauchte die Hiaslbande in Obermedlingen auf, im kurpfälzischen Donaugebiet. Sie wollten in der

Verwegne That des Berüchtigen Bayrischen Hiesel nebst seinen Cameraden, u. wie eit Augspurg auf einem Dorf vormittag zwischen 9 u. 10 Uhr den 14 X.br. Frevelhaffter Weyss in ein Haus eingefallen, u. gegen 1000. Thaler Geld und wehrts geraubet, der Hiesel selbsten vor der Haus Thür (1) mit gespanntē wache gestanden, und verwahret den aus und eingang, da unter dessen Bonde den Raub vollführt (2) stehen a. cij von Ine vor der Scheune, u. die Dreschern verwehrten, den Beraubten zu Hülffe zu eilen. (3) Alleine Haus Hurd funde Gelegenheit sich zu rächen, und des Hiesels grosen H

»Verwegne That des Berüchtigen Bayrischen Hiesel.«
Im Besitz von M. Schallermeir.

sterlich bezwang, worauf aber des Hiesels Bande zu Hülffe kam,
d bemelten grossen Haus Hund (4) mit fort schlepten. Eine halbe
nd Weges, (5) der Hund aber Gelegenheit bekam zu entkomen, und
s ein getreues Thier seinem Herrn zu eilte, vor ferneren dergleichen Bösewichtern zu schizen. Der Beraubte aber sich mit Soldaten
rsicherte, und diesen Hergang an gehörigen Ort an zu zeigen und der
dt zu eilte.

Barockkirche Maria Himmelfahrt die Messe besuchen. Fünf Wilderer gingen hinein, die anderen fünf hielten Wache in der oberen Wirtschaft. Dort erwarteten sie ihre Kameraden zurück, um sich dann auch in die Kirche zu begeben.

Gegen solche Frömmigkeit konnte niemand was haben, am wenigsten die Mönche des Klosters, das neben der Kirche war. Bedenken hatten sie nur, weil gleichzeitig hohe Herren bei ihnen zu Gast waren, deren Anwesenheit Hiasl erfahren hatte. Der Landvogt von Höchstädt (nordöstlich von Dillingen), ein Regierungsrat namens Tautphoeus, ein Herr Ghilardi aus Schwenningen (nordöstlich von Höchstädt), der Gerichtsrat von Lutzingen (nordwestlich von Höchstädt) und der Amtmann Mayer von Haunsheim (nördlich von Gundelfingen) saßen gerade bei Tisch. Hiasl wollte den Amtmann sprechen, weil dessen Herr, der Baron von Racknitz, Schloßherr von Haunsheim, ein unversöhnlicher Gegner der Wilderer war; Hiasl hatte schon öfter gedroht, ihn eigenhändig zu erschießen. Als er zum drittenmal ankündigte, das Kloster zu stürmen, falls der Amtmann nicht freiwillig herauskomme, unterbreitete man ihm Hiasls Anliegen.

Amtmann Mayer stellte sich sogleich unter den Schutz des Landvogts. Der winkte ab, Hiasl werde sich wohl kaum um seine Autorität kümmern, bemerkte er achselzuckend. Titel vermöchten nichts gegen Gewehre, meinte er. Die hochwürdigen Patres sollten versuchen, Hiasl zu besänftigen, er, der Landvogt, wisse kein anderes Mittel. Darauf verhandelten zwei Patres eine Viertelstunde lang mit Hiasl. Sie brachten aber keine andere Nachricht zurück, als daß er mit dem Amtmann selbst sprechen wolle. Der Not gehorchend, begab sich der, zusammen mit den beiden Priestern, in eine Zelle.

Dort erwartete Hiasl, begleitet von Peter und dem großen Hund, bereits den am ganzen Körper Zitternden. Er stand mitten im Raum, das Gewehr vor sich haltend. Neben ihm lag der Hund, Peter lehnte mit der Flinte an der Wand. Zuerst fragte Hiasl den Amtmann, ob er denn nicht selber der Racknitz sei. Mayer verneinte, die Priester bezeugten es.

Da polterte Hiasl los: Der Racknitz und sicher auch der Amtmann würden alle Welt gegen ihn aufhetzen. Dabei wolle er nur Gerechtigkeit, die finde er aber nirgends. Was sei denn schon dabei, wenn er ein Stück Wild schieße? Schließlich gebe es genug davon, er und seine Leute bräuchten auch was zum Essen. Das Wild, das er schieße, gehe keinem Notleidenden ab, er aber gebe es oft solchen.

Der Amtmann wagte keinen Widerspruch, er wollte den Mann, dem er auf Gnade und Ungnade ausgeliefert war, nicht noch mehr reizen. Er fragte nur, was die Wilderer mit ihm vorhätten. Hiasl antwortete, sie würden das Pferd, mit dem der Amtmann gekommen sei, erschießen. Ihm solle die Lust vergehen, herumzureiten und herumzuspionieren, wenn Wildschützen friedlich in die Kirche gingen. Da legten sich die Patres ins Zeug, um Hiasl umzustimmen. Sie schienen damit Erfolg zu haben.

Hiasls Kamerad begehrte auf: »So bist du! Wenn sie dir schöntun, gibst du nach. Dabei brächten dich die Beamten am liebsten mit einem Federstrich um, wenn sie könnten. Die sind noch ärger wie die Herrschaft selbst. Denk nur an den Täfertinger Blutsauger!«

Das war das Stichwort für Hiasl, um seinen Raub in Täfertingen zu rechtfertigen: »Die Drescher im Zehentstadel, keinen Finger haben s' g'rührt, um ihrem sauberen Vogt zu helfen. Die haben g'wußt, wie s' mit ihm dran sind!« wetterte er. »Sogar wo s' hungern, haben s' den Zehent abliefern müssen! Warum regt sich denn da keiner auf? Aber daß ich dem Vogt das Blutgeld wegg'nommen hab, das werfen s' mir vor!«

Er mußte eine Pause machen, um Atem zu schöpfen. Dann fuhr er fort: »Zweitausend Gulden, sagen s', hätt' ich g'stohlen. Hundertdreiundneunzig hab ich 'zählt. Dazu ein paar Kleinigkeiten, nicht der Rede wert gegen das, was die hohen Herren aus dem Volk herauspressen!«

Was er nicht sagte: daß der rote Schneider von Schlipsheim gleich nach dem Überfall mit dem meisten Geld verschwunden war, nach Ungarn, wie es hieß. Hiasl war es nicht vergönnt gewesen, zu viel Geld zu kommen. Nur büßen mußte er für seinen Raub!

Der Amtmann hielt es nicht für geraten, seinerseits den Überfall zu kommentieren. Er sah, wie Hiasls Begleiter mit dem Finger am Abzugshahn des Gewehrs spielte, das auf den Amtmann gerichtet war. Hiasl sah es auch, er ärgerte sich darüber. »Laß das, Peter!« herrschte er ihn an. »Wie leicht passiert was! Niemand soll uns nachsagen, daß wir Mörder sind. Wir schießen nur, wenn wir uns wehren müssen.«

Murrend entspannte Peter sein Gewehr. Hiasl war langsam überzeugt, daß der Amtmann nicht seinetwegen gekommen war. Als der ihm noch einen Taler in die Hand drückte, damit er auf seine Gesundheit trinke, war Frieden geschlossen. Hiasl und sein Kamerad erhielten Bier, der Amtmann erzählte im Refektorium dem Landvogt sein Abenteuer. Eine Stunde später ritt er unangefochten und wohlbehalten nach Haunsheim zurück.

Die Wildschützen übernachteten in der oberen Wirtschaft. Zu ihrer Sicherheit hatte der Prior des Klosters, Pater Exemptus, vier Nachtwächter eingesetzt. Sie hatten den Auftrag, sofort Sturm zu läuten, falls eine Streife anrücken sollte. Es war die Thomasnacht, die längste Nacht des Jahres. Tiefer Friede lag über dem Ort.

Er währte nicht lang. Am nächsten Tag suchte Hiasl das untere Wirtshaus auf. Dort denunzierte man einen anwesenden Bauern, den Johann Ortlieb aus Haunsheim, der sollte mit den Jägern gemeinsame Sache gemacht haben. Hiasl ließ ihn durch die Wildschützen niederwerfen und mit den Hirschfängern drangsalieren: Es gab gefährliche Wunden. Der Verletzte sammelte seine letzten Kräfte und versuchte zu entkommen. Hiasl hetzte den Tyras auf ihn, der hielt ihn fest. Darauf zerschlug ihm Hiasl mit seinem Schlagring so die Augen, daß Blut und Wasser herausfloß. Als der Gepeinigte endlich in den Stall flüchten konnte, schickten sie ihm noch eine Kugel nach.

Hiasl trieb es immer ärger. Er fühlte, wie sich das Unheil über seinem Kopf zusammenbraute wie ein Gewitter. Es kursierten Gerüchte, man plane gegen ihn den entscheidenden Schlag. Der Hochfürstlich Augsburgische Premiermajor Maximilian Gnadenthal rüste gegen ihn, in seinem Auftrag stelle der Premierleutnant Ferdinand Schedel in Dillingen ein

152

Grenadierkorps zusammen, um Hiasl zur Strecke zu bringen, munkelte man.

Tatsache war, daß die vielen schwäbischen Obrigkeiten so unruhig geworden waren, daß sie sich zu einer Ständeversammlung in Augsburg trafen. Sie beschlossen, mit einer vereinigten Streitmacht gegen Hiasl und seine Bande vorzugehen; ein richtiges Kriegsheer solle gegen sie zu Felde ziehen und dem Treiben ein Ende machen. Vor allem war man auf einen tapferen, erfahrenen und umsichtigen Befehlshaber bedacht. Man hatte erkannt, daß die meisten Streifen an der Feigheit und Unfähigkeit ihrer Anführer gescheitert waren.

Man wählte schließlich den Hochfürstlich Hochstiftlich-Augsburgischen Premierleutnant Schedel aus, einen langjährig verdienten und erprobten Soldaten, und betraute ihn mit dem Kommando und der Durchführung der militärischen Aktion. Der erfahrene Schedel unterschätzte Hiasl nicht. Aber er wußte auch: Jeder macht mal einen Fehler, warum nicht auch der Bayerische Hiasl?

Schedel verstärkte das Dillingische Streifenkommando mit Einheiten des Schwäbischen Kreiskontingents. Es war an eine Verlegung nach Augsburg gedacht, von dort konnte man zentraler operieren, sobald man den Aufenthaltsort der Bande festgestellt und eine günstige Gelegenheit erkundet hatte.

Einen wertvollen Bundesgenossen hatte Schedel in dem Hochfürstlich Augsburgischen Forstmeister Conrad Hasel in Frankenhofen. Seit ihn die Wilderer im April 1769 im Sonntagswald brutal zusammengeschlagen hatten, sann er nur noch darauf, ihnen das Handwerk zu legen. Er vermied zwar jede neue Konfrontation, beobachtete aber genau Hiasls Schritte und meldete sie gewissenhaft seiner Herrschaft.

Hiasl hatte von den Gerüchten gehört. Er wollte selbst sehen, was daran war. Kurzerhand begab er sich in die Höhle des Löwen, nämlich nach Dillingen, in die Residenzstadt des Fürstbischofs Clemens Wenceslaus, um zu spionieren. Das war eine Tollkühnheit ohnegleichen.

So kam es, daß er eine Woche nach Obermedlingen inkognito beim Dämmerschoppen im Dillinger Kreuzbräu saß.

Wie so oft schon war dort die Rede vom Bayerischen Hiasl. Man erzählte sich, wie er kürzlich den Amtmann des Barons von Racknitz großmütig habe laufenlassen, obwohl der Baron zu seinen erbittertsten Feinden gehörte. So ein Ungeheuer, wie ihn die Obrigkeit hinstelle, könne er dann wohl nicht sein, meinte der junge Zimmermann Bozerhart von Dillingen am Stammtisch. »Ich möcht' ihn gern mal sehen, den Hiasl!« sagte er.

Hiasl, der in seiner Jägermontur am Nebentisch aufmerksam gelauscht hatte, hatte alles mitgehört. Als sich Bozerhart von seinen Stammtischfreunden verabschiedete, warf Hiasl fünf Kreuzer auf den Tisch und folgte dem Zimmermann auf die Straße. Unter der Tür flüsterte er ihm zu: »Schau mich an, dann siehst den Bayerischen Hiasl!« Und draußen war er, im Dunkeln, bevor Bozerhart recht begriff.

Viel hatte Hiasl in Dillingen nicht herausgebracht. Nur soviel, daß Schedel einstweilen noch mit seiner Truppe in der Kaserne exerzierte. Vorläufig jedenfalls drohte von ihm noch keine Gefahr. Hiasl beschloß, ins Ulmer Gebiet zu wechseln.

Am Samstag vor Neujahr, man schrieb den 29. Dezember, traf Hiasl mit seinen Kameraden in Oberelchingen (nordöstlich von Ulm) ein. Der Wald war verschneit und unwegsam, es wurde früh dunkel. Zudem waren die Wildschützen naß und ausgefroren. So machten sie zeitig Feierabend, in der Wirtschaft Zur Krone. Die Wirtin mußte eine große Hirschkeule braten, und man trank ein Bier nach dem andern. Viele Neugierige fanden sich ein, um den berühmten Bayerischen Hiasl und seine Männer zu sehen. Man tuschelte sich zu, wer sie waren: der Bub, der Sattler, der Amberger Sepperl, der Peter, der Bräu Toni, der Metzgerle, der Rote und der Blaue, Adam der Wollene, der Allgäuer und der Gärtner. Drei von ihnen, Hiasl, Peter und der Bräu, saßen ohne Schuhe da; sie hatten sie durchgelaufen, der Schuster mußte sie bis zum Morgen neu besohlen. Am Ofen lehnten die Gewehre.

Lustige Reden gingen zwischen den Elchingern und den Wildschützen hin und her, die Stunden verflogen. Gegen zehn Uhr bezahlte Hiasl die Zeche für sich und seine Kameraden. Sie wollten in der Stube schlafen, sie warteten nur mehr, bis die letzten Bauern gingen. Vier Wildschützen würfelten noch miteinander: Hiasl, der Bräu, der Sattler und der Rote.

Da flog die Tür auf, Schüsse peitschten herein. Eine Streife! Die Wildschützen griffen zu den Gewehren. Die übrigen Gäste rannten aus der Wirtsstube wie aufgescheuchte Rehe; auch der Wirt entfloh. Zurück blieben nur Hiasl und seine elf Kameraden. Ein baumlanger Soldat trat unter die Tür, hielt sein Gewehr auf die Männer in der Stube. »Gebt euch gefangen, sonst seid ihr des Todes!« rief er gellend in den Raum.

Warum schrie er nur und handelte nicht? Statt seiner tat es Hiasl: Blitzschnell hatte er seinen Stutzen hochgerissen und schoß, ohrenbetäubend hallte es von den Wänden. Der Lange schlug schwer auf den Fußboden, ein gurgelnder Laut entrang sich seiner Kehle. Der Sattler hatte die Tür zugeworfen und stemmte sich dagegen. Sie wurde von außen aufgedrückt, Soldaten brachen mit Gewalt herein. Hiasl entriß einem Kameraden den Stutzen und feuerte noch einmal: die Soldaten wichen zurück. Dann sprang er mit der Flinte, die ihm der Bub reichte, in den Flur und legte auf den Feldwebel an. Der fiel tot um. Mehrere Soldaten des starken Ulmer Streifenkommandos schossen auf Hiasl – und trafen ihn nicht in der Aufregung. Fast allein stand er vor ihnen, nur sein Bub und der Hund waren noch bei ihm, die übrigen Kameraden hatten sich hinter Tischen und Stühlen verschanzt. Wutentbrannt fluchte Hiasl und schrie: »Hab ich denn keine Leut' mehr? Schießt doch! Wo wir ein Loch finden, brechen wir durch.«

Aber jeder Ausweg schien abgeschnitten zu sein. Als der Peter mit dem Gewehrkolben ein Fenster einschlug, standen Ulmer draußen. Der Sattler sprang durch das Nebenstüberl in den Gewürzgarten und schoß einen Soldaten nieder. Dessen Kameraden wichen. Ihr Leutnant trieb sie wieder vor. Der Sattler eilte ins Haus zurück. Erneut tauchten Soldaten im Flur auf. Dort gerieten sie in eine Salve der Wilderer, man hörte Hiasls durchdringende Stimme: »Schießt, was ihr schießen könnt! Die Hunde müssen verrecken!«

An einem Ulmer verbiß sich der rasende Tyras, Peter und der Sattler knallten von der oberen Stube aus dem Fenster auf die Angreifer vor dem Haus. Peter rief triumphierend: »Einen hab ich erwischt, der steht nimmer auf!«

Der Blaue wollte den Hund zurückreißen, damit er nicht im Kugelregen der Ulmer umkam. Aber das toll gewordene Tier fiel ihn selber an, es zerfetzte ihm den Arm. Über und über war der Hund mit Blut besudelt, er hörte nicht mehr auf seinen Herrn, heulend verschwand er in der Nacht.

Die Ulmer waren wieder aus dem Flur zurückgewichen. Der Bräu, der seine Schuhe beim Schuster hatte, zog dem toten Feldwebel die Stiefel aus. Aber Hiasl tobte: »Schaut lieber, ob noch Ulmer da sind!«

Peter öffnete die Hintertür der Wirtschaft, da eröffneten die Soldaten auf ihn das Feuer. Gerade noch konnte ihn Hiasl zurückreißen, sonst hätte einer der Treuesten zu seinen Füßen gelegen. Er selbst pflanzte sich breit vor den Ulmern auf und beschwor sie, mit lauter, den Schneesturm übertönender Stimme: »Um Gottes willen, Leut', macht, daß ihr fortkommt! Ich laß mich nicht fangen! Und wenn ihr mir ans Leben wollt, schieß' ich noch viele tot. Reicht's euch noch nicht?« Wie eine Zielscheibe stand er vor ihnen, unbeweglich.

Das Erstaunliche geschah: Sie schossen nicht auf ihn! Sie hatten nicht den Mut dazu, jetzt, wo der berühmte Mann sie mit weit aufgerissenen Augen anstarrte. Keiner antwortete, auch nicht der Offizier. Schweigend entfernten sie sich.

Dann klopfte der Wirt an die Haustür. Er weinte. In seinem Haus und davor lagen Tote, fünf tote Soldaten; von den Wildschützen hatte es keinen erwischt. Morgen würde man ihn zur Rechenschaft ziehen, weil er die Bande bei sich aufgenommen hatte. Man würde sein Vermögen konfiszieren und ihn davonjagen wie einen räudigen Hund. Laut jammerte er dem Hiasl vor. Den und seine Kameraden kümmerte das nicht, ihnen ging's um ihren Kopf!

Sie hatten gesiegt. Und doch mußten sie fliehen, um sich zu retten. Für wie lange noch? Vielleicht waren's nur noch Tage.

Doch wo steckte der große Hund? Sie pfiffen und riefen ihn, fluchend und lockend. Überall suchten sie nach ihm. Er kam nicht zurück aus der Nacht, er war und blieb verschwunden. Nicht eine Spur entdeckten sie von ihm.

Hiasl wurde nachdenklich. Ihm fiel ein, was sich die Bauern erzählten: Den Hund habe ihm der Teufel geschickt. Eines Tages werde er den Hund wieder holen – und anschließend ihn selber.

Noch in der Nacht verließ Hiasl Oberelchingen. Er wollte südwärts ziehen und die Donau überqueren. Wer ihn sah, hätte nicht geglaubt, daß er noch einmal Sieger geblieben war: Wie ein Geschlagener wankte er aus dem Ort hinaus.

Erst in Holzschwang, südöstlich von Neu-Ulm, legten die Wildschützen eine Pause ein. Der Verlust seines Hundes machte Hiasl zu schaffen. Er gab einem Bauernknecht neun Batzen, damit er in Oberelchingen nach dem Hund forsche. Aber auch dieser Versuch schlug fehl: Der Hund tauchte nicht mehr auf. Später wurde er dann doch noch gefunden: Er soll in Mannheim ausgestopft zu bewundern gewesen sein. Hiasl jedoch hat ihn nicht mehr gesehen.

Im Dorf erzählten ihm die Leute, der örtliche Jäger, Johann Stephan Reuter hieß er, verwehre ihnen sogar das Holzlesen im Wald. Außerdem habe er sich gerühmt, der Bayerische Hiasl gehe ihm bestimmt noch mal auf den Leim. Der Jäger mußte dies büßen. Auf Hiasls Befehl drang die Bande in das Jägerhaus und plünderte es aus. Den Jäger hielt Peter mit gespanntem Stutzen in Schach. »Rühr dich nicht«, herrschte er ihn an, »oder du bist hin!«

Bei dem Tumult im Haus ging dem Bräu Toni das Gewehr los. Jetzt reichte es Hiasl, der unter der Haustür wartete. Er eilte hinein und stellte wütend den Unvorsichtigen zur Rede. Der Bräu mußte sich beim Hausherrn entschuldigen. So kamen der und seine Familie mit der ausgestandenen Angst und einem Schaden von gut hundertfünfundfünfzig Gulden davon: die Wilderer entwendeten ihm Stöße von Hemden und anderen Kleidungsstücken, zudem noch Hirschfänger und Gewehre. Als kostbarste Beute zeigte der Amberger Sepperl in der Wirtschaft den Bauern einen Rosenkranz und ein Heiligenbild. Der Bub und der Blaue stolzierten neu eingekleidet im Dorf auf und ab, sie waren nicht wenig stolz auf ihre grüne Jägermontur. Man schrieb den 30. Dezember 1770.

Nun wurde es Zeit, das Ulmer Gebiet zu verlassen. Die Bande zog nach Südosten. In Gessertshausen, südwestlich von Augsburg, suchten sie den Jäger Jakob Vonison heim. Schon Bartenschlager hatte diesen Jäger, einen unerbittlichen Gegner der Wilderer, aus tiefster Seele gehaßt. Man sagte ihm nach, er trachte Hiasl nach dem Leben. Grund genug für den, sich zu rächen.

Früher hätte Hiasl nie daran gedacht, an einem Feiertag in ein Haus einzubrechen. Ein Feiertag war für ihn, den überzeugten Christen, der Tag des Herrn, an dem er die Messe besuchte. Am Dreikönigstag 1771 aber versammelte Hiasl eine Viertelstunde von Gessertshausen seine Mannschaft und erklärte ihr in dürren Worten: »In dem Ort wohnt ein Jäger. Der Lump hat schon nach mir g'schossen. Wir stürmen sein Haus und nehmen ihm alles. Wenn er einen Muckser macht, schießen wir ihn zusammen.«

Der Raubüberfall verlief noch plumper und brutaler als in Holzschwang. Bei dem blutigen Geschehen in Oberelchingen hatte Hiasl völlig sein seelisches Gleichgewicht verloren. Vielleicht verfolgten ihn die Schatten der Getöteten, oder er verkraftete nicht den Verlust seines Hundes. Abergläubisch wie er war, redete er sich die nahe Katastrophe ein. Dahin war die Überlegenheit gegenüber seinen Kameraden, er hielt sie nicht mehr von gewöhnlichen Räubereien ab. Er selbst nahm sich, was er zum Leben brauchte, von seinen Feinden. Vom Wildern allein konnte er nicht mehr leben, man ließ ihm dazu, dem Gehetzten und Gejagten, zu wenig Zeit. So ging es ihm weniger um die Bestrafung seiner Feinde, der Raub war der eigentliche Zweck.

Nach einer halben Stunde war das schmutzige Werk getan. Während Hiasl und der Gärtner draußen Wache hielten, plünderten die anderen, was ihnen unter die Finger kam: Wäsche, Kleidung, Schmuck, Gewehre und Geld. Als die Jägersfamilie von der Kirche heimkehrte, fand sie die Haustür aufgesprengt und Kästen und Schubladen geleert. Den Schaden bezifferte man mit dreihundertsechzehn Gulden und zweiundvierzig Kreuzern. So ruhmlos begann für Hiasl das neue Jahr. Sein Kamerad Urban Lechenhör hatte es in Haupeltshofen mit dem Gewehr angeschossen, nach altem Brauch. In diesem Augenblick hatte die Wirtin dem Hiasl die Hand gedrückt und geflüstert: »Ich wünsch' dir, Hiasl, daß d' im neuen Jahr dein Brot und deinen Käs' in Ruhe essen kannst!« Sie spielte auf den letzten Sommer an, wo ihr Kind dem Hiasl den Käse in den Wald bringen mußte. Ihr Wunsch erfüllte sich: Im Jahre 1771 konnte Hiasl in aller Ruhe seine Mahlzeiten einnehmen, die beiden ersten Wochen ausgenommen.

Ein paar Tage nach Gessertshausen kam der Kramer Lukas aus Asch (zwischen Landsberg und Schongau, westlich des Lechs), ein guter Freund Hiasls, nach Untermeitingen geritten, wo die Wilderer beim Bräuwirt saßen und auf besseres Wetter warteten. Seit Tagen schneite es, als der Kramer abstieg, watete er bis über die Knie im Schnee. In der Wirtsstube bestaunten ihn Hiasl und seine Kameraden wie ein Wunder.

»Bei dem Wetter kommst du!« riefen sie und klopften ihm den Schnee aus den Kleidern. Man drückte ihn auf die Ofenbank und setzte ihm einen Schnaps vor. »Da, trink!« ermunterte ihn Hiasl. »Hättest ja erfrieren oder im Schnee steckenbleiben können. Prost!«

Der Kramer, ein älterer, korpulenter Mann, nahm seine Pelzmütze vom Kopf und leerte das Gläschen mit einem Zug. »Das macht einen wieder lebendig«, pustete er. »Aber nehmt's mir nicht übel, Leut', ich hab mit dem Hiasl was zu reden. Trinkt derweil auf meine Kosten! Ich halt' euch frei.«

Das ließen sich die trinklustigen Gesellen nicht zweimal sagen. Nur der Metzgerle schaute giftig den beiden nach, als sie in die Küche gingen, und zischte dem Bräu Toni ins Ohr: »So ist er, unser Hauptmann. Ständig hat er Geheimnisse. Er traut uns nicht, sonst hätt' er ja auch herinnen bleiben können. Weiß der Teufel, was die miteinander aushecken!«

So unrecht hatte der vierschrötige Metzgerle nicht. Es ging wirklich um ein Geheimnis, sogar die Maria Barbara, die Kellnerin, mußte aus der Küche, obwohl sie eine von Hiasls Geliebten war. Dafür schaute sie durchs Schlüsselloch. Sie sah, wie der Kramer ein Pergament aus der Brusttasche zog und es Hiasl hinhielt.

»Das ist der Freiungsbrief aus Bayern«, erklärte Lukas. »Deine Schwester, die Regina, hat ihn mir gebracht, damit ich ihn dir geb'. Lies selber: Der Hofrat für Justiz und Polizei in München sichert dir freies Geleit und Straffreiheit zu, wenn du bayerische Landeshuld nimmst. Jetzt bist du gerettet, du brauchst nur noch über den Lech!«

Hiasl sah ihn ungläubig an: »Das glaubst selber nicht, Kramer, das ist ein Witz! Die bayerischen Streifen hetzen mich genauso wie die anderen. Und jetzt soll ich auf einmal bei den Bayern in Gnade stehen!«

»Das verdankst du deinen Freunden, drüben, überm Lech. Es ist nur recht und billig, daß sie für dich was tun. Mit dem Brief da ziehst du deinen Kopf aus der Schlinge.«

Hiasl las noch einmal. »Da ist aber nur von mir die Rede. Was ist mit meinen Kameraden? Soll ich die im Stich lassen?«

Der Kramer pfiff leise durch die Zähne: »Dein Kamerad bin ich auch. Ich hab nichts Gutes zu erwarten, wenn die beim G'richt draufkommen, wieviel Wild ich schon für dich verkauft hab. Drum seh' ich dich lieber mit heiler Haut auf bayerischem Boden als gerädert und geviertelt. Nimm, was die Bayern dir bieten: deine Freiheit!«

Plötzlich veränderte sich Hiasls Miene: »Und wenn's eine Falle ist? Mit dem Papier riskieren sie nichts! Die meinen, ich bin so dumm und fall' drauf rein. Nein, Kramer, mit dem Fetzen kannst dir den Hintern abwischen, dann ist er wenigstens für was gut!«

Vergeblich redete der andere auf ihn ein, beschwor ihn, doch nicht die letzte Chance aus der Hand zu geben. Den Brief habe auch der Beamte von Asch gelesen, der sei auch überzeugt, daß alles seine Richtigkeit habe. Hiasl aber hatte ein abgrundtiefes Mißtrauen gegen alles, was Zopf und Perücke trug. So leicht lasse er sich nicht fangen, sagte er.

Als es endlich aufhörte zu schneien, brach er mit seiner Mannschaft auf. Er wollte nach Lamerdingen, der dortige Beamte war der einzige, dem er traute, weil der in seiner Jugend selbst gewildert hatte. Eine Narbe auf der Brust, die er Hiasl gezeigt hatte, erinnerte daran, daß man ihn einmal beinahe erschossen hätte. Hiasl gab viel auf dessen Rat.

Beim oberen Wirt quartierten sie sich ein. Die Kellnerin Franzl, Hiasls Geliebte, hatte schon voll Ungeduld auf ihn gewartet. Vor ein paar Tagen hatte ihr Adam der Wollerne zwei Stutzen gebracht, die man dem Jäger von Gessertshausen weggenommen hatte und die sie für Hiasl aufheben sollte. Ein Stutzen und eine Flinte waren schon bei ihr versteckt, hundertvier Gulden verwahrte sie in ihrem Strumpf, außerdem noch einige Habseligkeiten.

Vergeblich hatte sie versucht, den Adam auszufragen. Der hatte nur gesagt, er habe genug von dem ewigen Umherziehen und vom Räubern erst recht. Wie er zum Hiasl gekommen sei, habe er geglaubt, ihm als redlicher Wildschütz dienen zu können. Und jetzt unternähmen sie einen Raubzug nach dem andern. Das mache er nicht mehr mit, er gehe wieder nach Kissing zurück. Lieber nage er am Hungertuch als an einer Kalbshaxe, die mit geraubtem Geld bezahlt werde.

Franzl war tiefbekümmert. Sie wußte, daß der Adam grundanständig war. Wenn nun auch er den Hiasl verließ, nahmen die Strolche in seiner Schar Überhand, und er steuerte um so schneller dem Abgrund zu. Nie hatte sie ihm Vorwürfe gemacht, sie liebte ihn. Er, der immer der furchtlose und verwegene Freischütz gewesen war und überall bewundert, stand nun als gemeiner Räuber da. Aber wie man sich erzählte, solle es selbst jetzt noch gelungen sein, einen Freibrief für ihn zu erwirken. Das war für sie ein Hoffnungsschimmer. Wenn ihr Geliebter nach Bayern ginge und sie ihn begleitete, würde alles gut werden. Dann hatte sie ihn endlich für sich allein. Die anderen, die Maria Barbara von Untermeitingen, die Hauserin auf dem Glashof, die Wirtstochter von Linden (südöstlich von Germaringen) und wie sie alle hießen, die konnten ihn ihr dann nicht mehr streitig machen.

Als Hiasl sie in seine Arme schloß, zeigte sie ihm ihre gewohnte Heiterkeit, die er liebte. Er wollte von ihr keine Sorgen hören, die hatte er selber. Er fragte sie nach den Gewehren, die der Adam gebracht hatte, und fand sich schnell damit ab, daß der Bursche gleich nach Kissing weitergezogen war. »Er hätt' nicht mit uns gehen sollen«, sagte er leichthin. »Aber hol mir den Beamten, Franzl, ich brauch' ihn.«

Dann erzählte er ihr, wie er seinen Hund verloren hatte. »Was bin ich ohne meinen Hund?« sagte er. »Jede Nacht träum' ich von ihm. Gib mir einen Schnaps, heut' trink' ich, bis ich umfall'!«

Die Franzl sah ihn forschend an. Sie merkte, wie er litt, wenn er es auch nicht zugab. Er war ein anderer geworden, seit sie ihn zum letztenmal gesehen hatte. Wo waren seine kühn blitzenden Augen, die sie immer so begeistert hatten? Und die gesunde, vom Wetter gebräunte Haut? Jetzt wirkte er unsicher, beinahe ängstlich, auf seinen bleichen, eingefallenen Wangen brannten rote Flecken wie bei einem Fieberkranken. Seine Kleidung war heruntergekommen und schmutzig. Dabei hatte gerade er immer auf sein Äußeres geachtet! Franzls Augen füllten sich mit Tränen. Sie lief zu anderen Gästen, Hiasl sollte nicht sehen, wie ihr zumute war. Wenn er jetzt ein paar Tage in Lamerdingen blieb, wollte sie sich um ihn kümmern. Sie wollte lustig mit ihm sein, weil er Traurigkeit haßte. Er sollte wieder essen und schlafen, wie es sich gehörte.

Es kam anders. Mit dem Beamten von Lamerdingen hatte Hiasl früher ganze Nächte gezecht, diesmal saßen sie keine Stunde zusammen, da schaute der Beamte schon auf die Uhr und redete vom Heimgehen. Hiasl zog ihn mit sich in die Küche. Neben der Franzl erzählte er, daß ihm die Bayern einen Freiungsbrief geschickt hätten, der Beamte solle sich überzeugen.

Doch der wollte das Pergament gar nicht sehen. Mit vor Erregung geweiteten Pupillen rief er: »Er kommt zu spät! Du kommst nicht mehr über den Lech! Diesmal fangen s' dich! Alle Brücken sind besetzt. Überall haben sie Befehl gegeben, dich aufzuspüren. Es gibt Hunderte von Spionen! Der Schedel von Dillingen hat eine kriegsstarke Kompanie aufgestellt! Er steht marschbereit in Augsburg, er wartet nur auf eine Nachricht, dann rückt er aus. Vielleicht ist er schon unterwegs, er kann schon in Schwabmünchen sein. Dann kann er dich noch heut nacht hier überfallen. Tu mir den Gefallen, Hiasl, und zieh weiter, bevor Lamerdingen zum Schlachtfeld wird. Ich kann dir nicht mehr helfen!«

Darauf Hiasl erst spöttisch, dann bitter: »Jawohl, Herr Beamter, ich will dir keine Scherereien machen. Könnt'st ja in schlechten Ruf kommen! Die Zeit, wo du dich mit den Jägern rumg'schlag'n hast, ist ja lang vorbei! Aber wenn's dir recht ist und du mich nicht dem Schedel meld'st, bleib ich noch die Nacht bei der Franzl.«

Beleidigt zog der Warner ab. Er hatte seine Amtspflicht schwer verletzt, indem er ein Staatsgeheimnis preisgegeben hatte, und erntete dafür nur Undank. Wenn man ihm da draufkam, hatte er nichts Gutes zu erwarten. Nicht nur seine Stellung, auch seine Ehre verlor er dann, und eine harte Strafe war ihm gewiß.

In der Wirtsstube wehte ein rauher Wind. Einige Kameraden waren aufgebracht, besonders der Metzgerle. »Du verheimlichst uns was«, schrie er Hiasl an. »Aber du brauchst nicht zu glauben, daß wir nicht wissen, worum's geht. Du willst dich aus dem Staub machen, nach Bayern! Das einzige, was du noch überlegst, ist, ob du die Maria Barbara mitnimmst oder die Franzl oder alle beide!«

Der Metzgerle mochte scharf beobachtet haben, ein Menschenkenner war er nicht: Sein Hauptmann würde keine der beiden Frauen mitnehmen, der wollte nicht gebunden sein! Der Metzgerle hatte wohl auch das Temperament seines Herrn verkannt, das glich einem Pulverfaß immer mehr.

Hiasl wurde noch bleicher, als er schon war. Mit einem Satz sprang er den Metzgerle an und packte ihn an der Kehle, daß er rot und blau anlief. »Hund, verfluchter!« gellte es durch den Raum. »Das traust mir zu? Ich brauch' keinen von euch, aber ihr braucht mich! Drum bleib' ich. Nur Vorschriften laß ich mir nicht machen von euch, von keinem. Wem's nicht paßt, der soll sich zum Teufel scheren!«

Er löste den eisernen Griff von Metzgerles Kehle. Dem drehte sich alles, wie ein Betrunkener taumelte er herum, bis er sich endlich setzte und ruhiger atmete. Finster stierte er vor sich hin, den ganzen Abend sprach er kein Wort mehr. Auch den anderen war die Unterhaltung vergangen, sie legten sich früher als sonst hin. Der Bub blieb auf. Er postierte sich am nördlichen Ortsende und schaute, ob nicht von Schwabmünchen eine Streife heranrückte.

Hiasl goß in der Küche Kugeln. Lange schaute ihm die Geliebte wortlos zu. Dann fragte sie leise: »Willst die ganze Nacht so weitermachen?«

Er funkelte sie wütend an: »Kannst ja ins Bett gehen, wenn d' willst! Hab dir nicht ang'schafft, daß d' aufbleibst. Ich brauch' die Kugeln. Hast ja g'hört, was der Schedel vorhat!«

Das Mädchen warf sich ihm an die Brust und umschlang ihn, er spürte die Wärme ihres Körpers. Doch er riß sich los von ihr und goß weiter Kugeln, auch als die Franzl aufschluchzte und ihn beschwor: »Laß dich nicht totschießen, Hiasl, geh nach Bayern, bitte! Nur dies' eine Mal folg mir!«

Da stieg Trotz in ihm auf: »Soll ich zum Schuft werden, an meinen Kameraden?«

»Kameraden? Gauner sind das! Schau dir doch den Sepperl an, der dich betrogen hat, oder den Metzgerle. Dem sieht man's schon auf den ersten Blick an!«

»Und wenn's so wär', du hast kein Recht, so über sie zu reden, sie sind meine Kameraden! Und du – du bist nur ein Weib, sonst nichts!«

»Sonst nichts, ja, da hast recht! Aber ich schau' nicht zu, wie du ins Verderben rennst. Wart nicht länger, Hiasl, geh mit mir übern Lech, noch heut nacht! Ich kenn' den Fährmann von Sandau, der bringt uns rüber...« (Sandau liegt nördlich von Landsberg.)

»Und dann bin ich der größte Schuft und ein Esel dazu. Im Brief steht, ich muß ohne G'wehr kommen und ohne Messer. Die wissen schon, warum. Jeder Depp kann mich dann fangen!«

»Dann gehst ohne Brief und mit'm Stutzen. Und ich geh' mit, ich tu' alles, was d' willst.«

»Und drüben hetzen s' mich wieder. Nein, Franzl, ich bleib' in Schwaben. Ich muß! Jetzt hör doch zu flennen auf, ich kann's nicht leiden.«

Franzl hatte das Spiel verloren, sie wußte es. Schrill lachte sie auf. »Was soll ich auch weinen? Bist du's nicht, ist's ein anderer. Männer gibt's genug!« schrie sie.

164

Hiasl hielt ihr den Mund zu: »Bist verrückt? Soll das ganze Haus aufwachen von deinem Geplärr? Sei vernünftig, es geht nicht anders! Wir müssen weiter, morgen früh, aber ich komm' wieder...«

Mit einem Ruck nahm sie seine Hand weg. Kalt entgegnete sie: »Das glaubst selber nicht. Du kommst nicht mehr! Vielleicht kommt der Scherg' zu mir und sucht, was ich für dich versteckt hab. Dann schneiden s' mir die Haar' ab und ziehn mir'n Zuchthauskittel an. Das ist dann alles, was übrigbleibt von unserer Lieb'.«

Wie eine Säule stand sie vor ihm. Er erwiderte nichts. Er arbeitete zerstreut weiter, die Bleikugeln fielen auf den Boden, mit einem dumpfen Klang, und rollten durch die Küche. Da verzog sie ihre Lippen und lächelte mitleidig: »Bist kein Schuft und bist kein Esel, bist nur ein Tolpatsch, läßt die Frauen fallen wie Bleikugeln.«

Am nächsten Morgen standen die Wildschützen früh auf. Hiasl verabschiedete sich von der Franzl ohne viel Umstände. Sie fragte, wohin sie jetzt gingen. Er deutete zum unteren Wirt, auch dem schuldeten sie das Einkehren, sagte er. Sie brauche sich keine Sorgen zu machen.

Der untere Wirt kochte für seine Gäste Kaffee, dazu gab's Wurst und Brot. Man war guter Dinge, Hiasl ausgenommen. Ihm fiel ein großer, starker Mann in der Wirtsstube auf, der neugierig ihre Gespräche verfolgte und zuweilen aus dem Fenster blickte, als erwarte er jemanden. Das kam dem mißtrauischen Hiasl verdächtig vor. Er bat den Fremden unauffällig, mit hinauszugehen, was der zögernd tat. Draußen erfuhr Hiasl auf sein Drängen, daß der Verdächtige ein Bruder des Scharfrichters von Schwabmünchen war, er hatte den Auftrag zu spionieren. Er verriet Hiasl die Streife, die gegen halb zehn in Lamerdingen sein wollte. Aus Dankbarkeit zahlte Hiasl dem Mann einen Schnaps und drückte ihm zusätzlich ein Vierundzwanzigkreuzerstück in die Hand. Sie saßen noch zusammen und tranken miteinander, sie hatten noch Zeit, es war acht Uhr. Dann verließen der Spion und die Wilderer das Haus. Der Fremde marschierte wieder nach Schwabmünchen, die Bande zog nach Westen.

Am Abend des 11. Januar 1771 erhielt Schedel in Augsburg die sichere Kunde, daß sich Hiasl mit seinen Mannen in der Nähe von Mindelheim herumtrieb. Jetzt war der Zeitpunkt des Aufbruchs gekommen. Am 12. Januar rückte der Leutnant mit einem starken Grenadierkorps aus. Auf ihrem Weg gesellten sich noch Jäger und Gerichtsdiener hinzu. Sie kannten die Gegend und wollten dabei sein, wenn man endlich den Bayerischen Hiasl fing. Sogar Fanghunde hatten sie dabei. Immer größer wurde das Kontingent, am Ende waren es fast dreihundert Mann. Schedel begrüßte die Verstärkung: Als erfahrener Stratege wußte er, bei militärischen Aktionen entschied oft die Ortskenntnis.

Der erste Tag verging ohne Erfolg: Hiasls Spur verlor sich wieder. Es war tiefer Winter, fast zwei Schuh hoch lag der Schnee. Alte Spuren waren verweht und zugeschneit, der Schnee nicht überall geräumt. Dazu herrschte strenger Frost. Am Abend quartierte sich Schedel in Buchloe ein.

Am zweiten Tag, man schrieb den 13. Januar, blieben sie im Quartier. Sie ruhten sich aus und sammelten Kräfte, sie würden sie brauchen. Gewehr bei Fuß wartete man auf eine neue Nachricht vom »Nachrichtendienst«, den man in Schwaben organisiert hatte; Tag und Nacht war er tätig, die »Agenten« waren über das ganze Land verteilt. Erst am Abend kam sie, man hatte die Bande wieder ausfindig machen können. Sie sei auf Kaufbeuren zu gegangen, hieß es.

Schedel schickte den größten Teil seiner Mannschaft ins Bett. Sie mußten fit sein morgen, wenn es weiterging in aller Frühe. Er selbst setzte sich mit Ortskundigen zusammen, um die Wege zu studieren; eine Landkarte lag auf dem Tisch. Wichtig war ihm auch, zu erfahren, an wen man sich unterwegs wenden konnte, wegen weiterer Informationen.

Die Botschaft der Kundschafter stimmte. Die Bande hatte sich in der Tat auf Kaufbeuren zu bewegt. Sie umging aber die Stadt und näherte sich Frankenried, einem östlich gelegenen kleinen Dorf. Gegen mittag trafen sie dort ein. Hiasl wußte, daß im Ort der Jäger Andreas Schlang wohnte, der hatte schon Streifzüge gegen ihn mitgemacht. Nun galt es, sich zu rächen.

Am Ortseingang warnten Bauern Hiasl, in der Wirtschaft säßen Dillinger Soldaten. Die fanden's da gemütlicher als im Wald und auf der Landstraße, wo sie außerdem einen Kampf mit den Wildschützen riskiert hätten. »Sollen s' doch ihren Hirsch schießen oder ihr Reh, der Fürstbischof wird deshalb nicht ärmer, und ich bleib' am Leben!« mochte der Korporal gedacht haben, auf der warmen Ofenbank.

Plötzlich riß ein wilder, über und über mit Schnee bedeckter Bursche die Tür auf und rief herein: »Soldaten, habt's meinen Herrn g'sehen, den Bayerischen Hiasl? Ich such' ihn überall und find' ihn nicht.« Es war der Metzgerle, der sich diesen Scherz erlaubte. Der Korporal antwortete verlegen, wo der Hiasl sei, könne er ihm leider nicht sagen. Vielleicht in Mauerstetten (nördlich von Frankenried), in Frankenried jedenfalls nicht, sonst müßten sie's ja wissen. Da stürmte Hiasl schon herein, mit seiner restlichen Schar. Der Korporal machte ihnen friedlich Platz, er war nicht auf den Heldentod erpicht.

Vor den Dillinger Grenadieren beauftragte Hiasl fünf Kameraden, den Jäger Schlang ins Gasthaus zu bringen, damit er die Zeche bezahle. Unter solchen Umständen aßen und tranken die Wilderer, was sie hinunterbrachten. Nach einer Stunde kamen die fünf zurück: ohne Schlang, aber mit acht Flinten und Stutzen, zwei Jägerröcken und zwei Unterjacken, zwei Hirschfängern, einem Paar Schuhe, einem Hemd, einem Paar grüner Strümpfe und einem Paar Gamaschen. Der Jäger habe nicht mitkommen wollen, erzählte der Peter, ja, sie nicht einmal eintreten lassen. Sie seien aber doch hineingegangen und hätten ein paar Kleinigkeiten mitgenommen. Verschwiegen hatte er, daß sie Fenster, Türen und Kästen aufgesprengt, Schlösser, Uhren, Häfen und Schüsseln zerschlagen und eine Tochter des Hauses mit Totschießen bedroht hatten.

Hiasl lobte die Zurückgekommenen. Zu den Soldaten gewendet meinte er, niemand dürfe sich erlauben, Wildschützen Spitzbuben zu nennen oder gar wie solche zu behandeln. Die Angesprochenen starrten nur in ihre Biergläser, sie wollten unter allen Umständen vermeiden, durch einen unvorsichtigen Blick oder eine unüberlegte Bemerkung Ärgernis zu erregen.

Dann erschien noch der Pfarrer, ein würdiger alter Herr, und machte sich zum Fürsprecher des Jägers. Er schilderte die Not des armen Vaters, der elf unmündige Kinder großzuziehen habe, so eindringlich, daß Hiasl drei alte, ausgemusterte Gewehre zurückgab, allerdings unter der Bedingung, daß der Pfarrer die Zeche bezahle. Die Soldaten sahen zu. Sie waren froh, daß Hiasl nicht auch ihnen die Gewehre wegnahm, und verließen erleichtert das Wirtshaus, um sich eine andere Bleibe zu suchen.

Zuletzt hielt Hiasl mit seinen Männern Rat. Es war die vierte Nachmittagsstunde, und es war Sonntag. Aber daran dachten die Wilderer nicht. Es ging nur um die Frage: Sollte man in Frankenried bleiben oder gleich weitermarschieren, die zwei Wegstunden nach Osterzell (östlich von Frankenried), wohin der dortige Wirt sie schon längst eingeladen hatte? Der Sattler, der Schwager des Wirts, war für Osterzell. Dort bekämen sie alles umsonst: Speise, Trank und Obdach. Und sie wären weg vom Schuß, in Osterzell, am Rande des riesigen Sachsenrieder Forstes, der noch heute eines der größten zusammenhängenden Waldgebiete ist; dort sagten sich die Hasen und Füchse Gutenacht.

Der Bub war anderer Meinung. Er zeigte nach Süden, auf die verschneiten Berge. Dort wären sie sicher, sagte er, dorthin würde ihnen niemand folgen. In ein paar Tagen wären sie in Italien, dort gebe es keinen Winter und keinen Leutnant Schedel.

»Und nichts zu fressen«, regte sich der Peter auf. »Die Welschen sind Hungerleider, mit denen will ich nichts zu tun haben. Ihr könnt ja zu ihnen gehen, aber ohne mich!«

Da die meisten Kameraden Peters Ansicht teilten, beschloß Hiasl den Marsch nach Osterzell. Aber man kannte sich nicht aus, und es wurde bald dunkel. Dazu war alles verschneit, man brauchte einen Führer! Hiasl schaute sich um, im Kreise der Wilderer saßen und standen einige neugierige Burschen aus der Gegend. Einer hatte ihm erzählt, er sei aus Ingenried (südöstlich von Osterzell), der mußte sich auskennen.

Hiasl ging auf ihn zu und packte ihn an der Brust, es war der Wagner Johann Georg Keller. »Du führst uns nach Osterzell!« herrschte ihn Hiasl an. »Wehe, wenn du den Weg verfehlst!«

Keller fing an zu jammern, aber Hiasl war unerbittlich. »Ich renn' dir das Messer in den Bauch, wenn du nicht parierst«, brüllte er und schwang seinen versilberten Hirschfänger.

Notgedrungen setzte sich Keller an die Spitze des Zuges. Es war schon nach vier. Mit Händen und Füßen ruderten die zwölf Männer im Schnee, wie Raben, die mit den Flügeln schlagen. Während des Marsches verließ der Metzgerle die Schar, und bald darauf auch der Bräu Toni. Die beiden gaben den Haufen für verloren, sie wollten das eigene Leben retten.

Die übrigen marschierten weiter, schweigsam und keuchend, Mann hinter Mann, im tiefen Schnee. Nur zuweilen ein leiser Fluch. Die Strapaze überstieg fast ihre Kräfte. Aus der verwegenen Bande war ein armseliges Häuflein geworden, angetrieben von der Verzweiflung.

Da hörten sie plötzlich Abendläuten, es waren die Glocken von Osterzell. Es gab ihnen neue Kraft. Im Dorf angekommen, gebärdeten sie sich wie in ihren besten Zeiten. Vor dem Amtshaus machten sie solchen Krach, daß sie im Nu das ganze Dorf umringte, die Osterzeller hatten ihren großen Tag. Dann zog Hiasl wie ein Imperator zum Postgasthaus.

Der Wirt schaute süßsauer, als er Hiasl sah. Zwar hatte er ihn eingeladen und ihm Zechfreiheit versprochen, aber das war vor zwei Jahren. Damals war Hiasl noch Herr der Lage gewesen, jetzt hetzten ihn seine Verfolger nur mehr vor sich her. Länger als eine Nacht könne er ihn nicht behalten, eröffnete ihm der Wirt. Am nächsten Tag, dem 14. Januar, sei eine Hochzeit, da brauche er das Lokal, behauptete er.

Dem Wirt war nicht wohl. Daß Hiasls Tage gezählt waren, stand für ihn fest. Genauso sicher war er sich, daß man erfahren würde, daß er die Wilderer beherbergt hatte. Dann erginge es ihm schlecht. Andrerseits erschien es ihm nicht geraten, Hiasl wieder auszuladen. Der hätte auch kaum auf ihn gehört, von Schlimmerem nicht zu reden.

Um so besser fühlten sich die Wildschützen. Sie machten sich's gemütlich nach dem anstrengenden Marsch. Nur die

Wachtposten, die Hiasl gleich nach der Ankunft aufgestellt hatte, mußten draußen frieren. Die anderen hängten ihre nassen Kleidungsstücke zum Trocknen an den Ofen. Eine heiße Suppe und warmes Bier vertrieben die Kälte aus den Gliedern. Johann Georg Keller, der Wagner aus Ingenried, hätte jetzt eigentlich heimgehen können, er wurde nicht mehr benötigt. Doch auch er war hundemüde, außerdem scheute er die Kälte. So blieb er eben bei den Wilderern sitzen. Die legten sich zeitig schlafen, am frühen Morgen wollten sie wieder aufbrechen. Keiner ahnte, wie nahe ihnen das Unheil war.

Schedel brach am Montag, dem 14. Januar, in aller Frühe um halb drei, eigentlich noch mitten in der Nacht, in möglichster Stille von Buchloe auf. Er hatte gewußt, warum er seine Männer am Vortag geschont hatte, jetzt mußte er ihnen alles abverlangen, als er sie im Eilmarsch nach Süden hetzte, auf Kaufbeuren zu. Aus den vielen fehlgeschlagenen Streifzügen hatte er gelernt, daß Schnelligkeit das wichtigste war. Er mußte noch schneller sein als die anderen, vor allem schneller als die zahllosen Sympathisanten, die dem Hiasl auch nachts ihre Warnungen zutrugen.

Unterwegs erfuhr Schedel, daß die Hiaslbande in Frankenried gesehen worden war, im dortigen Wirtshaus hätten sie gezecht, sagte man ihm. Er beschleunigte noch einmal den Marsch, sprach doch vieles dafür, daß man die Gesuchten dort noch antreffen werde.

In Frankenried ließ Schedel sofort das Wirtshaus umzingeln, in dem festen Glauben, die ganze Rotte sei ihm ins Netz gegangen. Dann befahl er, die Bewohner der Nachbarhäuser aufzuwecken. Dabei erfuhr er, daß Hiasl gegen Abend wieder aufgebrochen war. Auf Osterzell zu sei er gegangen. Ob er dort sich aufgehalten habe oder noch sei, wisse man nicht.

Schedel wollte auf der Stelle die Verfolgung fortsetzen und schnurstracks nach Osterzell. Aber seine Mannschaft war erschöpft. Sie war so ausgepumpt von dem strapaziösen Marsch, daß er nicht umhinkonnte, eine kurze Rast einzulegen.

Welche Leistung seine Männer vollbrachten, kann man ermessen, wenn man die Entfernungen betrachtet. Von Buchloe nach Frankenried sind es gut und gern achtzehn Kilometer Luftlinie, und von da nach Osterzell noch einmal vier; die Straßen sind entsprechend länger. Wenn auch die meisten einigermaßen passierbar gewesen sein mochten und bei Bedarf mehr Leute besser spuren konnten, so war es doch Nacht und Winter, und dies bei eisiger Kälte. Trotzdem sollte der Zug bereits viereinhalb Stunden nach dem Start in Buchloe in Osterzell eintreffen. Der Kräfteverschleiß bei diesem Gewaltmarsch war enorm!

Während in mehreren Häusern in aller Eile für seine Leute gekocht wurde, verteilte Schedel rund um Frankenried Wachen, um zu verhindern, daß Hiasl gewarnt werde. Dann zog er nach Osterzell weiter. Die Stunde der Entscheidung nahte heran.

Der letzte Kampf

Die Wildschützen standen früh auf, um weiterzumarschieren. Als sie aber hinausschauten, war dichter Nebel draußen, man konnte kaum drei Schritte sehen. Da änderten sie ihre Absicht und blieben noch. Sie wollten warten, bis der Nebel sich lichtete. Sie fühlten sich so sicher, daß Hiasl die Wachen aufhob. Das war ein entscheidender Fehler!

Darauf saßen sie zusammen und spielten Karten: Hiasl, der Blaue, der Rote, der Sattler, der Amberger Sepperl, der Peter, der Gärtner, der Allgäuer und der Bub. Auch der Keller, ihr Wegweiser, blieb sitzen.

Es ging gegen sieben, und es war noch dunkel, als Schedel am 14. Januar 1771 mit seiner Heerschar in Osterzell eintraf. Zufällig begegnete er der Tochter des Wirts und erhielt die Nachricht, die Bande, zehn Mann stark, sitze in der unteren Wirtsstube und vergnüge sich mit Kartenspielen. Er ließ sich die Lage der Stube und sonstige Einzelheiten beschreiben. Die meisten Jäger erhielten den Befehl, den Rand des nahen Waldes zu besetzen, um den Wilderern, falls sie versuchen sollten, dorthin zu flüchten, den Weg zu verlegen. Seine übrigen Leute teilte er in drei Gruppen, die sich auf verschiedenen Wegen gleichzeitig dem Wirtshaus näherten. Darauf beorderte er einen Teil der Mannschaft in ein Söldnerhaus, das, auf der anderen Seite der Gasse, der Wirtshausküche gegenüberlag. Aus dem Söldnerhaus heraus konnten sie die Küchentür bestreichen, falls die Wildschützen durch sie einen Ausfall wagen sollten. Den Rest verteilte er taktisch vorteilhaft um das Gasthaus. Als alle ihre Position eingenommen hatten, ließ er von mehreren Seiten Soldaten gegen das Haus und die Stube vorrücken. Schattenhaft schlichen sie sich an, krochen gebückt unter den Fenstern hin, der immer noch dichte Nebel kam ihnen zugute.

Das war der Augenblick, als der wachsame Bub durchs Fenster einen Schatten und sogleich noch weitere im Nebel sich bewegen sah. »Eine Streif'!« entfuhr es ihm. Nun sahen auch seine Kameraden das Malheur, sie fluchten gräßlich, weil man sie überrumpelt hatte.

Mit einem Sprung waren sie in der Küche, wo sie ihre Stutzen und Flinten hatten. Sie schossen sofort durch die geschlossenen Fenster, klirrend barsten Scheiben. Der Allgäuer sah eine helle Uniform, keine zehn Schritte entfernt, im Nebel leuchten. Der Offizier! kam ihm blitzschnell die Erkenntnis. Ziehen und durchdrücken war eins... Zum Teufel, das Gewehr versagte; das Zündpulver in der Pfanne flammte auf, der Schuß ging nicht los! Schedel hatte Glück gehabt, sonst wäre er jetzt ein toter Mann gewesen. Der Allgäuer fluchte gotteslästerlich. Daß ihm so was passieren mußte!

Aber das Fluchen und Schimpfen ging unter in dem Höllenlärm, der nun entstand: Die draußen erwiderten hundertfach und mörderisch das Feuer, überall griffen die Dillinger an, sie standen und knieten, sie luden und schossen. Nur Hiasls schrille Stimme hörte man heraus: »Ihr Hunde! Mit euch mach' ich's wie mit den Ulmern. Ich laß euch in die Hölle hinabtanzen! Ihr sollt dem Teufel in den Rachen fahren!«

Hiasl war außer sich vor Wut. Er wehrte sich verzweifelt mit seinen Kameraden, beständig fluchend und schimpfend. Die Schüsse peitschten wechselseitig hin und her. Zwischendurch immer wieder die Aufforderung an die Wilderer, sich zu ergeben.

Abgesehen davon, daß sie in der Falle saßen, war ihre Situation im Augenblick nicht so schlecht. Sie hatten sich vorteilhaft postiert: drei Türen konnten sie gleichzeitig bestreichen, und vor den gegnerischen Kugeln waren sie relativ geschützt. Die durchlöcherten nur die Türen wie ein Sieb; von den Fenstern waren schon alle Scheiben herausgeschossen. Die Soldaten feuerten unaufhörlich.

Einmal öffnete Hiasl ein wenig die Tür, die von der Küche in die Stube führte. Er sah den Grenadier Steiner, einen riesenhaften Mann, neben dem Ofen stehen. Er schoß ihm eine

174

Kugel in die Brust. Gleich darauf stürzte der Soldat Kopp tödlich getroffen zu Boden. Seine Kameraden trugen ihn in ein nahes Bauernhaus, wo er dem Steiner in die Ewigkeit folgte.

Schedel konnte keinen Fortschritt verbuchen, die Bande wehrte sich verbissen. Es war neun Uhr, der Kampf dauerte nun schon zwei Stunden, ein Ende war nicht abzusehen. Zwei Tote hatte Schedel bereits zu beklagen, mehrere seiner Leute waren verwundet. Bei seinen Gegnern vermochte er keine Verluste zu erkennen, sie schossen mit unverminderter Heftigkeit aus der Küche. Schedel wagte es nicht, zu stürmen. Seine Art war, behutsam vorzugehen, nicht alles auf eine Karte zu setzen. Er wollte seine Leute schonen.

Schedel wurde nachdenklich. Er dachte an die Schmach, die ihn erwartete, falls es ihm nicht gelänge, lächerliche zehn Wilderer unschädlich zu machen, mit Soldaten und dreißigfacher Übermacht. Und mit dem Überraschungsmoment, das er auf seiner Seite gehabt hatte! Er hatte alle Trümpfe in der Hand – und konnte sie nicht ausspielen. Es war wie verhext! Sind schon Kerle, die da drinnen, scheren sich den Teufel um was, solche Soldaten wenn er hätte! dachte er. Doch davon konnte er nur träumen. Einen Augenblick lang glaubte er, Hiasl sei wirklich unbesiegbar, wie das Volk es sich erzählte. Mit gewöhnlichen Mitteln konnte man offenbar der Bande nicht beikommen. Schedel griff sich an den Kopf.

Es mußte doch eine Lösung geben! Er würde doch stürmen lassen! Aber ihm war nicht wohl bei dem Gedanken, er dachte an die Verluste, die man ihm ankreiden würde. Er mußte sich was anderes einfallen lassen.

Sinnend schaute er auf das Haus, betrachtete die Fenster, die zerschossenen im Erdgeschoß und die noch heilen im Obergeschoß. Plötzlich kam ihm der Gedanke, der ihm zum Sieg verhelfen sollte. Ja, das war die Lösung! Er war davon überzeugt. Er würde nicht länger nur auf die Türen und in die Fensteröffnungen schießen lassen, hinter denen sich die Bande verschanzt hatte, er würde sie zusätzlich von oben bekämpfen! Er überlegte, wie man am besten zu dem Raum gelangte, der über der Küche lag. Dann erging sein Befehl. Die Lösung war genial, wenn auch nicht fair. Doch Schedel konnte es sich nicht leisten, zimperlich zu sein. Er wußte, es zählte nur der Erfolg. Der Erfolg heiligt die Mittel! Der Pferdefuß war nur, daß man, um nach oben zu kommen, an einer der Türen vorbeimußte, die Hiasl und seine Leute mit ihren Gewehren beherrschten.

Auch hier zeigte sich, wie vorsichtig und umsichtig Schedel war. Er schärfte seinen Leuten ein, einzeln und jeweils nach einer Pause rasch an der Tür vorbeizuspringen. Die Methode bewährte sich! Es gelang in kurzer Zeit, genügend Mann unversehrt in die obere Stube zu schleusen.

Nur der vorwitzige Jäger Johannes Schmidt aus Koneberg (einem Weiler südlich von Buchloe) wagte es, einen Augenblick in die Türöffnung hineinzublicken, um zu sehen, was die Wilderer machten. Er bezahlte seine Neugier mit dem Leben: Blitzschnell schoß ihn Hiasl nieder.

Der mochte sich verwundert gefragt haben, was seine Gegner über ihm wollten. Er wunderte sich noch mehr, als er ein Klopfen hörte, er konnte ja nicht sehen, daß die oben den Holzfußboden aufrissen. Erst als sie das gemauerte Gewölbe darunter bearbeiteten, wozu man erst eine Axt aus dem Nachbarhaus holen mußte, durchschaute Hiasl ihre Absicht.

Staub rieselte von der Decke. Dann prasselten Brocken herunter, als sie das Gewölbe durchschlugen. Das Loch wurde größer und größer. Schließlich war es so groß, daß die oben hätten herunterspringen können, wovor sie sich wohlweislich hüteten.

Schon während des Durchbruchs wurde durch die Öffnung rauf- und runtergeschossen. Daneben pfiffen weiterhin Kugeln durch die Fenster und Türen. Für die Wildschützen wurde die Lage fatal, sie wußten nicht mehr, wo sie zuerst hinschießen sollten, um sich ihrer Haut zu wehren. Hielten sie die oben in Schach, wurden die draußen frecher. Wehrten sie die ab, fiel man ihnen von oben in den Rücken. Dazu der ohrenbetäubende Lärm der Schüsse und Einschläge im Raum und der Staub, den jeder Einschlag aufwirbelte, und der Pulverdampf. Die Situation war verteufelt! Zudem wurden langsam Kugeln und Pulver knapp, man mußte sparsamer damit umgehen.

Trotzdem gaben die Wildschützen nicht auf, sie kämpften wie die Löwen. Schedel mußte es sich mit Bewunderung eingestehen, so etwas hatte er nicht erwartet, nicht von Verbrechern. Er hatte geglaubt, nun die Oberhand zu haben, aber weiterhin zeichnete sich keine Wende ab. Es war zum Verrücktwerden!

Da hatte Schedel wieder einen Einfall. Ein neuer Befehl erging. Daraufhin umwickelten die Soldaten in der oberen Stube Pulverpatronen mit Stroh, das sie aus einem Bett in der angrenzenden Kammer herausgerissen hatten, zündeten das Stroh an und warfen das Ganze durch die Öffnung nach unten, wo das Pulver explodierte. Es entwickelte sich beißender Qualm und Rauch, die Eingeschlossenen husteten und fluchten abwechselnd. Ihre Augen brannten und tränten so stark, daß sie nicht mehr richtig zielen konnten. Aber noch immer hielten sie stand in ihren Qualen und wehrten sich mit beispielloser Tapferkeit. Bei ihnen ging es um das Leben!

Schlimm wurde es, als der Peter getroffen wurde. Während er durch das Loch auf einen Soldaten hinaufzielte, riß ihm ein Schuß von oben die Kinnlade bis zum Hals weg. Damit noch nicht genug! Dem Gärtner drang eine Kugel unter der linken Warze in die Brust, daß es ihn niederstreckte. Der Rauch wurde so dicht, daß die Wilderer nichts mehr sahen und, um ihre Gewehre zu laden, sich in das an die Küche stoßende kleine Speisgewölbe zurückziehen mußten. Trotzdem setzten sie den Kampf fort. Immer wieder liefen sie in die Küche und feuerten auf die Feinde.

Der Peter und der Gärtner, beide tödlich verwundet, schrien und stöhnten, es ging durch Mark und Bein. Grauenhaft war das Los des ersteren: Er lag direkt unter der Öffnung und mußte die Schüsse und das heruntergeworfene Feuer aushalten. Bei lebendigem Leib verbrannten ihm die Kleider. Seine Haut, schrieb Schedel später, habe wie die eines versengten Schweines ausgesehen.

Da drohte auch noch ein in der Küche ausbrechender Brand Tod und Verderben: Die laufend herabgeworfenen brennenden Patronen hatten andere Gegenstände entzündet, es war zu befürchten, daß bald das ganze Wirtshaus in Flammen

Die Gefangennahme des Bayerischen Hiasls in Osterzell 1771.
Radierung von J. M. Will.
Im Besitz des Deutschen Jagdmuseums, München.

Hiesel, samt 9 seiner Came...
...ugspurg d. 14. Ian. 177...

stehen würde. Zum Glück entdeckten die Soldaten im oberen Stock einen Sud Weißbier, das man zum Abkühlen dorthin gebracht hatte. Eilig schütteten sie das Bier durch die Öffnung, um das Feuer zu löschen.

Das gelang schließlich auch. Aber der Rauch und der Dampf wurden dabei so stark, daß es den Wildschützen den Atem nahm. Die Lage wurde unerträglich, es war nicht mehr auszuhalten. Die »Gaskampftechnik« zeigte ihre Wirkung, Hiasls Kameraden verkrochen sich: in die Speis, in und unter den Backofen, überallhin, wo ein Versteck zu finden war. Der Sattler war in den Kamin gestiegen, wo das Rauchfleisch hing, der sonst so tapfere Bub war mitsamt dem geladenen Gewehr in das Ofenloch geschlüpft. Vergeblich rief Hiasl seine Kameraden zum Kampf, sie kamen nicht mehr und antworteten nicht einmal. Er war tief enttäuscht und maßlos verbittert. Besonders traf ihn, daß sogar sein Bub ihn verlassen hatte. »Bub, mein Bub, du wirst mich doch nicht im Stich lassen!« rief er. »Jetzt, wo's ums Leben geht!«

Das Stöhnen des Gärtners war schwächer geworden, es ging mit ihm zu Ende; vom Peter hörte man schon nichts mehr. Hiasl hatte zwei Schüsse in die Beine und einen Streifschuß an der linken Backe abbekommen. Die Wunden schmerzten, zeitweise drohte ihn der Schmerz zu übermannen. Er stand allein da, auf der Schwelle zwischen Küche und Speis, das Gewehr schußbereit in den Händen. Doch er schoß nicht mehr. Auch auf der Gegenseite war es ruhiger geworden, es fielen nur noch vereinzelt Schüsse. Es war elf Uhr, vor vier Stunden hatte der Kampf begonnen, Hiasl erschien es wie eine Ewigkeit.

»Halt, halt – um Gottes Barmherzigkeit willen, ich bin unschuldig –, laßt mich raus!« hörte man plötzlich jemanden schreien. Es war der Wirt, der bei Beginn der Schießerei in den Backofen verschwunden war. Nun wagte er es, den Kopf herauszustrecken. Laut jammernd flehte er, ihn zu verschonen. Die Soldaten über dem Loch waren überrascht, sie glaubten dem völlig Verängstigten und in Tränen Aufgelösten. Sie sagten, er solle sich unter das Loch stellen, wo der Peter lag. Der Wirt folgte diesem Rat. Dann zogen sie ihn, den Wohlbeleibten, mit vereinten Kräften hinauf durch die Öffnung.

Hiasl sah dieser Art Himmelfahrt untätig zu. Vielleicht beneidete er den Wirt. Er selbst blutete aus seinen Wunden, warm rann Blut über die Haut. Er wußte nicht, was er tun sollte. Noch nie in seinem Leben hatte er so gekämpft – und trotzdem den Kampf verloren! Das also war das Ende! Eine seltsame Bangigkeit erfaßte ihn, er kam sich grenzenlos verlassen vor.

Er sah durch den nachlassenden Dunst hinaus. Draußen hatte sich der Nebel aufgelöst, jetzt schien die Sonne. Es war ein herrlicher Wintertag, ringsherum glitzerte der Schnee. Das Leben ist schön, mochte Hiasl gedacht haben, und er war noch jung, auch wenn er sich schon verbraucht vorkam wie ein alter Mann. Was hatte er denn den anderen getan? Er hatte sich gewehrt, das war sein gutes Recht! Trotzdem trachteten sie ihm nach dem Leben. Es konnte nicht mehr lang dauern, dann kamen sie herein, sie mußten ja merken, daß er am Ende war. Einen von ihnen würde er noch erledigen, aber die anderen würden ihn umbringen, das war so sicher wie das Amen im Gebet. Noch immer fielen einzelne Schüsse.

Da verlor Hiasl die Nerven, er war restlos fertig. »Jesus, Maria und Joseph!« schrie er in seiner Verzweiflung. »Krieg' ich denn keinen Pardon?«

Schedel hörte es. Er befahl, das Schießen einzustellen. Er rief, Hiasl solle durch die Stubentür herauskommen, ohne Hirschfänger und Gewehr. Bei seiner Offiziersehre versprach er ihm, es werde ihm jetzt nichts geschehen.

Hiasl antwortete, er werde kommen. Doch er war mißtrauisch, auf das Ehrenwort eines Soldaten gab er nicht allzuviel. Er stieß einen Kameraden hinaus – der Allgäuer war's! –, um zu sehen, wie es dem erging. Sie stürzten sich auf ihn, packten und banden ihn und warfen ihn in den Schnee.

Dann trat er selbst unter die Tür – und verzagte vor Schreck! Urplötzlich erfaßte ihn die Todesangst, in die er andere so oft versetzt hatte. Da war eine Phalanx von aufgepflanzten Bajonetten, und dahinter sah er Gesichter, verzerrt in maßloser Wut und abgrundtiefem Haß. Die Hände der

Soldaten zitterten an den Gewehren in höchster Spannung, bereit zum tödlichen Stoß. Sie wollten ihn lynchen! Blitzschnell würden die Messer ihn durchbohren. Er riß die Arme hoch und flehte um Gnade.

»Halt! Zurück!« Das war die Stimme des Leutnants, der die Gefährlichkeit der Situation erkannte. Seine Ehre als Offizier stand auf dem Spiel! Er sprang vor die Bajonette und stellte sich schützend vor Hiasl, in letzter Sekunde. Der fiel ihm um den Hals und bettelte um sein Leben. Nur leben wollte er noch, nichts als leben!

Der Bann war gebrochen, die Soldaten hatten sich wieder in der Gewalt. Schedel wies Hiasl von sich, mit einem Verbrecher wollte er nichts zu tun haben, seine Bewunderung war dahin. Er hatte sich nur korrekt verhalten wollen, wie man es von einem Offizier erwartete, das war alles.

Hiasl wurde ebenfalls gebunden und zum Allgäuer in den Schnee geworfen. Dann wollte Schedel wissen, wo die anderen waren. Hiasl sagte es willig. Er sagte alles, was der Leutnant wissen wollte, jetzt war ihm alles gleich, der Verrat an seinen Kameraden berührte ihn nicht.

Die Soldaten gingen ins Haus und holten die anderen aus ihren Verstecken, ohne Gegenwehr. Einer nach dem andern landeten sie gebunden im Schnee, bis sie vollzählig waren. Mit Ausnahme des Buben, der noch an seinem lädierten Knie litt, waren alle Überlebenden mehr oder minder stark verwundet, Hiasl und der Sattler schwer. Schedel ließ sie als erste vom Feldarzt verbinden; dem Sattler hatte man so in die rechte Backe geschossen, daß die Kugel durch das Kinn wieder ausgetreten war. Dann erst kamen die anderen Verwundeten dran.

Auch den Gärtner trugen sie heraus, er lebte noch, starb aber bald, nachdem er noch die Sterbesakramente erhalten hatte. Der Peter war schon tot. Auf seiten der Gegner waren der Jäger von Koneberg und die Grenadiere Kopp und Steiner gefallen, dreiundzwanzig Soldaten und Jäger waren verwundet. Schedel war der Held des Tages!

Die Soldaten zählten ihre Beute: drei Büchsen, zehn Flinten, einen mit Silber beschlagenen Hirschfänger, drei gewöhnliche und einen kleinen Rest von Pulver und Blei. Die Kasse, die Hiasl für die Bande verwaltete, bestand aus vierundzwanzig Gulden und vierundvierzig Kreuzern. Bei Hiasls Kameraden wurde kein Geld gefunden. Der Vertrag vom 4. Juli 1767, den die Bande im Augsburger Wald geschlossen hatte, wurde also bis zuletzt eingehalten.

Schließlich lud man die frierenden Gefangenen auf einen großen Kälberschlitten, von der aufgeregt zusammengelaufenen Dorfbevölkerung begafft. Es kam der Befehl aufzubrechen, und ab ging's in Eile, nach Buchloe ins Zuchthaus. Den Geleitzug bildeten ein Großteil der Grenadiere, acht Jäger und vier Untervögte, insgesamt mehr als hundertfünfzig Mann.

In Buchloe steckte man die gefangenen Wildschützen in die blaue Zuchthausmontur. Nur ihrem Hauptmann ließ man seine Kleidung. Dafür schloß man ihn in Eisen, um eine Flucht unmöglich zu machen. Die meisten Wilderer erhielten eine eigene Zelle, nur zwei wurden zu anderen Gefangenen gelegt. So endete jener denkwürdige Tag, der 14. Januar 1771, an dem Hiasl endgültig seine Freiheit verlor.

Auch die beiden toten Wildschützen wurden weggeschafft. Den Gärtner scharrte man in aller Stille ein, an einem verschwiegenen Ort. Peter dagegen erfuhr die ganze Strenge des Gesetzes: Man flocht den Leichnam auf ein Rad und stellte ihn auf einer Viehweide bei Lamerdingen, neben der Landstraße, als abschreckendes Beispiel zur Schau. Später warfen unbekannte Täter das Rad um und ließen es mit dem Toten auf der Straße liegen.

Inzwischen hatte Leutnant Schedel für seine Vorgesetzten einen Bericht verfaßt und am 15. Januar 1771 signiert; das Original ist im Besitz des Deutschen Jagdmuseums. Er enthält die Umstände der Aushebung der Bande und die Bilanz: die eigenen Verluste und daß zwei Wildschützen getötet und acht gefangen worden seien.

Hier irrte Schedel. Er hatte mit seinen fast dreihundert Mann nicht zehn Wildschützen ausgehoben, sondern nur neun. Wie der Leser weiß, gehörte der Wagner Johann Georg Keller nicht dazu, er hatte als Unbeteiligter den Schreckensmorgen miterleben müssen. Aber das wußten die Soldaten nicht. Sie hatten den Verwundeten wie die anderen an Händen und Füßen gefesselt in den Schnee geworfen und auf den Kälberschlitten geladen. Keiner glaubte dem sich verzweifelt Wehrenden, daß er kein Wildschütz war. Er galt als besonders rabiat. In Buchloe schlug ihn der von Hiasls Taten erboste Kerkermeister ins Gesicht, um ihn für seine »Lügen« zu strafen. Erst nach Wochen erhielt er seine Freiheit wieder, nachdem sich endlich seine Unschuld herausgestellt hatte.

Hiasls Gefangennahme hatte ein reitender Bote noch am späten Abend nach Augsburg gemeldet. Von dort kam der Befehl, die Bande durch dieselbe Begleitmannschaft unverzüglich nach Dillingen zu bringen. Tausende säumten auf dem Weg dorthin die Straße, zu Fuß, beritten und mit Fahrzeugen waren sie aus den umliegenden Dörfern und Städten zusammengeströmt, es war ein ungeheurer Auflauf. Alle wollten den berühmten Wildschützenhauptmann und seine Kameraden sehen. Er genoß noch immer ihre Sympathie, freundliche Zurufe und Winken zeigten es ihm. Man begrüßte und bedauerte die Gefangenen. Und wieder flossen reichlich Geldgeschenke, die man ihnen auf den Schlitten legte.

Aber Hiasl war nicht mehr der fröhliche, unbeschwerte Bursch, den sie vor knapp sechs Jahren nach München ins Zuchthaus gebracht hatten. Bleich, mit tiefliegenden Augen und eingefallenen Wangen, vor Schmerzen zusammengekrümmt und in der Kälte frierend, winkte er nur müde zurück, geistesabwesend und zerstreut. Er war nur mehr ein Schatten seiner selbst, ein menschliches Wrack. Was hatten sie aus ihm gemacht? In die Begeisterung der Menschen mischte sich Bestürzung, als sie den Geschlagenen sahen. Wieder hatten sie ihn sich ganz anders vorgestellt.

Vieles mag Hiasl auf der Reise nach Dillingen durch den Kopf gegangen sein. Die Zuneigung der Menschen wird ihn getröstet haben, wenn sie ihm auch nicht helfen konnten: seine starke Bedeckung hätte jeden Befreiungsversuch vereitelt. Wieder und wieder wird er sich vor Augen gehalten haben, wie sie ihn überwältigt hatten. Nie hätte er gedacht, daß er ihnen lebend in die Hände fallen würde.

Und was hatte er alles falsch gemacht! Auf den Rat seiner wahren Freunde hatte er nicht gehört. Immer mehr hatte er sich in Schuld verstrickt, immer tiefer war er gesunken. Trotzdem hatte er in letzter Minute noch einen Freiungsbrief bekommen! Er zermarterte sich den Kopf mit der Frage, ob der ernst gemeint gewesen war – und kam zu keinem Ergebnis.

Wir meinen, daß es nicht zur Art des bayerischen Kurfürsten Max III. Joseph gepaßt hätte, Hiasl mit einer Finte hinters Licht zu führen. Der Kurfürst war ein frommer Mensch und, 1745 an die Macht gekommen, ein aufgeklärter Monarch. Nie zeigte sich sein Wesen in einem helleren Licht als in jenem Hungerjahr 1770, wo Mißwuchs, Kornwucher und verfehlte Handelsspekulationen eine schreckliche Not heraufbeschworen hatten und in Bayern 62 000 Menschen verhungerten. Max III. Joseph ging mit Strenge gegen den Wucher vor, er ließ das Wild abschießen in seinen Gehegen, Kunstwerke verpfänden und für seine Juwelen Getreide kaufen, um die Not der Armen zu lindern. Zweieinhalb Millionen Gulden ließ er an die Hungernden verteilen. Als er im Jahre 1777, erst fünfzig, unerwartet starb, trauerten alle Stände aufrichtig um ihn, sie gaben ihm den Ehrentitel des »Vielgeliebten«. Und nachdem seine große Leidenschaft neben der Musik die Jagd gewesen war, mochte er einen Mann wie Hiasl verstanden haben.

Der wußte das alles freilich nicht. Er sah nur, wie man in Schwaben mit ihm umsprang, und verstand nicht, daß es woanders Gnade für ihn geben sollte, das wollte einfach nicht in seinen Kopf. Wenn etwas recht oder unrecht war, mußte es doch überall so sein! Und doch hatte der Studele bayerische Landeshuld erlangt! Wäre er nur mit ihm gegangen! Der lebte jetzt frei und unangefochten – solange er sich nicht in Schwaben blicken ließ. Damals war es noch leichter gewesen, das Land zu verlassen.

Vielleicht wäre es ihm sogar jetzt noch gelungen, mit dem Freiungsbrief in der Tasche? Er hätte es versuchen sollen!

Warum hatte er nicht alles auf eine Karte gesetzt? War es der Kameraden wegen gewesen? Die hatten ihn im Stich gelassen, in Osterzell, als es zu Ende ging! Oder er hätte auf den Buben gehört, in Frankenried. Wären sie von da gleich weiter in die Berge gezogen, trotz des Winters, wer weiß, vielleicht hätte es den letzten Kampf nicht gegeben. So aber hatte er ihn verloren – und damit alles! Keiner seiner Siege zählte mehr.

Und warum hatte er in Osterzell die Wachen eingezogen? Er, der immer so vorsichtig gewesen war und gewußt hatte, daß ihm der Schedel auf den Fersen war. Er begriff nicht, wie er so hatte handeln können. Rechtzeitig gewarnt, hätte er bei dem dichten Nebel durchaus eine Chance gehabt.

Selbst als er schon umzingelt gewesen war, hätte nicht alles verloren sein müssen. Hätte dem Allgäuer das Gewehr nicht versagt, wäre der Schedel gefallen. Sie hätten die Verwirrung nutzen können, sich zu retten. Freilich, für wie lang? Oder sie hätten später einen Ausbruch gewagt; die Erkenntnis, daß eine Handvoll Kerle dreihundert Mann stundenlang in Schach halten konnte, hätte die Gegner, führerlos geworden, zermürbt. Nur weil Schedel die Idee gehabt hatte, ihn auch von oben zu bekämpfen, war die Lage aussichtslos geworden; einem anderen wäre sowas bestimmt nicht eingefallen! Er, Hiasl, war schon ein Pechvogel! Es hatte nicht sein sollen, daß er dem Verhängnis entrann. Alles hatte sich plötzlich gegen ihn verschworen, eine solche Pechsträhne hatte er noch nie gehabt. Von heut auf morgen hatte ihn das Glück verlassen.

So oder so ähnlich mochten Hiasls Gedanken gewesen sein. Er konnte überlegen, soviel er wollte, gewiß war für ihn nur eins: daß jetzt alles aus war! Überrascht hatte ihn auch der tödliche Haß, dem er in Osterzell begegnet war: Fast hätten sie ihn gelyncht! Dabei hätten ihm solche Mienen vertraut sein müssen. So hatte sein Gesicht oft ausgesehen bei Begegnungen mit Feinden, er hatte nur nie in den Spiegel geschaut. Jetzt hatte er am eigenen Leib erfahren, wozu Haß fähig war.

Mitten unter seinen Kameraden fühlte sich Hiasl allein. Allein mußte er sein Schicksal tragen. Er hatte mit dem Leben abgeschlossen. Nichts zählte jetzt mehr!

Die Reise von Buchloe nach Dillingen dauerte drei Tage. Zuerst ging's über Schwabmünchen und Bobingen nach Göggingen, wo man übernachtete. Die zweite Nacht verbrachten sie in Zusmarshausen. Am Abend des dritten Tages erreichten sie schließlich das Ziel: Hiasl, der Bub, der Sattler, der Allgäuer, der Amberger Sepperl, der Rote und der Blaue.

Am ersten Tag waren sie beim Peter vorbeigekommen, sein Totenschädel hatte sie auf dem Rad angegrinst. Dann zogen sie durch Lamerdingen. Die Kunde von ihrem Kommen war ihnen vorausgeeilt. Im Spalier der Menschen stand auch die Franzl. Als sie ihren Geliebten sah, eilte sie ihm entgegen. Sie wollte ihm ein warmes Bier reichen, weil er das im Winter gern trank, und Würste in die Tasche stopfen. Doch Hiasl stieß sie zurück: »Was willst denn? Es ist aus zwischen uns!« Er wandte sich ab. Als sie fragte, ob sie noch etwas für ihn tun könne, schüttelte er den Kopf. Ihm konnte man nicht mehr helfen! Er gehörte schon zu den anderen, die ihm in den Tod vorausgegangen waren. Er dachte an den Zimmermann Heinrich, den Sternbutz, den Bartenschlager und den Bayerischen Hansel, den Gärtner und den Peter. Was sollte da noch das blühende junge Weib?

Die Franzl sah ihm verzweifelt nach. Das war nicht ihr Hiasl, das war ein Fremder! Sie hätte aufheulen können, aber kein Laut kam über ihre Lippen, wie versteinert stand sie da. Bis sich der traurige Zug in der Ferne verlor. Da erst merkte sie, daß sie allein auf der Straße war.

Urtheil

des
in der Hochfürstlichen Residenzstadt Dillingen
durch das Rad hingerichteten

Mathias Klostermayer

oder

Landesverrufenen Erzbösewichts

des

Baierischen Hiesel.

In peinlichen Verhörssachen entgegen, und wider den Mathias Klostermayr sogenannten baierischen Hiesel von Kissing des Landgerichts Friedberg in Baiern gebürtig, wird auf desselben gerichtlich- und gütliche
Bekenntniße, und hierüber eingekommenen eidliche Erfahrungen nach
gepflogenem genauen Rechtsbedacht, und der Sachen reiferwogenen Umständen vor der Hochfürstl. augspurgischen weltlichen Regierung alhier mit
Urtheil zu Recht erkannt, daß dieser Erzbösewicht wegen seiner vielfältigen
Wilddiebereyen, offentlichen Gewaltthaten, Landesfriedbrüchen, Raube-
reyen, und fürsetzlichen Todschlägen, den göttlichen, natürlichen und
menschlichen Gesetzen, auf die vermessenste und ärgerlichste Weise zuwidergehandelt, und dahero das Leben verwirket habe; weßwegen derselbe zu
seiner wohlverdienten Strafe, Anderen aber zum abscheuenden Beispiel
dem Scharfrichter zu Handen und Banden übergeben, zur Richtstatt
geschleifet, daselbst mit dem Rad, durch Zerstossung seiner Glieder von oben
herab, vom Leben zum Tode gerichtet, alsdann der Kopf von dem Körper
abgesöndert, dieser aber in vier Stücke zerhauen, und auf den Landstrassen
aufgehangen, der Kopf hingegen auf den Galgen gesteckt werden solle.

Von Rechtswegen
Also geurtheilt und vollzogen
in der Hochfürstl. Residenzstadt Dillingen
den 6. Herbstmonat 1771.

Prozeß und Hinrichtung

Man mag sich fragen, warum sie den Bayerischen Hiasl ausgerechnet nach Dillingen brachten, in den Norden Schwabens, wo sie ihn doch im Süden gefangen hatten. Einfacher hätte man ihn in die Reichsstädte Kaufbeuren oder Augsburg oder in das nicht minder nahe Mindelheim überführen können. Dieses gehörte wie die ebenfalls zum Schwäbischen Kreis zählenden Orte Illertissen, Wertingen und Donauwörth schon damals zu Bayern, weshalb dieses bei der Jagd auf den Bayerischen Hiasl in Schwaben kräftig mitmischte.

Die Erklärung für die lange Reise liegt in der Person des Fürstbischofs Clemens Wenceslaus von Augsburg, der sein Amt von 1768 bis 1812 bekleidete. Die Augsburger Fürstbischöfe waren zugleich geistliche und weltliche Regenten. Als Reichsfürsten geboten sie über das Hochstift Augsburg, das im östlichen Schwaben das größte reichsunmittelbare Herrschaftsgebiet bildete. Seine Territorien erstreckten sich von den Allgäuer Alpen bis zur Schwäbischen Alb. Fürstbischof Wenceslaus spielte daher eine dominierende Rolle unter den Fürsten und Ständen des Schwäbischen Kreises.

Durch Schenkung kam Dillingen 1258 an das Hochstift Augsburg. Als die Reichsstadt Augsburg im 15. Jahrhundert ihren Bischöfen zunehmend Schwierigkeiten bereitete, verlegte man kurzerhand die fürstbischöfliche Residenz in die Burg von Dillingen, die man zu einem prächtigen Renaissance- und Barockschloß umbaute.

Die Reichsdefensialordnung von 1681 verpflichtete das Hochstift Augsburg, ein Kontingent von Streitkräften zu stellen und zu unterhalten. Sie bestanden aus einem Bataillon Grenadiere und zwei Kompanien Kavallerie. Für sie ließ die hochstiftische Regierung 1721/22 die »Alte Kaserne« bauen; sie war der Standort von Schedels Grenadieren.

Aus Prestigegründen startete Clemens Wenceslaus seine Militäraktion. Es war für ihn Ehrensache, auch Hiasls Verurteilung und Hinrichtung zu betreiben. Dafür bot sich die fürstbischöfliche Residenzstadt an, zumal Dillingen bereits im Jahre 1431 die Blutgerichtsbarkeit erhalten hatte.

So kam es, daß sich die gefangenen Wildschützen mit ihrer Begleitmannschaft aus dem Donau-Ried der geschichtsträchtigen Stadt näherten. Deren Silhouette mit den vielen Türmen zeichnete sich auf der Anhöhe gegen den Abendhimmel ab. Als der Zug die große hölzerne Donaubrücke erreichte, sah Hiasl scheu nach der Richtstätte, auf der die Dillinger Verbrecher hinrichteten. Der schneebedeckte Platz lag unweit der Brücke auf freiem Feld, er hob sich nicht von der Umgebung ab. Schwärme von Krähen kreisten klagend am Himmel, Hiasl mochte sein düsteres und schreckliches Ende geahnt haben.

Doch ihm blieb nicht viel Zeit für Betrachtungen, er wurde abgelenkt. Über die Brücke kam lärmend eine Menschenmenge, die den »Erzbösewicht von der Lechau« sehen wollte. Sie feierten ihren Schedel als Sieger, die gefangenen Wilderer bekamen Schmährufe zu hören. »Schau nur hin!« schrie einer Hiasl an. »Da schneiden s' dich einmal auseinander, wie eine Sau!« Ein fauler Apfel flog ihm ins Gesicht, Hiasl wischte sich mit dem Rockärmel ab. Vielstimmiges Gelächter quittierte den rohen Spaß. Dabei hatte man noch vor wenigen Wochen die Wildschützen im Donau-Ried jubelnd gefeiert, Hiasl erschien alles wie ein böser Traum.

So bekam er einen Vorgeschmack von dem, was ihn in Dillingen erwartete. In der Nähe des Hospitals und der »Alten Kaserne« machte der Zug halt. Hier lag das feste Blockhaus, der Kerker, der für die Delinquenten bestimmt war. Hiasl erhielt eine Einzelzelle in dem runden Turm, der in die äußere, niedrigere Stadtmauer eingefügt ist und noch heute »Hiaslturm« heißt. Schwere Ketten umschlossen seine Hand- und Fußgelenke. Mehrere Stadtknechte hielten Tag und Nacht Wache in seiner Zelle. So blieb es bis zu seiner Hinrichtung, seine Kameraden wurden weniger streng bewacht.

Sonst ging es Hiasl nicht schlecht. Seine Wunden verheilten rasch. An Essen und Trinken litt er keinen Mangel. Die dicken Mauern schützten ihn vor der Kälte. Und er konnte so viel und so ruhig schlafen, wie all die Jahre nicht mehr. Der Kerkermeister hatte Anweisung, milde und menschlich zu sein, man wollte die Gefangenen geständnisfreudig stimmen.

Täglich führte man Hiasl zum Verhör ins Schloß. Ein zeitgenössisches Bild zeigt den täglichen Gang so: An der Spitze des Zuges bewegt sich der Burgvogt, ihm folgt der Grenadierkorporal. Zwei Stadtknechte führen Hiasl, dessen Hände gefesselt sind, einer vor ihm gehend, der andere hinter ihm. Sie halten ihn an zwei Ketten, die zu den Füßen hinlaufen und an Fußschellen enden. Vier Grenadiere umgeben den Gefangenen seitlich, den Abschluß bildet ein Gefreiter. Alles in allem sind es neun Mann, die Hiasl begleiten.

Das Verhör mußte Hiasl stehend über sich ergehen lassen. Die Untersuchungsrichter waren sehr gewissenhaft und wollten alles aufklären. Sie verstanden es, Hiasl zu nehmen. Leutselig taten sie so, als wüßten sie bereits alles und wollten es nur noch von ihm hören. Ihre Fragen stellten sie so vorsichtig und geschickt, daß Hiasl bereitwillig aus seinem Leben erzählte, während der Schreiber fleißig notierte. Geriet Hiasls Redefluß ins Stocken, lobte und bewunderte man seinen Mut und seine Geistesgegenwart, seine Tapferkeit und sein Feldherrntalent; man hatte seine Eitelkeit erkannt. Prompt kamen dann neue Geständnisse. Keine seiner Taten leugnete Hiasl, er war überhaupt nicht verstockt. Man benutzte ihn, und er merkte es nicht.

Dabei verteidigte er sich beredt und nicht ungeschickt. Er ging von seiner unumstößlichen Überzeugung aus, das Wild gehöre allen. Und er habe Gutes getan, indem er die Bauern vor Schaden bewahrte. Als man ihm nachgestellt habe, habe er sich wehren müssen. Dazu habe er diejenigen strafen müssen, die ihn verfolgt hätten. Wenn man ihn angegriffen habe, habe er sich mit den gleichen Mitteln zur Wehr gesetzt.

Weniger rühmlich war, daß er die Schuld an Ausschreitungen so viel wie möglich auf seine Kameraden schob. Er beschuldigte sie, viel getan zu haben, was gegen seinen Willen

Verhör des Bayerischen Hiasls. Radierung von J. M. Will.
Im Besitz von M. Schallermeir.

gewesen sei. Er stand dazu, wenn man ihn den anderen gegenüberstellte. Dabei hatte er nicht so unrecht: schließlich war bekannt, wie oft er ihren Verführungen erlegen war. Außerdem hatte er sich immer wieder über ihre Ungebärdigkeit und Grausamkeit beklagt. Freilich: er war ihr Anführer und für ihre Taten verantwortlich. Er hatte sie geduldet. Daran war nicht zu rütteln. Umgekehrt machten seine Kameraden für alles ihren Hauptmann verantwortlich. Sie gaben sich als die reinsten Unschuldslämmer und behaupteten, immer wieder versucht zu haben, ihn von Unrecht abzuhalten, wenn er sie überhaupt in seine Pläne eingeweiht hatte.

Jeder wollte wohl seinen Kopf retten. Es hat den Anschein, daß Hiasl bei Beginn des Prozesses dessen Ausgang wenig bekümmerte, er war guten Mutes. Er mag um so mehr auf ein mildes Urteil gehofft haben, als er selbst sich ganz und gar nicht für einen Verbrecher hielt. Vielmehr fühlte er sich als Märtyrer.

Nach und nach schwand aber seine Hoffnung. Hatten sich seine Richter zunächst freundlich gegeben, um ihm möglichst viele Geständnisse zu entlocken, so verfuhren sie allmählich strenger. Aus den freundlichen Zuhörern wurden kritische Verhörer. Ihre Fragen wurden drängender, bohrender und drohender. Der so leicht zu beeinflussende Hiasl verfiel in Depressionen und Pessimismus. So äußerte er mehrmals beim Verhör, er sei schon oft dem Tode entronnen, aber diesmal werde es wohl nicht mehr gelingen. Zu dieser Stimmung beigetragen haben mag auch, daß sich der Prozeß so lang hinzog: Allzuviele Zeugen mußten vernommen werden, aus ganz Schwaben. Andrerseits war der Prozeß nicht allzu schwierig: Die meisten Taten hatten sich am hellichten Tag abgespielt oder doch im Beisein von Zeugen. Die Sachverhalte waren zumindest im wesentlichen klar, an den Tatbeständen war nicht zu rütteln.

Während des Prozesses war Hiasl auch Schauobjekt. Es waren durchweg Leute aus »gebildeten Ständen«, die die Sensationslust trieb, den berüchtigten Mann in seinem Kerker zu begaffen. Nicht, daß das einfache Volk nicht interessiert gewesen wäre, es erhielt nur keine Besuchserlaubnis. Man schaute ihn sich also an, den Gefangenen, von oben bis unten – und war enttäuscht! Das sollte der Mann sein, der ganz Schwaben in Angst und Schrecken versetzt hatte, jahrelang? Sie konnten es nicht glauben! Sie sahen einen Gebrochenen, der älter aussah, als er war. Von den kühnen Blicken, die man an ihm rühmte, keine Spur! Der Mann war sichtlich verlegen, als wollte er sich entschuldigen, für die Ketten an Händen und Füßen. Sie erzählten sich, der Bayerische Hiasl sei einsilbig und nachdenklich gewesen – wie eine Maus in der Falle.

Der Prozeß wurde nach der Peinlichen Gerichtsordnung Karls V. aus dem Jahre 1532 durchgeführt, einer Art Strafgesetzbuch, lateinisch Constitutio Criminalis Carolina (CCC) genannt, oder auch nur kurz: Carolina. Der Schwerpunkt des Verfahrens lag im Vorverfahren, in der Untersuchung der Tatbestände, die nicht öffentlich war. Da das Verfahren mit der richterlichen Untersuchung begann, sprach man auch von einem Inquisitionsprozeß. Mit dem endlichen Rechtstag schloß er dann. Ein Rechtsmittel gegen das Urteil gab es nicht, ausgenommen die Nichtigkeitsbeschwerde bei groben Verfahrensfehlern – wohl der Grund, warum Hiasls Richter so sorgfältig und so lange untersuchten.

Die Richter hatten im Verfahren die Wahrheit zu ermitteln. Zum Beweis genügten zwei Zeugen oder ein Geständnis. Um dieses zu erhalten, war die Folter erlaubt. Man durfte von ihr aber nur Gebrauch machen, wenn bestimmte Indizien vorlagen. Sie sind in den Artikeln 33 ff. der Carolina ausführlich beschrieben. Verkauft jemand, zum Beispiel, gestohlenes Gut, und will er den Hehler nicht nennen, so sprechen gegen ihn ausreichende Indizien.

Dieser Fall lag bei Hiasl vor. Zwar hatte er keine seiner ihm zur Last gelegten Taten geleugnet, doch wenn die Sprache darauf kam, an wen er das Wild verkauft hatte, schwieg er plötzlich. Er sagte nur soviel, daß er es jeweils an Ort und Stelle veräußert habe. Manchen Abnehmern habe er es regelrecht aufgedrängt, sie sogar zum Kauf gezwungen. Einigen Bauern habe er es in der Eile einfach in den Hof geworfen und sich das Geld später geholt. Ähnlich äußerten sich Hiasls Kameraden. Allenfalls nannten sie Personen und Orte, die nicht existierten.

Damit gaben sich die Richter nicht zufrieden, man wollte auch Hiasls Hehler und Helfershelfer zur Rechenschaft ziehen. Hartnäckig bestanden sie darauf, daß er Namen nenne. Er wiederum bat sie dringend, ihn mit solchen Fragen zu verschonen, er wolle andere Leute nicht unglücklich machen. Er wurde stur.

Da zeigten die Richter ihr wahres Gesicht, sie wurden hochnotpeinlich. Ein Wink, und es erschien ein muskulöser Eisenknecht mit einem Holzbock und einer Karbatsche, einer großen, massiven Lederpeitsche mit vielen Riemen. Man ließ dem gefesselten Hiasl die Hosen herunter und legte ihn auf den Bock, ihn an seinen Ketten darauf festhaltend. Der Eisenknecht stellte sich abwägend hinter ihn, zielte auf den entblößten Hintern und ließ die Peitsche klatschend niedersausen: einmal, zweimal, ... immer wieder, in wohlgemessenen Abständen. Hiasl verzerrte das Gesicht und biß die Zähne zusammen. Als der Knecht zum dreiundzwanzigsten Mal seinen Arm hob, schrie Hiasl, Schaum auf den Lippen, wie ein Rasender: »Hört auf! Ich sag', was ihr wollt. Ich sag' euch alles, nur hört auf!«

Die Gesichter der Richter verzogen sich zu einem maliziösen Lächeln: »Wir hätten dir gern die Peitsche erspart. Schließlich sind wir deine Freunde! Du bist selber schuld, wenn du dastehst wie ein Ölgötze und machst den Mund nicht auf. Zieh deine Hosen rauf und bekenn!«

Hiasl bekannte – seine Persönlichkeit war zerbrochen, endgültig, der einst so stolze Wildschützenhauptmann zutiefst gedemütigt! Tausend Gefahren hatte er bestanden, viele dutzendmal hatten die Kugeln um seine Ohren gepfiffen, hatte er dem Tod ins Auge gesehen, und immer war er stark geblieben. Die Peitsche eines Folterknechtes hatte ihn geschafft! Er stand hilflos da, eingeschüchtert wie ein Kind, das die Prügel von seinem Vater fürchtet.

Er bekannte so bereitwillig, daß der Gerichtsschreiber immer wieder seinen Federkiel spitzen mußte, weil er stumpf wurde vor lauter Schreiben. Er nannte nicht nur die Namen all derer, die von ihm Wildbret gekauft hatten, er gab auch noch den Preis an und die Umstände. So gingen, neben den Namen der Bandenmitglieder, die den harten Kern gebildet hatten, in die Akten ein: das Kloster Hl. Kreuz und das Hotel Drei Mohren in Augsburg, die »Schwarze«, die privilegierte fürstbischöfliche Wildbrethändlerin, der Schießgrabenwirt Keller, der Gärtner Holzschuh und viele andere. Hiasl verriet auch die Büchsenmacher, bei denen er seine Büchsen schäften ließ, und die Eisenbraxer, von denen er Pulver und Blei kaufte, die Pfarrer, die ihn einluden oder seine Zeche bezahlten, und die Beamten, die ihm ihre Sympathie bekundeten. Sogar seine vielen Geliebten gab er preis und opferte sie damit: unter anderen die Hauserin auf dem Glashof, die Wirtstöchter in Untermeitingen und Klosterlechfeld (jeweils südöstlich von Schwabmünchen) sowie in Oberostendorf (östlich von Germaringen) und Linden, zuletzt auch noch seine große Liebe, die Franzl von Lamerdingen. Und nicht nur das. Er zählte auch auf, was sie alles für ihn getan hatte: die zwei Stutzen des Jägers von Gessertshausen aufbewahrt, einen Stutzen vom Frankenrieder Jäger und eine Flinte vom Buchloer Pflegamtsschreiber, ferner Geld. Der Gerichtsschreiber kritzelte alles mit, um es später der Franzl unter die Nase zu halten, die bisher tapfer geschwiegen hatte. Ihre Strafe war ihr gewiß. Dabei hätte es schon genügt, daß ihr Hiasls Geständnis das Herz brach. Nur seine Monika erwähnte Hiasl nicht. Sie lebte ja in Bayern, und was dort war, interessierte die schwäbischen Richter weniger. Die verratenen Frauen erwartete ein trauriges Los. Man schnitt ihnen die Haare ab und stellte sie an den Pranger. Dann wanderten sie ins Zuchthaus. Schließlich hatten sie gewußt, daß sie sich mit einem Vogelfreien einließen.

Das hat man am wenigsten an Hiasl verstanden: daß er seine Freunde und Helfer preisgegeben hat, nur um sich Schmerzen zu ersparen; seinen Kopf konnte er ohnehin nicht retten, das mußte er gewußt haben. Man hat sich immer wieder gefragt, warum er es getan hat. Verzweiflung, könnte man meinen, das deprimierende Bewußtsein, daß alles aus war, habe ihn dazu veranlaßt. Doch es gibt Beispiele, wo Menschen in vergleichbarer Situation der Folter standgehalten haben, ja unter ihr gestorben sind. Andrerseits ist genügend bekannt, wie leicht Hiasl zu beeinflussen war, im Positiven wie im Negativen. Warum sollte dies nicht auch seinen Richtern gelingen, in der Ausnahmesituation, in der Hiasl nun einmal war? So betrachtet paßte sein Verhalten durchaus zu seiner Labilität, seiner hervorstechendsten Charakterschwäche, die er immer wieder bewiesen hat. Weil er labil war, konnten andere in ihrem Sinne auf ihn einwirken, wer auch immer es war; das innere Gleich- und Gegengewicht fehlte ihm. Letztlich hatte diese *Charaktereigenschaft* ihn ins Verderben gestürzt – trotz seiner Fähigkeiten und Vorzüge, die er ohne Frage hatte. Das ist das eigentlich Tragische an dieser trotz allem beeindruckenden und weit aus dem Durchschnitt herausragenden Gestalt.

Außer den Richtern begrüßten die Biographen Hiasls Geständnisse. Hätte Hiasl nicht so umfassend gestanden, wüßten wir viel weniger aus seinem Leben. Vieles hat sich nur erhalten, weil es im Prozeß aktenkundig geworden war. Und das wurde nur möglich, weil Hiasl »die schönsten Proben vollkommener Vernünftigkeit« von sich gegeben hatte, wie die Richter ironisch bemerkten.

Am 18. Juli 1771 erfuhr der Dillinger Prozeß eine Unterbrechung. An diesem Tag veröffentlichte die fürstbischöfliche Regierung einen aufsehenerregenden Steckbrief.

Danach waren am Abend des 15. Juli, zwischen neun und zehn, »4 Bösewichte« der Hiaslbande aus den Dillinger Blockhäusern ausgebrochen und geflohen: der Sattler Joseph Ortlieb, etwas über dreißig, der Amberger Sepperl alias Joseph Port, siebenundzwanzigjährig, der Allgäuer beziehungsweise Urban Lechenhör, wie er mit bürgerlichem Namen hieß, zwanzig Jahre alt, und der Bub Andreas Mayr, Alter neunzehn Jahre. Ihr Aussehen war genau beschrieben, besonders die Kleidung.

Die Verantwortlichen standen zunächst vor einem Rätsel. Die Flüchtigen hatten einen Kordon von zwölf Wachtposten passieren müssen – und waren keinem aufgefallen! Neues brachte ein Brief des Balmertshofener Oberforstmeisters von Imkoff (Balmertshofen: östlich von Pfaffenhofen an der Roth). Der schrieb von vier Burschen, die am 16. Juli in der Nacht um zwei vor ein paar Mähern auftauchten und fragten, wo sie seien. Als man ihnen sagte, sie befänden sich unweit von Oberbechingen (nordwestlich von Dillingen), antworteten sie erleichtert: »Dann sind wir bald in Medlingen« (südlich von Oberbechingen). Auf die Frage, wer sie seien, antworteten sie lakonisch: »Ihr werdet's noch hören!«

Dem Franz Xaver Kümmerle, einem Tagelöhner aus Zöschingen (nördlich von Oberbechingen), dem sie in derselben Nacht begegneten, sagten sie mehr. Sie erzählten ihm, um neun Uhr abends hätten sie für einen halben Bayerischen Gulden sechs Maß Bier holen lassen und damit ihre Wächter bewirtet. Um halb zehn seien sie schon frei gewesen und eineinhalb Stunden in der Stadt herumgelaufen. Weil die Tore geschlossen gewesen seien, seien sie beim Bartholomäerseminar von der Stadtmauer gesprungen. Der Bub habe sich dabei den Fuß verstaucht. Er hinkte und kam nur schwer vorwärts. Der Sattler nahm das Maul recht voll. Jetzt hätten sie ihr Schicksal selbst in die Hand genommen, prahlte er. Der Hiasl sei zu nichts mehr zu gebrauchen. Der sitze im Gefängnis, bis ihn die Aasvögel fressen würden.

Am Abend des 16. Juli lagerten die vier in einer Sandgrube bei Burghagel (südlich von Zöschingen). Der rechte Fuß des Buben war dick angeschwollen. Bauern kamen dazu. Denen erzählten sie, sie hätten ein Taschenmesser in die Finger bekommen, mit dem hätten sie einen Balken des Blockhauses abgeschnitten. Dann hätten sie den Mörtel aus den Fugen gekratzt und Steine gelockert, bis sie aus dem Mauerwerk gebrochen seien. Durch die so entstandene Öffnung seien sie ins Freie gelangt. Wie sie zu dem Messer gekommen waren, sagten sie nicht.

Das wurde erst später bekannt. Ein paar Wochen vor der Flucht hatte die Ausbrecher ein gewisser Anton Probst besucht, ein aus dem Militärdienst entlassener Grenadier. Der war mit dabeigewesen, als man die Wilderer in Osterzell aushob und nach Buchloe und Dillingen brachte. Er war nur gezwungenermaßen Soldat geworden und hatte die Nase voll. Die Wildschützen schätzte er mehr als die hohen Herren, die das niedere Volk aufeinanderhetzten. Er war entschlossen, den Gefangenen zu helfen. Da er dem Sattler von dessen Vater Grüße bestellen wollte, ließ ihn der wachhabende Korporal zu ihm. Der Sattler bedankte sich für die väterlichen Grüße und klagte über Langeweile. Schnitzen würde er halt gern, sagte er, nur bräuchte er ein Messer. Da der Probst eins bei sich hatte, verkaufte er es dem Sattler. Der schnitzte auch tagsüber an einem kleinen Holzaltar; nachts werkelte er an Balken und Mörtel herum. Bis sie in Freiheit waren! Der Sattler, der alte Gauner, hatte die Wache überlistet. Der würde sogar den Teufel übers Ohr hauen, erzählte man sich.

Im Dillinger Blockhaus herrschte große Aufregung. Einer gab dem andern die Schuld. Besonders setzte man dem dicken Willibald Streitberger zu, der die Häftlinge mit Speise und Trank versorgte. Der hätte doch sehen müssen, daß sie ein Loch machten, hieß es. Aber der Dicke war um eine Rechtfertigung nicht verlegen. Er habe schon genug zu tun, meinte er, er könne sich nicht auch noch um Dinge kümmern, die den Eisenmeister angingen. Und überhaupt: Warum habe man den Gefangenen erlaubt, Geld zu besitzen? Die Folge war, daß man den Hiasl, den Roten und den Blauen nicht nur strenger bewachte, sondern ihnen auch noch das Geld wegnahm, das ihnen das Volk auf dem Weg nach Dillingen geschenkt hatte.

Die Entflohenen kamen davon nicht zurück. Obwohl fieberhaft nach ihnen gesucht wurde, das Militär alle Donaubrücken besetzte und die Behörden hundert Gulden Belohnung je Flüchtigen versprachen, blieben sie verschwunden. Es führte auch nicht zum Erfolg, daß man an vielen Orten ihren Steckbrief anschlug.

Am 20. Juli leitete der Zöllner von Donauwörth einen Brief an die fürstbischöfliche Regierung weiter. Darin gab ihr der Bub Hinweise über seinen Aufenthalt: Meistens stecke er in der Hose, stets aber in seiner Haut, und das schon seit der Geburt.

Am besten hätte der Pfarrer von Bachhagel (südwestlich

von Burghagel) über den Buben Auskunft geben können. Wenige Tage nach dem Ausbruch klopfte es in der Nacht an sein Fenster. Der Pfarrer glaubte, er werde zu einem Versehgang geholt, und öffnete die Haustür. Da stand vor ihm der Bub, den kannte er, der hatte schon bei ihm gebeichtet. Den Priester überlief es eiskalt. Er wußte von der Fahndung, suchte man doch überall. Er überlegte, was er tun sollte. Da schob sich der hinkende Junge in den Türspalt und flüsterte: »Ich kann nicht mehr weiter mit meinem Fuß, Hochwürden. Die anderen haben mich dagelassen. Nur ein paar Stunden, wenn ich bleiben darf, nur ein paar Stunden. Um Gottes willen, habt Erbarmen!«

Den Pfarrer erfaßte Mitleid bei dem jammervollen Anblick. Er ließ den Buben herein. Das bleiche Gesicht des jungen Menschen wirkte gespensterhaft im flackernden Spanlicht, der Neunzehnjährige erschien um Jahre gealtert, unauslöschlich hatten sich die Leiden und Schrecken in seine Züge eingeprägt. Der Pfarrer konnte nicht anders als ihm helfen. Vielleicht wird aus ihm noch ein rechtschaffener Mann, dachte er, man muß ihm eine Chance geben. Er strich ihm über das Haar und sagte leise: »Du kannst bis zum Morgengrauen bleiben! Dann schick' ich dich mit einem Brief zum Pfarrer von Eglingen. Dort bist du sicherer als hier.« (Eglingen liegt nordöstlich von Bachhagel.)

Schluchzend vor Dankbarkeit küßte der Bub die Hand des Priesters. In aller Frühe hinkte er nach Eglingen. Aber dorthin waren die Häscher von Dillingen schon gekommen, jeden Heuschober hatten sie mit Gabeln und Spießen durchstochen. Der Pfarrer von Eglingen riet daher dem Buben, sich im nahen Amerdingen (östlich von Eglingen) zu verbergen. Dort lud ihn der Prälat zu sich an die Tafel ein. Bei Einbruch der Dämmerung setzte der Flüchtling, vom Prälaten gesegnet und mit zwanzig Kreuzern beschenkt, seinen Weg fort und kam einige Stunden später nach Fronhofen (östlich von Amerdingen). Auch hier fand der Gehetzte keine Ruhe, weil Strickreiter die Gegend durchstreiften. Noch in derselben Nacht mußte er beim Prälaten von Göllingen (östlich von Fronhofen und nördlich von Bissingen) Zuflucht nehmen. Der besaß

Autorität genug, den Schergen sein Haus zu verbieten. Der Bub durfte sich darin einen Tag lang ausruhen und seinen arg mitgenommenen Fuß kurieren. In der folgenden Nacht brachte ein Kutscher den Buben in das einen Tagesmarsch nordöstlich gelegene Kapuzinerkloster Wemding (mittig zwischen Nördlingen und Treuchtlingen, rund fünfunddreißig Kilometer von Dillingen entfernt).

Dort, im klösterlichen Asyl, glaubte man ihn vor allen Nachstellungen bewahren zu können. Aber man täuschte sich. Schon einen Tag später begehrte der Dillinger Hofrat von Wiedemann im Namen des Kurfürsten Clemens Wenceslaus Einlaß, er mußte einen Tip bekommen haben. Der Guardian gebrauchte eine Notlüge, er behauptete, den Namen Andreas Mayr noch nie gehört zu haben. Aber der Hofrat kam eine Stunde später wieder, mit dem Pfleger von Wemding. Inzwischen hatten Gerichtsdiener alle Ausgänge besetzt, damit ihnen der Bursche nicht entkomme. Der Hofrat durchsuchte mit dem Pfleger das Kloster, sie gingen von Zelle zu Zelle. Sogar das Chorgestühl klopften sie ab, dahinter einen Hohlraum vermutend. Sie fanden nichts. Zuletzt wollte ihnen der Guardian noch die Leiche eines jungen Mönches zeigen, der unter Pestverdacht gestorben war. Doch sie schüttelten sich vor Grauen, als säße ihnen der Tod schon im Nacken. Fluchend und schimpfend bestieg der Hofrat seine Kutsche, die ihn nach Dillingen zurückbrachte. In der Leichenkammer erhob sich der Bub vom Totenbrett und wanderte gegen Süden.

Er konnte sich durchschlagen. Aber erst, als er die Höhe eines Alpenpasses erreichte, fühlte er sich sicher. Er warf die Arme hoch: Frei! Sein Jubelschrei hallte von den Bergen. Er gehörte wieder dem Leben!

Was weiter aus ihm geworden ist? Darüber gibt es keine gesicherten Erkenntnisse. Die einen sagen, er sei unter falschem Namen in den österreichischen Militärdienst getreten und habe es bis zum Hauptmann gebracht. Im Jahr 1810 habe man ihn zwar erkannt, aber ungestraft in seiner Stellung gelassen – dank seiner Fähigkeiten und Verdienste. 1813 sei er bei Leipzig gefallen. Andere meinen, er sei auf dem oberen

Lechfeld bei Landsberg als Söldner verheiratet gewesen und dort gestorben. Wieder andere: Er habe sich im Badischen ansässig gemacht und sei ein reicher Mann geworden. Wir aber wollen uns weder für die eine noch für die andere Version stark machen, sondern uns wieder dem Bayerischen Hiasl zuwenden.

Sein Verfahren schritt fort. Die Ermittlungen waren abgeschlossen, die Sachverhalte festgestellt. Man mußte sie noch zusammenstellen, ordnen. Und dann das Urteil fällen. Dazu brauchten die Richter den Hiasl nicht mehr. Sie zeigten es ihm, ihre Freundlichkeit war verflogen. Sie wurden eisig, ließen ihn fallen wie eine heiße Kartoffel.

Er hatte jetzt viel Zeit zum Nachdenken. Er blickte zurück. Die Schatten der Getöteten weilten in seiner Zelle. Von neuem begannen ihre Wunden zu bluten. Überall sah er ihr Blut! Blut, das auf ihm lastete, ihm die Seele abdrückte.

Und er sah ihre Familien, die tränenleer geweinten Augen. Frauen, denen er den Sohn oder Mann genommen, unmündige Kinder, die er zu Waisen gemacht hatte. Unsägliches Leid hatte er über sie gebracht!

Nach und nach sah er es ein. Und er bereute seine Taten. Seine Feinde betrachteten es als Schwäche, schließlich gibt es nichts, was man nicht auch negativ werten kann.

Nur bei einem blieb er bis zuletzt: daß das Wild jedem gehöre und das Wildern kein Verbrechen sei. Das war für ihn unumstößlich, wie ein Evangelium, davon war er durch nichts abzubringen. Auch nicht im Angesicht des Todes.

Sonst aber sah er nun vieles in einem anderen Licht. Die Vorhaltungen seiner Richter hatten ihn beeindruckt, er war ja so leicht zu beeinflussen. Er erkannte, daß er in das Unrecht hineingeschlittert war – Schritt für Schritt. Er hatte sich zum Richter aufgeschwungen, ohne sich die Mühe zu machen zu urteilen. Grausam hatte er Menschen gequält, weil er geglaubt hatte, sie bestrafen zu müssen. Ohne zu überlegen, hatte er sich von Gefühlen, Stimmungen und augenblicklichen Impulsen leiten lassen, vor allem von seinem Jähzorn, der grenzenlos sein konnte; er war ein Choleriker.

Er sah wieder den Schrecken und die Todesangst, in die er Menschen versetzt hatte, schwangere Frauen und unschuldige Kinder. Er hatte sie bestraft anstelle des Gatten und Vaters. Mit angstverzerrten Gesichtern und weit aufgerissenen Augen hatten sie ihn angesehen, in ihrer Verzweiflung schreiend oder nicht einmal mehr dazu fähig. Es hatte ihn kalt gelassen, er hatte nur seine eigene Lage gesehen, nicht auch die der anderen. Und nichts war mehr gutzumachen! Und welche Schmerzen hatte er denen zugefügt, die ihm nahestanden: seiner Monika, die davon verrückt geworden war, und seinem Kind, das nichts von seinem Vater gehabt hatte; seinem eigenen Vater und den Geschwistern, vor allem seiner Schwester Regina, die sich um ihn bemüht hatte wie eine Mutter. Wie viele Tränen mochte sie um ihn geweint haben? Was sie jetzt von ihm dachte?

Dabei hatte er doch nur die Freiheit gewollt! Aber er war nicht zur Freiheit geboren, in einer Zeit, wo die Geburt das Schicksal des Menschen bestimmte. Die Freiheit, die er sich nahm, war für ihn eine Nummer zu groß!

Nicht einmal Bauer war er gewesen, jeder Bauer stand haushoch über dem Sohn eines Hirten und Tagelöhners. Und Soldat hatte er nicht werden wollen. Er hatte sich zwischen alle Stühle gesetzt!

Und was hatte er für ein Leben geführt! Bei jedem Wetter war er durch die Wälder gehetzt, in steter Gefahr. Keine Nacht hatte er ruhig schlafen können, ständig war er auf der Flucht gewesen. Er hatte an den Menschen zweifeln müssen, weil es so viele Verräter gab. Sein Gewissen war mit Blut befleckt, seine Gemütsruhe dahin auf immer. Gegen solch ein Leben erschien sogar der Tod, selbst ein bitterer, noch als eine Wohltat.

Damals machten sich viele über Hiasl Gedanken, so auch sein erster Biograph, dessen Werk ein Jahr nach der Hinrichtung erschienen ist. Zur Sorte gewöhnlicher Diebe und Räuber gehöre der Bayerische Hiasl nicht, schrieb er, auch nicht zu den gemeinen Wildschützen. Sein Trachten sei nicht in erster Linie auf Diebstahl und gewaltsame Einbrüche gegangen.

Beim Straßenraub habe er – quasi iure belli – seinen Feinden die Beute in offener Schlacht abgenommen. Von den gewöhnlichen Wilddieben habe er sich dadurch unterschieden, daß er nicht wie diese sein verbotenes Gewerbe heimlich, furchtsam und im kleinen getrieben habe. Vielmehr habe er es öffentlich und mit dem größten Trotz ausgeübt. Er habe sich mehr mit der Androhung von Gewalt und mit wirklicher Gewalt gegen die Nachstellungen verteidigt, statt seine Sicherheit, wie andere Missetäter, im Verbergen, im Fliehen und in der Heimlichkeit zu suchen. Man wisse zur Genüge, wie frech er sich an öffentlichen Orten gezeigt habe, wie man auf das Gerücht seiner Anwesenheit hin haufenweise zusammengelaufen und angefahren sei, um diesen Trotzer einer ganzen Landschaft zu sehen und zu bewundern.

Der Berliner Buchhändler und Schriftsteller Friedrich Nicolai sagte in seiner »Reise durch Deutschland« (1781), man müsse sich erinnern, daß das Wild in Bayern übermäßig gehegt und so den Landleuten zur drückenden Plage werde. Menschen mit Mut und Entschlossenheit würden dem Wild nachstellen und sich von dem nähren, was ihren Mitmenschen zur Last sei. Wenn man sie erwische, strafe man sie so hart, daß zur Not noch Erbitterung und Verzweiflung kämen, die sie zuletzt bis zum Straßenraub brächten. Ein solches Beispiel sei der Bayerische Hiasl.

Das Volk hat es ähnlich empfunden. Doch das Empfinden des Volkes ist nicht das Denken der Juristen. Die Richter sahen es anders. Außerdem waren sie an die Carolina gebunden. Die legte in den Artikeln 104 ff. ausführlich dar, wie man Missetäter »peinlich« zu bestrafen hat. Am wichtigsten waren dabei Feuer, Schwert, Vierteilung, Rad, Galgen, Ertränken, lebendig Begraben, Schleifen und Reißen mit glühenden Zangen.

Hiasl wird die Carolina nicht gekannt haben. Er konnte sich an den Fingern abzählen, was ihn erwartete. Er war zutiefst schuldig geworden. Und er war bereit zu sühnen. Wie auch das Urteil ausfallen mochte, auf Gnade konnte er nicht rechnen. Es war eine grausame Zeit! Menschlichkeit gab es nicht –

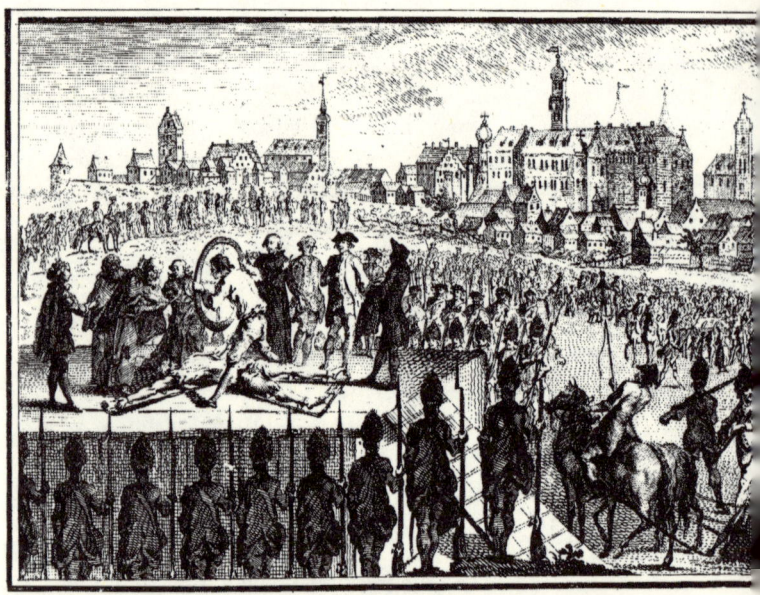

nicht im System; Goethe und Schiller, Hiasls Zeitgenossen, suchten sie in der Antike. Hiasl hoffte, daß ihm ein höherer Richter gnädiger sein werde. Er dachte, daß Christus auch dem Schächer am Kreuz vergeben hat.

Ende August 1771 war Hiasls Schicksal entschieden und das Todesurteil bestätigt. Am 3. September, an seinem Geburtstag, verkündete man es ihm. Wegen seiner vielfältigen Wilddiebereien, öffentlichen Gewalttaten, Landfriedensbrüche, Räubereien und vorsätzlichen Totschläge, und weil er den göttlichen, natürlichen und menschlichen Gesetzen auf die vermessenste und ärgerlichste Weise zuwidergehandelt, habe er das Leben verwirkt. Deswegen sei er zu seiner wohlverdienten Strafe, anderen aber als abschreckendes Beispiel, dem Scharfrichter zu Handen und Banden zu übergeben. Er sei zur Richtstatt zu schleifen und daselbst mit dem Rad, durch Zerstoßung seiner Glieder von oben, vom Leben zum Tode zu richten. Alsdann solle der Kopf vom Körper getrennt, dieser aber in vier Stücke zerhauen und an den Landstraßen aufgehangen werden. Der Kopf hingegen solle auf den Galgen gesteckt werden.

Hinrichtung des Bayerischen Hiasls. Unbekannt.
Im Besitz von M. Schallermeir.

Ein Richter verlas es mit dürren Worten und sonorer Stimme. Der mächtige Fürstbischof Wenceslaus von Augsburg triumphierte -- seine Souveränität anzutasten hatte der Sohn eines Schweinehirten gewagt!

Hiasl hörte das Urteil stehend. Eine große Überraschung war es nicht für ihn. Er nahm es ruhig und gefaßt auf, fast gleichgültig. Weil es so üblich war, dankte er im Armesünderstil seiner Zeit.

Doch dann brach der alte Trotz noch einmal durch: »In fufzg Johr seids ös o hi!« (»In fünfzig Jahren seid ihr auch hin!«) sagte er zu seinen Richtern. Er sagte es gelassen – und ziemlich respektlos, mit seiner Mischung aus schwäbischem und oberbayerischem Dialekt.

Auch seinen beiden Kameraden verkündete man ihr Urteil, dem Roten und dem Blauen. Sie waren keine zwei Monate in Hiasls Bande gewesen, hatten niemanden umgebracht und auch sonst sich nicht hervorgetan. Es genügte, daß sie dem Hiasl gefolgt waren, das war längst lebensgefährlich geworden, sie hätten es wissen müssen. Man verurteilte sie zum Tod durch das Schwert.

Am nächsten Tag, dem 4. September, wurde Hiasl ins Rathaus geführt. Er mußte einen heiligen Eid schwören, daß er sich getraue, alle seine Aussagen bei Gott zu verantworten und darauf zu sterben. Er tat, wie ihm geheißen. Mit bewegter Stimme fügte er hinzu, er selbst habe die Leute überredet, manchmal sogar genötigt, Wildbret von ihm zu kaufen, er habe das Geld gebraucht.

Die Hinrichtung war auf den 6. September festgesetzt. Wie ein Lauffeuer verbreitete sich die Nachricht im Land, sie kam auch nach Kissing. Vierzehn Kissinger machten sich auf den Weg nach Dillingen, unter ihnen Hiasls Schwester Regina, die den Bruder noch einmal sehen und sprechen wollte. In der Nacht vom 4. auf den 5. brachen sie auf. Drei Stunden vor Dillingen wurde Regina so vom Schmerz über das Schicksal ihres Bruders überwältigt, daß sie erkrankte und in einem Bauernhof zurückbleiben mußte.

Die übrigen Kissinger besuchten Hiasl in seiner Zelle, einen Tag vor der Hinrichtung. Sie fanden ihn gefaßt und in sein Schicksal ergeben. Er freute sich über ihren Besuch. Was wird man in Kissing sagen? hatte er sich immer wieder gefragt.

Als man ihm erzählte, was Regina widerfahren war, und einen letzten Gruß von seinem unglücklichen Vater bestellte, füllten sich seine Augen mit Tränen. Er seufzte tief auf und bat seine Freunde, ihm Vater und Geschwister sowie alle Kissinger recht herzlich zu grüßen und sie zu bitten, für seine arme Seele zu beten.

Besondere Grüße ließ er an Monika und seinen Sohn Korbinian ausrichten. Der solle sich jeglicher Gewalt enthalten, sagte er. Gewalt erzeugt Gewalt! Das war die Erkenntnis, die Hiasl gewonnen hatte, am Ende seines Weges, nachdem er an der Gewalt gescheitert war. Nur diese Botschaft konnte er seinem Sohn als Lehre hinterlassen, nicht die Liebe des Vaters, die das Kind gebraucht hätte. Der Sohn hat sich getreulich an diesen letzten Willen gehalten.

Dann gaben die anwesenden Priester den Besuchern ein

Zeichen, die Zelle zu verlassen. Hiasl sah ihnen verzweifelt nach: Seine Freunde durften weiterleben, er gehörte nicht mehr zu den Lebenden. Er fühlte sich schon tot. Eine Mauer stand zwischen ihm und dem Leben, unüberwindbar.

Die vier Geistlichen wollten mit dem Verurteilten beten und ihn auf seinen Tod vorbereiten. Ihr Zuspruch half ihm sehr. Sein religiöses Gefühl entwickelte sich mächtig. Er sagte, er sterbe gern und vertraue auf die unendliche Barmherzigkeit Gottes.

Trotzdem war Hiasl weiterhin überzeugt, daß er den Tod nicht verdient habe, davon ließ er sich nicht abbringen. Er kapierte es einfach nicht: Die anderen hatten auf ihn geschossen, und er hatte zurückgeschossen. Sie feierte man als Helden, und er war der Mörder. Nur weil er nicht als Adeliger zur Welt gekommen war, sondern als Sohn eines Schweinehirten, war er der Erzwilderer und Bösewicht. Irgendwas stimmte da nicht!

Immer wieder kamen ihm solche Gedanken, er kam nicht davon los. Es war gut, daß die Priester da waren. Sie lenkten ihn ab. Sie versicherten ihm, daß Gott anders urteile als die Richter dieser Welt. Vor ihm sei jeder Mensch gleich, sagten sie, der Herr wie der Knecht, und er sehe den Menschen ins Herz, nicht auf ihr Äußeres und ihren Namen. Außerdem müsse jeder sterben, früher oder später. Was sind schon ein paar Jahre gegen die Ewigkeit? Mit solchen Worten richteten sie Hiasl auf.

Am Abend des 5. September 1771 war Dillingen mit Fremden so überfüllt, daß man sie selbst in Privathäusern nicht mehr unterbringen konnte. Es wogte und lärmte in den Straßen und Gassen, sogar in der Nacht kam die Stadt nicht zur Ruhe. Tüchtige Händler nutzten die Gelegenheit, ihre Buden aufzuschlagen und Geschäfte zu machen. Eine Volksfeststimmung hatte Einheimische und Fremde erfaßt. Da es noch warm war, übernachteten viele auf freiem Feld.

Hiasl bekam von all dem nicht viel mit. Er sprach und betete mit seinen geistlichen Betreuern, oder er saß versonnen da. Es schien so, als habe er mit dem hektischen Treiben

nichts zu tun, als ginge ihn das alles nichts an. Zwischendurch
schlief er auch ein wenig. Dann zogen sich die Priester in eine
Ecke zurück, jederzeit bereit, ihm wieder beizustehen.

Anderntags, kaum daß der Tag graute, brodelte es schon in
der Stadt, schwoll der Strom der Menschen mächtig an. Ein
unbestimmtes Summen und Brummen lag in der Luft. Eine
fieberhafte Erregung erfaßte die Menge, die aus der Stadt zur
Donau, über die Brücke und zum Blutgerüst drängte: Jetzt
wurde es ernst! Nun galt es, einen guten Platz zu erkämpfen,
von dem aus man alles sehen und hören konnte. Je früher man
an Ort und Stelle war, desto besser. Das Dumme war nur, daß
sich das Geschehen an zwei Orten abspielte. So eilten die
einen zum Rathaus, die anderen liefen über die Donaubrücke
zur Richtstätte.

Nach acht Uhr brachte man Hiasl aus seinem Gefängnis vor
das Rathaus, wo die rote Fahne, die Blutfahne, zum Mittel-
fenster heraushing. Man verlas nochmals das Urteil mit lauter
Stimme vor einer großen Menschenmenge. Das dauerte ziemlich lang. Anfangs war Hiasl sehr gefaßt. Doch als er die für
ihn bestimmte Schleife erblickte, auf der ihn Pferde zum
Richtplatz ziehen sollten, verließ ihn seine Standhaftigkeit
fast ganz. Er hörte der Urteilsverlesung kaum mehr zu,
immerfort starrte er auf die frische, blutige Kuhhaut, die auf
der Schleife lag.

Dann wurde der Stab über ihn gebrochen und ihm vor die
Füße geworfen. Die Armesünderglocke begann gellend zu
bimmeln. Hiasl wurde auf die Schleife gelegt und in die glit-
schnasse Kuhhaut so eingewickelt, daß nur mehr der Kopf
und die Hände mit dem Kruzifix herausschauten, das sie
krampfhaft umklammerten. Darauf setzte sich der Zug in
Richtung Donau in Bewegung unter starker militärischer
Bedeckung. Hiasl blickte unentwegt auf das Kreuz und hörte
auf die eifrigen Tröstungen der vier geistlichen Begleiter, die
neben der Schleife hergingen. Sonst schien er nichts um sich
herum wahrzunehmen.

Beim Blutgerüst wickelte man Hiasl aus der Kuhhaut.
Seine beiden Kameraden, den fünfundzwanzigjährigen
Blauen und den zwanzigjährigen Roten, hatte man bei Son-

210

Genauer Abriß der Radbrechmaschine, die bey der Hinrichtung gebraucht worden.

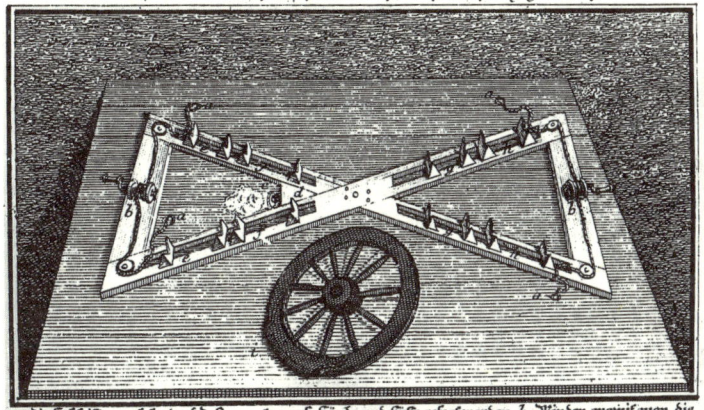

a. Die Schleifen, welche dem Delinquenten umb Hände und Füße gelegt worden. b. Winden, womit man die Stricke angezogen. c. Das Loch, wodurch der Strick durch die Bühne gieng, mit dem er erdroßelt worden. d. Lage der Brust, worauf die drey erste Stöße geschehen. e. Die vordere Theile der Arme. f. Die obere Theile derselben. g. Die Schenkel. h. Die Schienbeine. i. Das Rad, womit alle dise glieder abgestoßen worden.

Radbrechmaschine. Unbekannt. Im Besitz von M. Schallermeir.

nenaufgang mit dem Schwert enthauptet und unter die Blut-
bühne beiseite geräumt, um ihm ihren Anblick zu ersparen.
Nun ging es in einen Verschlag neben dem Podium, in das
Armesünderstübchen. Hiasl beichtete dort und empfing die
letzte Wegzehrung. Er trank ein Glas Wein, das man ihm
reichte. Dann stieg er, mutig und beherzt, ganz allein zum
Blutgerüst hinauf.

Oben sah er die sogenannte Radbrechmaschine, mit der
sein Körper zerschmettert werden sollte. Neben dem schweren Rad mit der Schneide lag das Andreaskreuz, auf das man
ihn binden würde, auf einer Hälfte den Kopf und die Arme, auf
der anderen die gespreizten Beine, in der Mitte der Leib. Auf
den beiden Balken waren Höcker, die nach oben in Schneiden
ausliefen und die Knochen besser brechen ließen. Dort, wo die
Hand- und Fußgelenke hinsollten, waren vier Seilschlaufen,
durch die man die Hände und die Füße stecken würde. Die
vier Seile liefen über Rollen zu zwei Winden, um die Seile
spannen und den Delinquenten festhalten zu können. Ein
fünfter Seilschlag war dort, wo der Hals sein würde. Das eine
Seilende führte durch ein Loch im Boden unter die Bühne.

211

Unten stand schon einer, um auf Kommando zu ziehen und die Kehle des Opfers abzuschnüren; so konnte es nicht mehr schreien. Das Ganze war wohldurchdacht, war Zeichen des technischen Fortschritts, auf den war man schon damals stolz.

Hiasl erblich beim Anblick der Radbrechmaschine. Kalter Schweiß trat auf seine Stirn. Mit gesenktem Kopf blieb er stehen. Lange und wie gelähmt betrachtete er das fürchterliche Gerät. Der Scharfrichter ermahnte ihn weiterzugehen. Es sei schon höchste Zeit, sagte er.

Hiasl schien diese Aufforderung nicht zu hören, vielleicht wegen des ständigen Zuspruchs der Priester. Wie angewurzelt stand er da. Ja, einen Augenblick schien es, als würde er sich nicht im guten fügen. Doch da packten ihn schon die kräftigen Arme der Henkersknechte mit geübten Griffen und legten ihn mit Gewalt auf das Andreaskreuz. Sie warfen die Schlingen über den Hals und die Hand- und Fußgelenke. Darauf ein Zeichen, die meisten Zuschauer nahmen es gar nicht wahr, ein kurzes Surren der Rollen, und die Seile spannten sich gleichzeitig: Ein Ruck ging durch Hiasls Körper. Da stand schon der Henker über ihm, breitbeinig, das schwere Rad mit beiden Armen hochstemmend – und ließ es niedersausen mit Wucht. Zweimal auf den Brustkorb, dann, die Stellung wechselnd, auf andere Stellen des Körpers, viele Male. Das Krachen der splitternden Knochen ging unter im Aufschrei der Zehntausend, die das blutige Schauspiel mitverfolgten. Der Mann arbeitete rasch und gekonnt. Hiasl hatte gesühnt.

Der Rest vollzog sich unter Ausschluß der Öffentlichkeit: unter der Bühne. Es tat nicht mehr weh, es war nur noch entwürdigend. Man nahm die Seilschlingen vom blutig zerschundenen Körper und den vom Kreuz. Man schlitzte den Bauch auf, mit einem Schlachtermesser, nahm die Eingeweide heraus und vergrub sie unter dem Galgen, zusammen mit dem abgeschnittenen Geschlecht. Das mußte man, dann gab es hinterher keine so große Sauerei, wenn man den Rumpf auseinanderhaute. Und man hatte weniger Arbeit, Henker schätzten auch ihren Feierabend. Jetzt hatte man das auch geschafft, Gott sei Dank! So schlimm war's gar nicht gewesen. Nun nur noch den Kopf auf den Galgen gespießt und das rechte obere Körperviertel an den Schnellgalgen gehängt.

Die drei anderen Viertel konnte man später wegbringen, das linke obere nach Schwabmünchen, das rechte untere nach Oberndorf (südöstlich von Donauwörth) und das linke untere nach Füssen. Dort würden sie auch am Galgen baumeln, neben der Landstraße, bei Wind und Wetter und den Krähen zum Fraß; bis sie ausgedörrt und schwarz wären und der Rest herunterfallen würde. Gewissermaßen gegen Bayern gerichtet, die Heimat des Bayerischen Hiasl, würden sie an der Ostgrenze von Schwaben hängen, nicht weit vom Lech. Dem zu seinen Lebzeiten Gehetzten gönnte man selbst im Tode noch keine Ruhe, sein Grab war hoch oben in der Luft.

Während die Henker ihr blutiges Geschäft verrichteten, wankte ein Mädchen weinend und schluchzend in Richtung Stadt. Sie erregte allgemeines Mitleid. In ihrem todblassen Gesicht malte sich unendlicher Schmerz, und sie schien jeden Augenblick zusammenzubrechen. Regina Klostermayer raffte ihre letzten Kräfte zusammen, um den geliebten Bruder noch einmal zu sehen. Da vernahm sie, daß gerade die Exekution stattfand. Sie schrie auf, die Füße versagten ihr, sie verlor die Besinnung. Sie wachte wieder auf, weinte und betete, und wurde erneut ohnmächtig, mehrere Male. Bis die Masse der Menschen die Richtstätte verließ.

Die Anwesenheit und der Zustand der Schwester des Hingerichteten sprachen sich herum. Haufenweise drängten die Leute herbei, um sie zu sehen und zu beschenken. Die rührende Aufmerksamkeit und Anteilnahme taten Regina gut. Vor allem richtete sie der Trost eines Priesters auf. Er versicherte ihr, er glaube fest, daß ihr Bruder bereits im Himmel sei. So faßte sie den Mut, zu seinen Überresten an der schaurigen Stätte zu gehen. Sie kniete vor den beiden Galgen nieder und betete unter vielen Tränen für die arme Seele. Dann wurde sie erneut ohnmächtig. Zwei Dillinger führten sie in die Stadt, anderntags wanderte sie nach Hause zurück. Die Geldgeschenke, die Regina erhalten hatte, waren so reichlich, daß sie vierundfünfzig Gulden und einige Kreuzer heimbrachte.

Die Kissinger erschütterte das schmähliche Ende ihres

Hiasl zutiefst. Nach ihrer Meinung hatte er keine so furchtbare Strafe verdient. Ihre Aufregung war so groß, daß niemand es wagen durfte, sich abfällig über Hiasl zu äußern.

Seine Feinde frohlockten. Dem blutigen Schauspiel in Dillingen hatten viele beigewohnt, ganze Scharen von Jägern und Forstleuten. Nicht wenige von ihnen hatte Hiasl einst persönlich beleidigt oder mißhandelt. Sie hatten laut aufgejubelt, als man ihn auf das Andreaskreuz gelegt hatte, es hatte wilde Szenen gegeben. Zwei Jäger sollen während der Zerschmetterung seiner Gebeine sogar getanzt haben. Sie alle genossen die Genugtuung, die ihnen endlich widerfahren war.

Nach Hiasls Tod ist viel über ihn geschrieben worden. Ein »Großer Volksroman« hat Hiasls Leben phantastisch ausgeschmückt und romantisch verklärt, hat ihn zahllose Abenteuer und Kämpfe bestehen lassen. In letzter Minute erinnert sich Marie Antoinette an Hiasl – und rettet ihn. Am Hinrichtungstag, in aller Frühe, schickt sie eine Kiste ins Gefängnis mit einem in Frankreich zum Tode verurteilten Massenmörder, der gleicht dem Hiasl in Größe und Statur. Er wird mit ihm ausgetauscht und an seiner Stelle gerichtet, mit verhülltem Kopf. Hiasl aber wandert nach Amerika aus, ins Land der Freiheit und der unbegrenzten Möglichkeiten. Er gründet die Siedlung Matthiastown. Dort lebt er mit Monika und seinem Sohn Korbinian, im Kreise von Gleichgesinnten. Er kann nach Herzenslust jagen, niemand verwehrt es ihm. Schließlich stirbt er hochbetagt nach einem erfüllten Leben.

Das Volk hat ihn nicht sterben lassen. Es erzählt sich noch immer seine Geschichte. So lebt er weiter, der Bayerische Hiasl. Und er ist frei – unermeßlich frei! So frei sind nur die Gedanken, überall sonst gibt es Zwänge. Er zieht durch die Wälder unserer Heimat mit seinem Buben und seinem großen Hund.

Das Volk sieht ihn, wie er sein wollte: mutig und gerecht, unerschrocken und voll Schneid, ein Beschützer der Bauern und Helfer der Armen. Ja, so sehen sie ihn! Sie brauchen Gestalten, an die sie glauben können – weil es so wenig Gerechtigkeit gibt.

Chronik

1736 3. SEPTEMBER: Geburt in Kissing bei Friedberg, südöstlich von Augsburg, als Sohn des Gemeindehirten und Tagelöhners Michael Klostermayer und seiner Frau Elisabeth.

     13. SEPTEMBER: Taufe in der Pfarrkirche St. Stephan in Kissing, auf den Namen Mattheus Klostermair (nicht: Matthias Klostermayer).

1738   Geburt der Schwester Veronika, schon bald nach der Geburt gestorben.

1741   Geburt des Bruders Willibald.

1743   Geburt der Schwester Maria.

1745   Geburt der Schwester Regina.

1747   Hiasls Abgang von der Schule, kurzzeitige Aushilfe auf dem Schloßgut Mergenthau (nördlich von Kissing), anschließend Viehhüten mit dem Vater.

1749 UND SPÄTER: Gelegentliche Begleitung des Jägers Bernhard Wörsching.

1751 HERBST: Wildern eines Hirsches auf dem Lechfeld.

1752 5. MÄRZ: Tod der Mutter.

1753 ANF. AUGUST: Anstellung als Jagdgehilfe in Mergenthau.

1756 FEBRUAR: Fristlose Entlassung in Mergenthau, wegen eines Faschingsscherzes.

     SPÄTER: Oberknecht beim Kissinger Bauern Baumiller, Liebesverhältnis mit der

		Haustochter Monika, heimliches Wildern.
1761	24. APRIL:	Flucht vor den Soldatenwerbern durch den Lech nach Schwaben.
	25. APRIL:	Zuflucht auf einem Bauernhof in Oberottmarshausen (südöstlich von Bobingen).
	MAI:	Eintritt in die Wildschützenbande des »Krätzenbuben« Xaver Bobinger.
	SOMMER:	Trennung von der Bobingerbande, Wildern auf eigene Faust (teils allein, teils mit Kameraden), Beginn seines »öffentlichen« Wirkens und »Katz-und-Maus-Spiels« mit den Jägern.
1763	UND SPÄTER:	Häufung der Streifen gegen Hiasl, Wildern fast nur noch in der Bande als deren Hauptmann.
1765	MAI:	Gefangennahme auf dem oberen Lechfeld und Prozeß in München, anschließend 9 Monate Zuchthaus.
	NOVEMBER:	Geburt des Sohnes Korbinian (Mutter: Monika Baumiller).
1766	FRÜHJAHR:	Heimkehr aus dem Zuchthaus, erneut Wildschützenhauptmann.
	SOMMER:	Anschaffung des Tyras, des fürchterlich großen Hundes.
	ANF. OKTOBER:	Beginn der Gewalttaten und härteren Verfolgung.
	JAHRESENDE:	»Bub« Andreas Mayr (15 Jahre) tritt in die Bande ein.
1767	FEBRUAR:	Hiasl kommt mit 20 Mann zur Hochzeit des Michael Baumiller, des Bruders seiner Geliebten, nach Kissing.
	FRÜHJAHR:	Hiasl soll kurfürstlicher Jäger in Bayern werden (Angebot des Kurfürsten Max III. Joseph, nach Ver-

216

	mittlung von Hiasls Vetter, dem kurfürstlichen Medizinalrat und Leibarzt Dominikus Geyer aus Kissing).
ENDE JUNI:	Entschluß zur Auswanderung in die Schweiz.
4. JULI	Große Wildererversammlung im Augsburger Wald, Umstimmung Hiasls, Beschluß von Terrorakten (am Patronatstag des hl. Ulrich, des Schutzpatrons von Augsburg).
SOMMER:	Gefangennahme des »Buben« bei Siebnach (nordwestlich von Buchloe).
1768 HOCHSOMMER:	Erneute Gewalttaten.
ANF. DEZEMBER:	Kampf auf den Krauthöfen (jetzt: Kreuthöfe), nordwestlich von Illertissen, 3 Tote, Hiasl schwer verwundet, Asyl im Kloster Biberach (an der Riß, in Baden-Württemberg).
27. DEZEMBER:	Kampf um die Wertachbrücke bei Schlingen (südöstlich von Bad Wörishofen), Sieg über die Soldaten, deren Verfolgung bis nach Irsee (nordwestlich von Kaufbeuren), Wachthütte in Brand gesteckt.
1769 MÄRZ:	Porträtierung durch den Maler Lander aus Augsburg im Gögginger Wald (südwestlich von Augsburg).
ENDE APRIL:	Brutales Zusammenschlagen des Forstmeisters Conrad Hasel von Frankenhofen (östlich von Kaufbeuren) und seines Gehilfen Johann Unsorg.
22. JUNI:	Ulmer Patent (Kooperationsvereinbarung der Fürsten und Stände des Schwäbischen Kreises zur Bekämpfung der Wildschützen).
JULI:	Sieg über eine Streife im Hohlweg

	von Binswangen (westlich von Wertingen).
ENDE AUGUST:	Erstmals Erhebung der Bauern gegen Hiasl, in Deisenhausen (westlich von Krumbach).
14./15. SEPT.:	Sieg über eine Soldatenstreife in Roggenburg (nordöstlich von Illertissen) und Einschüchterung des Reichsprälaten.
HERBST:	Besuch der Herbstdult in Augsburg (Hiasl besichtigt sein Porträt).
1770 24. JANUAR:	Angriff auf das Zuchthaus Buchloe, persönliche Niederlage Hiasls gegen den Amtsknecht Georg Deufler von Blonhofen (nordöstlich von Kaufbeuren).
FEBRUAR:	Erneuter Besuch in Buchloe und Schüsse gegen das Amtshaus.
7. MÄRZ:	Sieg über eine Augsburger Streife am Pferser Steg (im Südwesten von Augsburg), Tod des Musketiers Leitner.
FRÜHJAHR:	Rückkehr des »Buben« zur Bande.
ANFANG MAI:	Begegnung mit Marie Antoinette (1755–1793) in Denzingen (südlich von Günzburg) auf ihrer Reise von Wien nach Frankreich.
SOMMER:	Der Studele, sein Bruder, der Tyroler und das Neuhauser Hänsele verlassen Hiasl und nehmen bayerische Landeshuld an.
13. AUGUST:	Kampf bei der Nachkirchweih in Kellmünz (südlich von Illertissen), 2 tote Soldaten, mehrere Verwundete, Flucht der Wildschützen.
28. AUGUST:	Hinrichtung des Deserteurs Joseph Bartenschlager, eines Kameraden von Hiasl, in Günzburg.

ENDE OKTOBER:	Verwundung des Buben bei Leut-kirch (nordwestlich von Kempten), Krankenlager in der Sölde des Schwäbischen Hiasl am unteren Hart von Memmingen.
25. NOVEMBER:	Steckbrief gegen Hiasl, unterzeichnet vom kurfürstlichen Kammergerichtsrat Hemmer in München.
11. DEZEMBER:	Rückkehr des »Buben« nach seiner Genesung zu Hiasl.
14. DEZEMBER:	Raubüberfall auf den Obervogt von Täfertingen (nordwestlich von Augsburg), 2102 Gulden Schaden.
17. DEZEMBER:	Äußerst grausame und tödliche Mißhandlung des Amtsknechts von Agawang (westlich von Augsburg), Aufstand der Bauern gegen Hiasl.
21. DEZEMBER:	Bedrohung des Klosters Obermedlingen (nordwestlich von Gundelfingen).
29. DEZEMBER:	Kampf in Oberelchingen (nordöstlich von Ulm) mit Ulmer Soldatenstreife, 5 tote Soldaten, Verlust des Tyras.
1771 ANF. JANUAR:	Beraubung von Jägern in ihren Häusern.
12. JANUAR:	Aufbruch des Premierleutnants Ferdinand Schedel in Augsburg mit einer Kompanie Grenadiere, Einquartierung in Buchloe.
14. JANUAR:	Schedels Ausrücken in Buchloe, Gefangennahme der Hiaslbande in Osterzell (östlich von Kaufbeuren) nach 4 Stunden Kampf (bei 30facher Übermacht der rund 300 Mann von Schedel), 5 Tote und viele Verwundete, Transport der Gefangenen nach Buchloe.

2. Januarhälfte: Überführung der gefangenen Wild-
                     schützen nach Dillingen a. d. Donau,
                     Beginn des Prozesses.
15. Juli: Flucht von 4 Wildschützen aus dem
                     Blockhaus in Dillingen: Amberger
                     Sepperl (Joseph Port), Allgäuer
                     (Urban Lechenhör), Sattler (Joseph
                     Ortlieb) und »Bub« (Andreas Mayr).
18. Juli: Steckbrief der 4 Flüchtigen.
3. September: Verkündung der Todesurteile.
6. September: Hinrichtung des Bayerischen Hiasls
                     in Dillingen, zusammen mit dem
                     »Roten« (Johann Georg Brand-
                     mayer) und dem »Blauen« (Johann
                     Adam Locherer).

Quellenverzeichnis

AY, Karl-Ludwig: Land und Fürst im alten Bayern. Pustet, Regensburg 1988

BARGE, Hermann: Der deutsche Bauernkrieg in zeitgenössischen Quellenzeugnissen. Erster Band. Voigtländer, Leipzig 1914

HANSEN, Walter: Das war der Bayerische Hiasl. Deutschlands berühmtester Wildschütz und Räuberhauptmann (Anthologie). Ludwig, Pfaffenhofen 1978
a) NÖGGLER, Johann Nepomuk: Wahre unentstellte Geschichte des Matthäus Klostermaier (1867)
b) BRUCKBRÄU, Friedrich Wilhelm: Der bayerische Hiesel, Wildschützen- und Räuberhauptmann, landesverrufener Erzbösewicht (1834)
c) Der lustige Kasperl und der bayerische Hiesel, erdacht und gespielt von einem des Lesens und Schreibens unkundigen Puppenspieler aus Niederösterreich, mitstenographiert 1884
d) Leben und Sterben des bairischen Hias'l. Nach einer alten Handschrift, die in der Schublade eines Murnauer Landwirts gefunden wurde. Verfasser unbekannt.
f) Die schönsten Lieder über den Wildschützenhauptmann, Räuber und Mordbrenner Matthias Klostermaier. Vom Volk ersonnen und gesungen.
g) Das Leben und Sterben des bayerischen Hias'l, dargestellt in Zeichnungen zeitgenössischer Künstler.

HUBENSTEINER, Benno: Bayerische Geschichte. Staat und Volk, Kunst und Kultur. Pflaum, München [5]1967

KÖBLER, Gerhard: Bilder aus der deutschen Rechtsgeschichte. Von den Anfängen bis zur Gegenwart. Beck, München 1988

LAYER, Adolf: Dillingen an der Donau. Von Antlitz, Kultur und Vergangenheit einer Stadt. Privatdruck, Dillingen [3]1982

MEINGAST, Fritz: Die Vogelfreien. Ein Lebensbild des Bayerischen Hiasl und seiner Gefährten. Berger, Buxheim 1962

MEINGAST, Fritz: Berühmte und Berüchtigte. Bayerische Porträts. Süddeutscher Verlag, München 1975

MOEZYGEMBER, Franz: Matthias Klostermayer, genannt der »Bayerische Hiesel«, in der deutschen Dichtung. Dissertation, Graz 1928

MÜLLER, Joachim: Müllers Großes Deutsches Ortsbuch. Bundesrepublik Deutschland. Post- und Ortsbuchverlag, Wuppertal [23]1988

NOWEY, Waldemar: Der Bayrische Hiasl. Privatdruck, München 1979

NOWEY, Waldemar: Der Bayrische Hiasl als heimatgeschichtliche, volkstümliche und literarische Gestalt. Privatdruck, Kissing 1986

ORTENAU, Erich: Die Wahrheit über den Matthias Klostermayer vulgo Bayerischer Hiasl. Stepanek, München 1961

RAAB, Heinrich: Matthias Klostermayer (Der Bayrische Hiasl). Sein Leben, Lieben, Kampf und Ende. Eine volkskundliche Studie und die wahre, unentstellte Geschichte des Matthias Klostermayer. Drachsler, Prachatitz [3]1933

RATTELMÜLLER, Paul Ernst: Matthäus Klostermaier vulgo der Bayrische Hiasl. Bruckmann, München 1971

SCHALLERMEIR, Martin: Der Bayrische Hiasl. Das große Spiel über den bekannten Volkshelden aus Kissing. Privatdruck, Kissing 1986

DEUTSCHES JAGDMUSEUM MÜNCHEN. Katalog 1977. Herausgeber: Stiftung Deutsches Jagdmuseum München

© 1991 by Rosenheimer Verlagshaus
ISBN 3-475-52701-4
Dieses Buch erscheint in der Reihe »Rosenheimer Raritäten«
im Rosenheimer Verlagshaus Alfred Förg GmbH & Co. KG,
Rosenheim.
Es wurde gesetzt von Utesch Satztechnik GmbH, Hamburg,
den Druck und die Bindung besorgte der Wiener Verlag,
Himberg bei Wien
Den Umschlag gestaltete Ulrich Eichberger, Innsbruck,
unter Verwendung eines Ölgemäldes von Lander.